高等职业教育精品规划教材

大学生心理健康

主编 王润存 蒲金龙

应急管理出版社

·北 京·

图书在版编目（CIP）数据

大学生心理健康 / 王润存，蒲金龙主编． －－北京：应急管理出版社，2023

高等职业教育精品规划教材

ISBN 978－7－5020－9597－0

Ⅰ.①大… Ⅱ.①王… ②蒲… Ⅲ.①大学生—心理健康—健康教育—高等职业教育—教材 Ⅳ.①G444

中国版本图书馆 CIP 数据核字（2022）第 210658 号

大学生心理健康（高等职业教育精品规划教材）

主　　编	王润存　蒲金龙
责任编辑	闫　非
编　　辑	王雪莹
责任校对	李新荣
封面设计	王　滨

出版发行	应急管理出版社（北京市朝阳区芍药居 35 号　100029）
电　　话	010－84657898（总编室）　010－84657880（读者服务部）
网　　址	www.cciph.com.cn
印　　刷	北京地大彩印有限公司
经　　销	全国新华书店
开　　本	787mm×1092mm$^1/_{16}$　印张 17$^1/_4$　字数 369 千字
版　　次	2023 年 4 月第 1 版　2023 年 4 月第 1 次印刷
社内编号	20221496　　　　　　　定价　42.00 元

版权所有　违者必究

本书如有缺页、倒页、脱页等质量问题，本社负责调换，电话：010－84657880

编委会

主　任　蒲金龙　刘　忠
副主任　王　晖　李　燕　魏孔明
委　员（按姓氏笔画为序）

丁兆栋　马瑞山　王文革　王多荣　牛鹏程
兰聘文　卢建兵　刘志平　刘国强　刘　荣
朱启进　孙庆唐　吴森福　李志明　李　学
张宏升　何沛锋　杨　桢　陈　彦　胡贵祥
侯　侠　南永新　南有禄　赵澍民　黄少华
焦　健　梁珠擎　程来胜

本书编写人员

主　编　王润存　蒲金龙

序

　　改革开放以来，我国职业教育迅速发展。2019年国务院印发《国家职业教育改革实施方案》，进一步肯定了职业教育的作用及现实意义，要求要牢固树立新发展理念，服务建设现代化经济体系和实现更高质量更充分就业需要，对接科技发展趋势和市场需求，完善职业教育和培训体系，优化学校、专业布局，深化办学体制改革和育人机制改革，以促进就业和适应产业发展需求为导向，鼓励和支持社会各界特别是企业积极支持职业教育，着力培养高素质劳动者和技术技能人才。2020年《教育部　甘肃省人民政府关于整省推进职业教育发展打造"技能甘肃"的意见》出台，明确提出了部省合作推进甘肃职业教育发展，聚焦打造"技能甘肃"，树立西部职业教育发展示范，全面推进本科职业教育改革试点工作。甘肃高等职业教育发展迎来了新机遇、踏上了新征程。为了实施科教兴国战略，发展职业教育，提高劳动者素质，促进社会主义现代化建设，2022年国家颁布了《中华人民共和国职业教育法》，鼓励并组织职业教育的科学研究。

　　在此关键时期，恰逢世行贷款甘肃职业教育发展项目助推甘肃省职业教育发展。世行贷款甘肃职业教育发展项目，是经国务院批准，由甘肃省人民政府担保，借用世界银行贷款以提高甘肃省职业院校开展职业教育与培训整体能力的改革创新项目；是全面贯彻全国职教工作会议精神，落实《甘肃省人民政府关于贯彻落实国务院加快发展现代职业教育决定的实施意见》，针对甘肃省经济产业发展战略中技能型人才不足的实际，通过利用外资，同时引进国际先进的职业教育发展理念和经验，进一步促进甘肃省现代职业教育体系建设的重要支撑项目。

　　甘肃能源化工职业学院子项目是该项目的重要组成部分。项目的实施，为学校引智引资，改善办学条件，改革教育教学方法，推进课程体系建设，提升人才培养质量，促进学校高质量发展奠定了基础。学校以此为契机，积极推进职业教育教材编写工作，遴选资深教师和企业专家组成编委会，编写了这套

▶ 大学生心理健康

"高等职业教育精品规划教材"。在此过程中，我们始终得到了世行专家团队、教育主管部门和相关院校的大力支持和积极参与，对此深表感谢。

我们要抢抓"一带一路"建设和新一轮西部大开发的历史机遇，探索经济欠发达地区职业教育与区域产业互动发展、融合发展、高质量发展的路径，推动高等职业教育发展，打造"技能甘肃"职业教育高地，为新时代甘肃融入"一带一路"建设培养技术技能型人才。

高等职业教育精品规划教材编委会
2022 年 9 月

前　言

　　加强大学生心理健康教育是新形势下全面贯彻党的教育方针、推进素质教育的重要举措，是促进大学生健康成长、培养高素质合格人才的重要途径，是推动高等教育改革、加强大学生思想政治教育的重要任务。

　　经过 20 多年的发展，我国大学生心理健康教育工作经历了一个逐步被认识、逐步受重视、逐步得到加强的过程。各高校普遍开设了心理健康教育课程，不仅将其纳入必修课范畴，还开设了多门公共选修课，建立起覆盖面更广、针对性更强的心理健康教育课程体系。

　　为推进大学生心理健康教育工作的科学化建设，进一步发挥课堂教学在大学生心理健康教育工作中的主渠道作用，2011 年 5 月，教育部办公厅印发《普通高等学校学生心理健康教育课程教学基本要求》，对课程性质与教学目标、主要教学内容、教学模式与教学方法等作出了明确要求。

　　在编写本书时，我们力求遵循如下原则：

　　一是遵循正确导向原则。本书严格按照《普通高等学校学生心理健康教育课程教学基本要求》的相关规定组织内容，坚持正确的政治方向和积极心理学思想的指引。

　　二是遵循科学性原则，力争做到心理学专业概念和术语准确规范，指导性的理论观点经过试验和实践验证。

　　三是遵循实用性原则。本书不仅注重传授心理健康理论知识，而且强调传授大学生心理保健策略、方法、技能，在内容设计中强调实用性和可操作性。

　　四是遵循创新性原则。在编写过程中，坚持理念创新、方法创新，将教材的编写和学科的发展相结合，改革传统教材的编写习惯，按照世行项目推广的积极教学法和项目教学法要求，以任务为驱动，分项目、分任务设计教学内容。

　　五是在内容安排上，本书坚持理论知识适用，难度水平适中的原则，便于教师的讲解和非心理学专业学生的理解。

六是在编写体例上，本书按照"项目——任务——正文"的顺序编排，每个项目下以任务驱动模式安排具体内容。每个任务项下分三个栏目，从不同角度安排知识点。各知识点以小标题形式分项排列呈现，层次明晰，便于学生分层逐项学习。

在编写过程中，编者广泛参阅并吸收了国内外相关著作之精华，着眼于理论与实际的结合，使本书更具有针对性和实用价值。

本书由王润存、蒲金龙两位老师共同编写。王润存编写项目一、项目二、项目三、项目八、项目九；蒲金龙编写项目四、项目五、项目六、项目七。

本书在编写过程中得到了学校世行项目办和领导、同事的大力支持，在此表示衷心感谢！由于编者水平所限，加之时间仓促，书中难免存在疏漏之处，敬请读者不吝赐教，以便再版完善。

编　者
2022 年 9 月

目 录

项目一 走进奇妙的心理世界 ·· 1
  任务一　心理的概念和构成 ·· 1
  任务二　大学生心理发展的特点和任务 ·· 12

项目二 健康与心理健康 ·· 26
  任务一　健康新概念 ·· 26
  任务二　大学生心理健康及其影响因素 ·· 37

项目三 认知与自我意识 ·· 54
  任务一　认知与心理健康 ·· 54
  任务二　大学生自我意识与心理健康 ··· 64

项目四 大学生的情绪与心理健康 ··· 81
  任务一　情绪的五线谱 ·· 81
  任务二　大学生的情绪特点与情绪管理 ·· 90

项目五 大学生意志品质培养与挫折教育 ·· 108
  任务一　意志与心理健康 ·· 108
  任务二　压力与挫折 ·· 119
  任务三　大学生压力管理与挫折应对 ··· 130

项目六 大学生人格与心理健康 ·· 146
  任务一　人格理论 ··· 146
  任务二　大学生的人格与心理健康 ··· 159

项目七 大学生人际交往与环境适应 ··· 171
  任务一　人际关系与人际交往理论 ··· 171
  任务二　大学生人际交往与心理健康 ··· 183

项目八　学习理论与大学生学习心理 ··········· 199

任务一　学习理论 ·························· 199
任务二　大学生的学习心理与学习能力提升 ············ 210

项目九　大学生的恋爱与心理健康 ··············· 230

任务一　性心理与恋爱心理 ······················ 230
任务二　大学生性心理和恋爱心理的维护与调适 ·········· 241

参考文献 ································ 263

项目一　走进奇妙的心理世界

随着社会的快速发展，人们面临的心理挑战不断增加，对于自身生活质量的要求也在不断提高。促进心理发展，提高心理健康水平是每个人自我完善的内在需求。学习心理学的基本理论和基础知识，对于大学生提高学习、工作和生活质量，促进心理健康具有非常重要的意义。

任务一　心理的概念和构成

【任务目标】
(1) 了解心理的概念和实质。
(2) 掌握心理的构成要素。
(3) 理解心理过程和个性心理在人的心理结构中的作用与联系。
(4) 了解心理防御机制等心理学专用术语。

【任务描述】
本任务是心理健康教育课程的入门知识，主要讲述心理的概念、构成和实质等心理学基础知识，引领学生走进奇妙的心理世界，了解人的心理结构，认识一些生活中常见的心理现象。

【任务知识】

心理课堂

一、心理的概念

人通过各种感官认知外部世界，通过记忆在大脑中留存外部世界，又通过思维活动认识事物的本质特征和逻辑关系。伴随着上述认知活动，人还会产生喜、怒、哀、乐等情感体验和一系列反作用于客观事物的行动。

例如，当我们走进大学校园，会看到教学楼、图书馆等，这是我们在用视觉来感知周围的事物；我们会听到"鸟语"、闻到花香，这是我们在用听觉、嗅觉来感知客观世界。我们会与大学里的舍友、同学、老师有各种各样的人际交往。经历了大学的生活和学习后，我们还会调动已有的对中学校园的记忆，与现在的大学校园进行对比，我们会发现大学校园和中学校园有许多的不同。我们了解了大学的寝室文化、社团文化、"课桌"文化，

▶ 大学生心理健康

知道了大学里有丰富的社团、社交、竞赛活动等。在此基础上，我们会对大学生活产生喜欢或者不喜欢的、快乐或者不快乐的情绪体验。这些不同的认知和情绪体验又会影响我们对待大学学习生活的态度和行为，比如看到大家都在努力学习，我们自己也会更加勤奋，早出晚归穿梭于教学楼、图书馆之中；又如我们参与到各种社团活动中，发现了自己能力上的优缺点，就会有意识地进行某些方面的能力训练。

在这里，大学校园、大学生活就是我们面对的客观现实，我们的大脑会对这样的客观现实主动地做出各种反应。认知、情绪、行动，就是人的心理活动。

综上所述，心理是人脑对客观现实的主观反映过程。心理的表现形式叫作心理现象。心理现象包括心理过程和个性心理两部分。

二、心理的构成

人的心理现象由紧密联系的两大部分组成：心理过程与个性心理。

1. 心理过程

从前述对大学校园生活认识体验的例子可以看出，人的心理活动都有一个发生、发展、消失的过程，这个过程就是心理过程。心理过程包括认知过程、情绪情感过程、意志过程三部分，简称知、情、意。

1）认知过程

认知过程是大脑对客观事物的主观反映过程，包括感觉、知觉、记忆、思维和想象等环节。

感觉是人脑对直接作用于感觉器官的客观事物的个别属性的反映。人的认识活动是从感觉开始的。

知觉是人脑对直接作用于感觉器官的客观事物的整体属性的反映，其实质是回答作用于感官的事物"是什么"的问题。通过感觉，我们只知道事物的属性，通过知觉，我们才对事物有一个完整的映象，从而知道它的意义。

记忆是人脑对过去经验的提取和保持。从信息加工的观点看，记忆就是对输入信息的编码、存储和提取的过程。

思维是人脑对客观现实间接的、概括的反映，它反映的是客观事物的本质及其规律性联系。思维是高级的认识活动，思维的过程包括分析、综合、比较、分类、抽象、概括、具体化和系统化等，思维的基本形式包括概念、判断和推理。

想象是人脑对已有形象进行加工改造而创造新形象的过程。在想象过程中，已有形象得到进一步地加工和组合，创造出新的形象。想象力是人的创新能力和创造力的核心。

注意是心理活动对一定对象的指向和集中，是伴随着感知觉、记忆、思维、想象等心理过程的一种共同的心理特征。

认知过程是人的心理活动的开始，认知过程诸要素也是人的智力的构成要素。

2）情绪情感过程

人在认识了客观事物之后，就会对客观事物是否满足自身物质和精神上的需求而产生一定的态度，比如喜欢或者讨厌，这就是情绪情感过程。情绪情感过程是伴随认识而产生的，它反映的是客观事物同人的需要之间的关系，包括喜、怒、哀、乐、爱、憎、惧等情绪和情感。例如，面对同一轮圆月，恋爱中的情侣看到它时，体会到愉悦的美好情感，而独在异乡的游子却会被勾起无尽的思乡愁绪。

3）意志过程

人对客观事物不仅要认识，还要进行相应的处理和改造，为此，就要提出目标、制订计划，同时还要克服困难，坚持不懈地努力，争取实现目标，这就是意志过程。

4）认知、情绪、意志三者之间的关系

认知过程是心理活动的开始，是人的情绪情感和意志产生的基础，没有人的认识活动，人既不会产生喜、怒、哀、乐的情绪情感，也不可能有自觉坚强的意志。相反，没有人的情绪情感的推动或缺乏坚强的意志，人的认识活动就不可能发展和深入。

情绪情感活动既可以成为意志行动的动力，也可以成为意志行动的阻力。积极、愉快的情绪由于意志的支持才能持久地巩固和发展。消极、不愉快的情绪要依靠意志来克服、控制。意志薄弱者常常被消极情感所左右，身陷其中不能自拔，日积月累，形成懦弱、畏缩等不健康的心理，严重影响工作和学习。

意志的产生以认知过程为前提，人的认识活动是有目的的活动，在活动中会遇到各种困难，要想维持行动符合目标，克服各种阻碍行动的困难，都离不开意志努力。没有积极的意志努力，就不会有全面而深入的认识活动，就不会促进人的认识能力的发展。意志坚强者能够使情感服从于理智，形成良好的生活习惯，促进工作、学习的进步。因此，意志是人取得成就和保持心理健康的重要因素。

2. 心理过程与个性心理

心理过程是人的心理活动中共性的部分，每个人的心理活动都会经历认知、情感、意志这样的过程。例如，人们认识客观事物都是先由感觉、知觉进而到思维，即由对现象的感知到事物本质的揭示，这是人们认识过程的共性。情绪情感过程和意志过程的发生和发展也都存在着共同规律性。但是，由于每个人的先天素质和后天环境影响的不同，心理过程在每个人身上产生和发展时又总是带有个人的特征，从而形成了各人不同的个性。比如有的人喜欢听音乐，有的人喜欢发微博、微信，这是因为人的关注点不同。不同的需要、理想、信念、世界观，构成了人的不同个性倾向性，进而形成了人的不同的能力、气质和性格。

人的认知、情感、意志等心理现象，当它们结合在一起，完整地体现在一个人的身上时，其表现形式、基本品质、发展水平都会因个人所处环境的特异性而呈现着个人的特点。这种在个人身上具有独特倾向、比较稳定的心理特征的总和就是人的个性心理。

3. 个性心理

个性心理也称个性、人格，是显示人的个别差异的一类心理现象，主要包括个性倾向性和个性心理特征两个方面。

1）个性倾向性

个性倾向性是个体心理结构中最活跃的因素，是推动人进行活动的动力系统，决定人对现实的态度、趋向和选择。个性倾向性包括需要、动机、兴趣、理想、信念、世界观等。

需要是有机体在生存发展过程中感受到的生理和心理上对客观事物的某种要求，是有机体生存和发展的内部动力，是个体行为积极性的源泉。只有满足了这些需求，有机体才可能得以健康成长。

动机是为实现一定目的而行动的原因。动机用来说明个体为什么会有这样那样的行为。引起动机的内在条件是需要，动机是在需要的基础上产生的，是需要的表现形式。

兴趣是个体力求认识某事物或从事某项活动的心理倾向。它表现为人对某种事物或从事某种活动的选择性态度和积极的情绪反应。

理想是个人对未来有可能实现的奋斗目标的向往和追求，是个人动力系统的一部分，一旦形成，就成为鼓舞人们前进的巨大动力。

信念表现为个人确信某种理论、观点或某种事业的正确性和正义性，人们对其抱有确信无疑的态度，并且力求加以实现。信念不仅是认识层面的，而且富有深刻的情绪体验，是知、情、意的高度统一。信念使个性稳定而明确，并且具有主动性和积极性。

世界观是信念的体系，即一个人对整个世界的根本看法，分为阶级的世界观和个人的世界观。个人的世界观主要包括人生观和价值观。世界观是个性倾向性的最高层次，它是个人行为的最高调节器，制约着个人的整个心理面貌。

2）个性心理特征

个性心理特征是指个体身上经常地、稳定地表现出来的心理特点。个性心理特征主要包括能力、气质、性格。

气质是个人生来就具有的心理活动的稳定的动力特征，指人的心理过程的强度，如情绪体验的强度，意志努力的程度和心理过程的速度，感知觉和思维的灵敏度，注意的集中程度等。

能力是使人能成功完成某项活动所必需的心理特征。能力必须通过活动才能体现出来，在活动中人的性格和气质方面的差异也得以体现，但完成该项活动所必需的心理特征才是能力。能力并不等同于知识和技能。知识是信息在头脑中的储存，技能是个人掌握的动作方式。例如：在解题时，所用的定义和公式属于知识，解题过程中的思维灵活性和逻辑严密性则属于能力。学会骑自行车是一种技能，而掌握该技能的过程中体现出的灵活性、身体平衡性则是一种能力。

性格是个人对现实的稳定的态度和业已习惯的行为方式。性格是在社会实践活动中与客观环境相互作用的过程中形成的。个体对客观事物的认知，影响其对待客观事物的态度，认知和态度又会决定个体的行为，个体的行为长期反复出现，就会形成行为习惯，当个体的行为习惯固着成为心理特征时，就形成了他/她的性格。一个人偶尔表现的特点不是性格，只有那些经常的、一贯的表现才会被认为是个体的性格特征。

性格主要是后天在与环境的交互作用中形成的，有"环境塑造性格"之说。气质没有好坏之别，性格却有好坏之别。

人的心理过程和个性是彼此密切联系的。一方面，没有心理过程，个性是无法形成的。如果没有对客观事物的认识，没有对客观事物与人的需要之间的态度体验而产生的情绪和情感，没有对客观事物的积极改造的意志过程，个性就会成为无本之源。另一方面，已经形成的个性倾向性和个性心理特征又制约着心理过程，并在心理活动过程中得到体现，从而对心理过程产生重要的影响，使之带有个人特点。正是因为个性心理的存在，这个世界上的每一个人都是独一无二的存在。

心理过程和个性心理共同构成千姿百态、五彩缤纷的心理世界。

三、心理活动的实质

心理活动尽管是人人具有并为大家所熟悉的，但是对于它的实质却有各种说法。例如，有人把心理看成是虚无缥缈的、至高无上的灵魂活动的结果；有人认为心脏是心理活动的器官，理由是人在情绪平静时心脏跳动正常，情绪激动时心脏跳动加快。以上种种观点都是不正确的。科学的观点是：心理是人脑的机能；心理是对客观现实的主观反映；社会生活实践是人的心理发生、发展的根源。

1. 心理是人脑的机能

心理是人脑的机能，人的大脑是心理活动的器官，脱离大脑的心理活动是不存在的。有关人脑的生理研究和临床观察证明，任何一种心理活动都和人脑的一定部位有关。任何脑部位的损伤，在其生理机能变化的同时也发生心理变化。例如，大脑的额叶损坏就会引起智力的降低和性格的破坏，使一个本来温良宁静、有理智的人变成粗野急躁、不能自制的人。

2. 心理是对客观现实主观的、能动的反映

客观现实是人心理的源泉和内容，如果把大脑比作加工厂，被感知到的东西就是原材料，心理就是产品。但是人的心理不是客观的原型，而是有选择性的反映，这就使人的心理活动具有了主观能动性。例如，一个乐观的人和一个悲观的人，对半瓶水会产生不同的心理活动。乐观的人会高兴地想：太好了，还有半瓶水。悲观的人会伤心地想：糟透了，只剩半瓶水了。这就是人的心理活动的主观能动性。

3. 社会生活实践是人的心理发生、发展的根源

人的心理基础是社会实践，没有社会实践，人的心理就不会发展，甚至不能产生。很多例子证明人在儿童期如果没有机会与文明的社会生活相接触，大脑得不到适当的刺激，其心理发展就会陷于停滞。"狼孩"卡玛拉就是典型的例子。可见，社会生活实践在产生人的心理方面起着决定性的作用。没有了社会实践，人的心理活动就无从产生。

心理科普

一、"狼孩"卡玛拉的故事

1920年，在印度一个名叫米德纳波尔的小城，人们常常见到一种"神秘的生物"出没于附近森林。一到晚上，就有两个用四肢走动的"像人的怪物"尾随在三只大狼后面。后来，人们打死了大狼，在狼窝里终于找到了这两个"怪物"：原来是两个裸体的女孩，大的年约七岁，小的约两岁。人们把她俩送到米德纳波尔的孤儿院去抚养，大的取名卡玛拉，小的取名阿玛拉。第二年，阿玛拉死了，而卡玛拉一直活到1929年。这就是曾经轰动一时的"狼孩"故事。

据记载，"狼孩"刚被发现时用四肢行走，慢走时膝盖和手着地，快跑时则手掌、脚掌同时着地。她们总是喜欢独自活动，白天躲藏起来，夜间潜行。怕火和光，也怕水，不让人们替她们洗澡，不吃素食而要吃肉，吃东西时不用手拿，而是放在地上用牙齿撕开吃。每天午夜到凌晨3点，她们像狼似的引颈长嚎。她们没有感情，只知道饥时觅食，饱则休息，很长时期内对别人不主动发生兴趣。不过她们很快学会了向主人要食物和水，如同家犬一样。只是在一年以后，当阿玛拉死的时候，人们看到卡玛拉流了眼泪——两眼各流出一滴泪。

据研究，七、八岁的卡玛拉刚被发现时，她只懂得一般六个月婴儿所懂得的事，人们花了很大力气都不能使其适应人类的生活方式。她两年后才会直立，六年后才艰难地学会独立行走，但快跑时还得四肢并用，到死也未能真正学会讲话：四年内只学会6个词，听懂几句简单的话，七年后才学会45个词并勉强学会了几句话。在最后的三年中，卡玛拉终于学会在晚上睡觉，也不怕黑暗了。很不幸，就在她开始朝人的方向"进化"时，早早地死去了。据狼孩的喂养者估计，卡玛拉死时已16岁左右，不过，她的智力只及一个三四岁的孩子。

二、感觉剥夺实验

感觉剥夺是指将志愿者和外界环境刺激高度隔绝的特殊状态。在这种状态下，各种感觉器官接收不到外界的任何刺激信号，经过一段时间之后，就会产生这样或那样的病理心理现象。

1954年，加拿大麦克吉尔大学的心理学家首先进行了"感觉剥夺"实验：实验中给被试者戴上半透明的护目镜，使其难以产生视觉；用空气调节器发出的单调声音限制其听觉；手臂戴上纸筒套袖和手套，腿脚用夹板固定，限制其触觉。被试者单独待在实验室里，几小时后开始感到恐慌，进而产生幻觉……在实验室连续待了三四天后，被试者会产生许多病理心理现象：出现错觉、幻觉、注意力涣散、思维迟钝、紧张、焦虑、恐惧等，实验后需数日方能恢复正常。这个实验表明：大脑的发育，人的成长、成熟是建立在与外界环境广泛接触的基础之上的。只有通过社会化的接触，更多地感受到和外界的联系，人才可能更多地拥有力量，更好地发展。

三、心理防御机制

心理防御机制是指个体面临挫折或冲突的紧张情境时，在其内部心理活动中具有的自觉或不自觉地解脱烦恼、减轻内心不安，以恢复心理平衡与稳定的一种适应性倾向。心理防御机制积极的意义在于能够使主体在遭受困难与挫折后减轻或免除精神压力，恢复心理平衡，甚至激发主体的主观能动性，激励主体以顽强的毅力克服困难，战胜挫折。消极的意义在于使主体可能因压力的缓解而自足，或出现退缩行为甚至恐惧情绪而导致心理疾病。

心理防御机制这个概念最早是由奥地利精神分析学派创始人弗洛伊德提出的。他认为，人格结构包括"本我""自我"和"超我"三部分。"本我"由先天本能、基本欲望组成，是贮存心理能量的地方，它寻求直接地和立即地满足需要，只受"快乐原则"支配。"自我"是现实化的本能，由于现实的反复作用，"自我"不再单纯受"快乐原则"的支配，而遵循"现实原则"，既追求欲望的满足，又力求避免痛苦。"超我"是"道德化的自我"，代表社会道德标准。"本我"受"自我"和"超我"的控制，"自我"在个体欲望满足的过程中起中介和协调作用。但是，"自我"很难既满足"本我"和"超我"的要求，又符合现实原则，必然会遇到一些挫折。为了减轻恐惧、焦虑、紧张等心理压力，使机体免受损失，个体就用投射、升华、文饰、压抑等行为方式来应对挫折，这就是心理防御机制。由于每个人的个性特点和遭遇挫折时的情境不同，其采用的防御机制也不相同。有时几种防御机制同时应用，很难严格区分出采用的是哪一种防御机制。

常见的心理防御机制有：否认、隔离、潜抑、反向形成、合理化、升华、幽默及补偿。

四、心理效应

心理效应是社会生活中较为常见的心理现象和规律，指某种人物或事物的行为或作用，引起其他人物或事物产生相应变化的因果反应或连锁反应。同任何事物一样，心理效应具有积极与消极两方面的意义。因此，正确地认识、了解、掌握并利用心理效应，在人们的日常生活，工作当中具有非常重要的作用和意义。

心理自助

一、心理测试

下面是9张心理测试图片，第一眼看到的，是你的潜意识。你的内在气质是什么样的？快来做测试吧！

  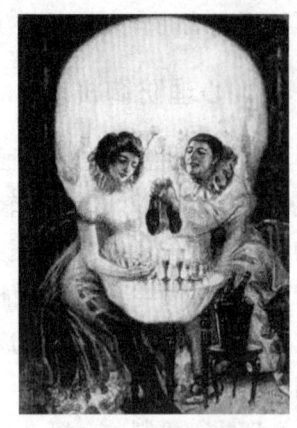

图1　　　　　　　　　　图2　　　　　　　　　　图3

图1：你第一眼看到的是什么？　　A. 妈妈和女儿在湖边　B. 一位厚嘴唇的少女
图2：你第一眼看到的是月亮还是人脸？　　A. 月亮　B. 人脸
图3：你第一眼看到的是骷髅还是夫妇？　　A. 骷髅　B. 夫妇

图4　　　　　　　　　　图5　　　　　　　　　　图6

图4：你看见的是真实世界还是拼图里的？　　A. 真实世界　B. 拼图里的
图5：你第一眼看到的是舞者还是手？
A. 两位舞者　B. 两只手　C. 一只手和一位舞者
图6：你第一眼看到的柱子是圆的还是方的？　　A. 圆的　B. 方的

项目一　走进奇妙的心理世界

　　图7　　　　　　　　　　　图8　　　　　　　　　　　图9

图7：圆圈是静止还是转动的？
A. 圆圈转动很快、波涛汹涌　B. 有一定转速，但不是很快　C. 圆圈是静止的
图8：你看到的是少女还是巫婆？　　A. 只看到少女　B. 能同时看到少女和巫婆
图9：你第一眼看到的是老鼠还是猫？　　A. 老鼠　B. 猫

测试结果分析：
图1：这是一张关于性格测试的图片。
选A——说明你是一个表达直接的人，经常心直口快，说话喜欢开门见山。
选B——说明你是一个心思细腻的人，说话比较委婉，在说话前会经过慎重考虑。
图2：这是一张关于第二性别测试的图片。
选A——你的第二性别是女性，会比较细腻娇柔。
选B——你的第二性别是男性，理性思维强，做事严谨。
哈哈，这与你的真实性别一致吗？如果相反，表示你体内的异性荷尔蒙偏高哦！
图3：这是一张关于安全感测试的图片。
选A——你是一个比较缺乏安全感的人，本质是一个悲观主义者。很容易因为一些小细节引发内心焦虑、敏感，害怕孤独，需要朋友、亲人的陪伴。
选B——你是一个积极乐观的人，安全感可以自给自足。经常能发现生活中的"小确幸"，即使遇到问题，你也会用乐观的态度自我安慰，慢慢走出来。
图4：这是一张关于空间想象力测试的图片。
选A——你是一个空间想象力比较好的人，立体感很强。
选B——你是一个对立体想象不太敏感的人，喜欢平面想象。
图5：这是一张关于艺术家体质测试的图片。
选A——你是一个艺术家体质的人，擅长图像思维，能在生活的细节中发现美，创造美。

▶ 大学生心理健康

选B——你是一个逻辑思维很强的人，经常在生活中能一针见血，看到事物的本质，判断能力很强。

选C——你是一个兼具逻辑思维和图像思维的人，在具有较高审美的同时，又有理性思维。

图6：这是一张关于左右脑测试的图片。

选A——你是一个右脑发达的人。想象力丰富，音乐、绘画、空间几何能力比较强，擅长艺术创作、设计策划等工作。

选B——你是一个左脑发达的人。方向感强，对数字、技术等敏感，擅长做编程、工程师等工作。

图7：这是一张关于压力测试的图片。

选A——你最近压力很大，需要放松，最好出去休假几天。

选B——你遇到了一些麻烦，有一定压力，但可以自己克服，平常心对待。

选C——你的自我调节能力很强，你活得较为轻松、舒适，基本没什么生活压力。

图8：这是一张关于心情测试的图片。

选A——你现在心情很愉悦，很放松，压抑什么的与你完全没有关系。

选B——你现在心情有一点压抑，能从事情的另一个角度发现问题。

图9：这是一张关于完美性格测试的图片。

选A——第一眼看到的是老鼠，说明你是一个注重细节的人，在日常工作、生活中，非常追求完美，每一细节都力求尽善尽美。

选B——你第一眼看到的是猫，说明你是一个有全局观念的人，日常很容易与人相处，团队合作力强。

注：本教材中所有心理测试仅用于学生感悟体验相关内容和了解认识自己状况，不能作为筛查诊断和科研数据之用。

二、心理故事

别剪掉天鹅的翅膀

在美国内华达州，一位母亲认为自己的女儿上幼儿园后认识了字母O，失去了以前对O说成苹果、太阳、足球、鸟蛋之类的圆形东西的想象力，把劳拉三世幼儿园告上了法庭，并且胜诉了。因为陪审团被这位母亲在辩护时讲的一个故事感动了。

这位母亲曾到某个国家旅行，她在一家公园里见到了两只天鹅。一只天鹅被剪去了左边的翅膀，另一只天鹅的翅膀完好无损。剪去翅膀的天鹅被放在较大的一片水塘里，翅膀完好的天鹅被放养在较小的水塘里。她非常不解，管理员告诉她，这样能防止天鹅逃跑。因为剪去一边翅膀的天鹅无法保持平衡，飞起来后会掉下来。在小池塘里的天鹅虽没有被剪去翅膀，但起飞时会因为没有必要的滑翔路程而老实地待在水里。她听后既震惊又感到悲哀，为天鹅悲哀。她为女儿打官司，就是因为她感到女儿变成了劳拉三世幼儿园里的一只天鹅。他们剪掉了女儿的一只翅膀，一只幻想的翅膀，早早地把她投进了那片小水塘，那片只有 ABC 的小水塘。

想象与童心相伴，多数人在长大后，想象力也就随风飘逝了。而剥夺这份与生俱来的财富的，恰恰是不恰当的教育，是缺乏想象力的教师。在教师善意的管束下，孩子的想象力就像被剪去了翅膀的小鸟，被束缚住了。孩子进入学校，似乎就和大自然及社会生活发生了隔绝，这就使想象力失去了源头活水。如果这一时期对孩子的自由言论给予了过多的限制，对孩子充满诗意的灵感和幼稚天真的话语进行自以为是的封杀，用成人的眼光批评孩子的创造，那就像被掐掉了花蕾的植物一样，别指望在未来还会开出五彩缤纷的花朵来。

狄德罗说："精神的浩瀚、想象的活跃、心灵的勤奋就是天才。"

赫尔岑说"想象力比知识重要。"

想象力是一种天赋，想象是属于心灵的，是人的生命中固有的，是一种生命潜能的冲动。可是，我们常常见到这种自然生命冲动的流失，这跟人的童年经历和所受的教育密切相关。一个人在童年时期，如果既没有人给他讲美妙的故事，又没有动听的音乐和各种玩具相伴，也没有参与各种游戏，建造自己的家园，他的原始的言语生命意识——想象力，就没有得到养护。

想象力是精神世界的绿卡。想象力是人超越经验、超越自然、再造自然的能力。想象栖息于天真、敏感的心灵，永葆诗意的情怀。想象力是生命的馈赠，只有精心地珍爱，才会使人受用无穷。如果失去这份馈赠，也就失去了人的创造才能。

三、心理探索

1. 请你用心理防御机制知识对下列生活现象做出分析。

（1）以前听说"世界上20%的人掌握了80%的财富"，对此没有特别的概念，自从知道有人日薪208万，我只能感慨自己的想象力还不够丰富。

（2）"情人眼里出西施"与"厌恶和尚恨袈裟"。

（3）我见青山多妩媚，料青山见我应如是。

（4）有一只狐狸走进葡萄园中，看到架上长满了成熟葡萄，它想吃，但因架子太高，跳了数次都摘不到，而无法吃到葡萄。狐狸就说那些葡萄是酸的，它不想吃了。后来，狐狸找不到可口的食物，却找到一只酸柠檬，于是自我安慰道："这柠檬正合我的口味，我就喜欢吃酸的"。

2. "吾听吾忘，吾看吾记，吾做吾悟。"这句话出自中国古代儒家经典论著《中庸》，请你用本章节学到的心理学知识分析一下这句话里蕴含的教育理念。

3. 回忆一下自己在成长过程中有没有被剪掉"想象的翅膀"的经历，这些经历对你有怎样的影响？

任务二　大学生心理发展的特点和任务

【任务目标】
(1) 了解人的心理发展的基本规律和心理发展任务。
(2) 认识大学生心理发展的基本特点。
(3) 熟知大学生心理发展的基本任务。
(4) 理解意识、自我意识、自我同一性等与本项目内容相关的心理学基本概念。

【任务描述】
本任务主要介绍人的心理发展的基本规律和人生发展各阶段的发展任务，引导大学生认识和了解其自身在大学阶段心理发展的基本特点和主要任务，为大学生顺利完成本阶段心理发展任务做观念上的准备。

【任务知识】

心理课堂

一、心理发展的基本规律

发展是指个体随年龄的增长，在相应环境的作用下，整个反应活动不断得到改造，日趋完善、复杂化的过程，是一种体现在个体内部的连续而又稳定的变化。人的心理发展通常呈现出以下规律。

1. 连续性与阶段性

心理发展体现了量的积累和质的飞跃，从而表现出阶段性。阶段性是指在心理发展过程中，在不断地产生量变的基础上出现质变，而使得某个年龄阶段具有不同于其他年龄阶段的一般的、典型的、本质的特点。连续性是指各个年龄阶段的心理发展虽然是有区别的，但也是不间断的，表现出心理发展的继承性。在某一年龄阶段之初，会保存着大量的前一年龄阶段的心理特点；在这一年龄阶段之末，也会产生较多的下一年龄阶段的心理特点。

2. 方向性和顺序性

正常情况下，心理发展具有一定的方向性和先后顺序，既不能逾越，也不能逆向发展，按照由低级到高级、由简单到复杂的顺序进行。如个体动作的发展，就遵循自上而下、由躯体中心向外围、从粗动作到细动作的发展规律，这些规律可概括为动作发展的头尾律、近远律和大小律，体现在每个儿童身上，都是如此。

3. 发展具有不平衡性

个体从出生到成熟心理发展呈现出多元化模式，表现为不同系统在发展速度、起始时间、达到的成熟水平等方面的不同。个体在某一特殊的成熟时期，受适宜的环境影响，最容易习得某种行为,发展特别迅速,而如果错过该时期,这方面的发展就会变得较为困难,这个特殊时期便称为关键期。从总体发展来看,幼儿期是第一个加速发展期,然后是儿童期的平稳发展,到了青春期又出现第二个加速期,然后又是平稳地发展,到了老年期开始下降。

4. 个体差异性

尽管每个人的发展都要经历一些共同的基本阶段,但发展的个体差异仍然是明显的,发展优势(方向)、发展的速度、高度(达到的水平)往往是千差万别的。例如,有的人观察能力强,有的人记性好;有的人爱动,有的人喜静;有的人早慧,有的人则大器晚成。

二、心理发展任务

个体在不同的人生发展阶段,会有不同的发展任务,也称发展课题。"发展任务"学说由美国著名心理学家哈维格斯特提出。

哈维格斯特认为,人类不是天生就有一种能指引我们生活的本能,要在人类社会中顺利生活,个体就必须学会自我学习、摸索。这个学习过程伴随人的一生的。随着生命的开始而开始,也随着生命的结束而结束。他认为个体在学习过程中所要完成的任务之间不是等距离的,也就是说,个体是不能以一个固定的速度去完成一个个任务的,必须使一些学习任务在某个时期内完成,而另一些学习任务又在另一个时期内完成。这样,就会产生许多加速学习时期。正是这些加速学习时期的存在使得许多个体在发展过程中感到不适应,由此产生各种各样的心理危机和冲突,在这种情况下,哈维格斯特提出了发展任务这个概念。

哈维格斯特认为发展任务是个人在人生各阶段必须获得的机能、知识、技能、态度等内容。在不同的人生阶段,人如果能顺利完成该阶段的发展任务,不仅可以使他感到快乐,而且还会促使他完成以后的发展任务;如果不能顺利完成,个人就会感到沮丧不安,也会遭到社会的谴责,还可能阻碍后续发展任务的完成。据此,哈维格斯特把个体一生的发展分为六个阶段,并总结了个体在每一发展阶段的主要任务。

(1) 婴儿期与儿童早期(0~6岁)的发展任务:学习走路;学习食用固体食物;学习说话;学习控制排泄机能;学习认识性别和有关性别的行为和礼节;获得稳定的肌肉运动;形成对社会和身体的简单概念;对父母、兄弟姐妹及他人产生感情联系;学习判断是非并发展良知。

(2) 儿童晚期(6~12岁)的发展任务:学习游戏必需的身体技能;形成健全的自我态度;学习与同伴和谐相处;学习扮演适合自己性别的角色;发展读、写、算的基本技能;发展日常生活所必需的各种观念;发展良知、道德观念价值标准;发展对社会团体和制度的态度。

(3) 青少年期(12~21岁)的发展任务:接受个人的体型和性别角色;与年龄相近

▶ 大学生心理健康

的异性和同性建立新的关系；情绪上不再依赖父母和其他成人；树立经济上独立的自信态度；选择职业并做好就业准备；发展行使公民权利所需的知识、技能和观念；发展对社会负责的行为；准备适应婚姻和家庭生活；将自我价值建立在科学的基础之上。

（4）成年期（21～40岁）的发展任务：选择配偶；学习如何经营配偶生活；开始组建家庭；抚育子女；管理家庭；开始从事一种职业；履行公民责任；参与合乎自己性格和志趣的社团活动。

（5）中年期（40～60岁）的发展任务：完成成年人的公民和社会职责；建立并维持某种经济水准的生活；帮助青少年子女成长为可靠、幸福的成年人；开展中年期的闲暇活动；与配偶维持密切关系；承受并适应中年期的生理变化；与年迈父母相互适应。

（6）老年期（60岁至死亡）的发展任务：适应逐渐衰退的体力和健康状况；适应退休和收入的减少；适应配偶的死亡；与其他老年人建立密切联系；履行对社会和公众的义务；享受美满的人生。

三、大学生心理发展的特点

人的心理是不断发展的。从出生到成熟再到衰老的个体生命历程中，心理在不断地发展变化。大学生群体一般年龄在18～24岁，处于人生的青年期（也称成年初期），已经度过了"疾风怒涛"的青春叛逆期，步入相对平稳的阶段，虽然已经脱离了孩子的群体，但尚不能履行成人的全部责任和义务。从处于青年期的角度讲，大学生的身心发展会出现以下特征。

1. 智力发展存有内在矛盾

人的智力水平从出生后开始迅速发展，20～35岁时达到顶峰水平。大学生经过十几年的学习训练，到大学阶段，各项智力因素均达到相当高的水平。其记忆力强、观察敏锐、思维活跃、反应敏捷，表现出强烈的求知探索、开拓创新的倾向。尤为可贵的是，随着知识的拓展、经验的积累和思维能力的提高，他们不再满足于停留在事物的表层或定论上，但是由于知识、经验的局限和认识方式的不足，大学生在分析问题时容易钻牛角尖，有时难免主观片面，得出与事实相去甚远的结论。这是大学生心理与社会性发展尚不成熟的表现之一。

2. 需要复杂，情感丰富而不稳定

大学生的心理需要复杂多样，既有衣食住行等基本生活的需要，又有迫切的交往需要和成就需要，渴望理解和尊重，寻求友谊和爱情。他们还有自我实现和求真、求善、求美的高层次需要。复杂强烈的需要导致大学生的情绪与情感体验丰富而深刻，使得他们不论在日常生活、学习、交往中，还是在从事社会活动时，无不带有浓厚的感情色彩。

大学生正处在青年期，具有青年人共有的情绪特征，往往情感丰富，情绪体验强烈，两极化明显，容易激动甚至会盲目地狂热，也容易灰心丧气，情绪来得快，平息得也快。总的来说，大学生的情绪特征正处于由波动性向稳定性逐渐过渡的阶段。

3. 自我意识开始成熟，自我控制能力增强

大学时期个体自我意识逐步成熟，主要表现在以下3点。

（1）独立意识增强。大学生生理发育已基本成熟，社会化程度有了很大提高，心理上产生强烈的成人感和独立感，希望能够摆脱对成人的依赖，向周围人表现自己的能力，不喜欢旁人的过多干预。

（2）自我认识和评价更加全面和准确。进入大学后，随着独立生活的开始，大学生有了更多的自由活动和交际的空间，参照系和社会比较对象都发生了很大变化，于是他们开始了更深入和丰富的自我探索与发现，在大学这样一个特殊环境里客观地认识自己、评价自己。

（3）自我体验丰富，自我控制水平提高。一方面，由于自我意识的发展，大学生自尊心和自信心增强，他们对他人的言行和态度极为敏感。涉及"我"和与"我"相关的很多事情，都会在其内心引起轩然大波，使之产生强烈的情绪体验。积极的情绪体验使他们蓬勃向上，消极的情绪体验使他们消沉、抑郁。另一方面，大学生自我调控的自觉性、主动性、社会性和持久性也在不断增强，能有意识地对自己的心理活动和行为实施控制。其自觉性、果断性、自制性、坚韧性等意志品质得到进一步的发展。

4. 人格趋向成熟和完善，职业自我意识逐步确立

大学阶段是大学生人格发展、完善的重要时期，他们的认识水平不断深入，对现实的态度特征渐趋稳定，情感由丰富激荡走向稳定，自我意识由分化、矛盾冲突走向统一，意志品质逐步形成。人格的成熟与完善，为大学生步入社会做好了必要的心理准备。

职业自我意识是个体自我意识的组成部分，在个人的职业选择和职业发展中起着重要的核心和驱动作用。大学生的专业学习是对未来职业的知识准备。大学期间通过专业课的学习、实习以及与老师的讨论，很多大学生慢慢认识了自己的职业偏好，了解了自身的长处，逐步确立起职业自我意识，为今后职业生涯的发展做好了充分准备。

5. 人生观和价值观逐渐成熟

个体的人生观和价值观的发展有着大致的脉络。一般来说，个体人生观的发展在青春期萌芽，到高中阶段的青年前期得以迅速发展，在大学阶段逐渐走向成熟。

大学阶段，大学生不再有高考的压力，从而有较多的时间阅读书籍，更深入地思考人生问题，为人生观的最终确立定下了基调。但由于大学生还没有真正涉足社会，所以这并不意味着个体的人生观和价值观不再改变，只有等参加工作以后，通过理论与实践的不断磨合，才能最终确立自己的人生观和价值观。

6. 爱情需要与性意识进一步发展

随着大学生生理、性心理的发展，爱情需要与性意识也快速发展起来。他们对异性充满好奇，关注异性，向往并追求纯洁美好的爱情。加上大学环境较为宽松，不少学生已开始考虑恋爱问题，并试图建立相对稳定的恋爱关系。不少大学生都能合理选择恋爱时机，处理好学业与爱情的关系，并采取文明健康的恋爱方式，使恋爱经历成为人格完善的契机和美好人生的华章。但也有部分大学生在尚不了解爱情真谛时就匆忙涉足爱河,陷入情感旋涡,影响学业,或者不能慎重处理两性关系,酿成悔恨的苦酒。

总之,大学生处于刚刚跨入成人行列但并未真正成熟的特殊阶段,其心理上虽然一般不再有过大的起伏变化,但在逐步走向成熟的过程中会经历许多的磨砺考验。因此,学会积极适应社会变化、正确面对挫折是十分重要的。

四、大学生的心理发展任务

从人生的发展阶段来看,大学生处于青年期。青年期是由儿童向成人的过渡期、转变期。进入大学后,大学生需要全面提高自身素质,完成相应的心理发展任务。如果不能顺利完成这一阶段的发展任务,将不能顺利进入成人发展阶段,或者会影响成人阶段的发展任务。如果能顺利完成发展任务,将有助于大学生获得积极向上的心态,对前一阶段完成的发展任务产生积极的巩固或修复作用,并为后一阶段心理发展任务的完成奠定良好的基础。

从时间段看,青年期的心理发展任务,其实也是处于青年期的大学生的心理发展任务。

关于大学生的心理发展任务,美国威加宁提出了大学生的七个发展任务。

(1) 发展能力。在大学期间,大学生可以增进和发展多方面的能力,使自己更有信心来表达这些能力,包括智力、体力、社交能力等。

(2) 管理情绪。大学生们每天会面对许多有形无形的挑战,有些来自学习方面,如选修课、考试、写论文,还有些来自人际关系、家庭、生活等方面,从而产生种种不同的情绪,包括积极的和消极的。大学生要充分了解自己、认识自己的情绪,并以恰当的方式来处理情绪,这对整个人生都有着深远的意义。

(3) 由自主到相互帮助。作为大学生,学习独立、学会自己承担责任是十分重要的。在学习独立的同时,也要学会如何相互帮助,学会如何相互包容、友善待人,因为每个人的行为都会影响自己和他人,在有些情况下,个人需要做出牺牲、让步以达成共识。

(4) 发展成熟的人际关系。与周围人建立关系对大学生的生活有很大的影响,建立成熟的人际关系十分重要。既要容忍和欣赏别人与自己的不同,又要有能力与别人发展亲密关系。维持这样一种亲切融洽的关系需要自我认识、自发性、自信心、支持及沟通等。

(5) 确立自己的角色地位。这一点对于大学生来说十分重要,它既影响自尊心、自信心的建立,同时也影响他人对自己的满意及接纳程度,还会影响自己对自己的评价。

(6) 发展目标。发展目标包括不断增强能力,做出计划,定出方向和目标。具体包括:职业上的计划及期望,个人兴趣,对人际关系及家庭的承担。

(7) 发展整合。大学生的价值信念是引导其行为的方向,也是其为人处世的原则。具体包括行为与价值一致,顾及别人的利益,尊重别人的意见,同时能够肯定自己的价值观及信念。

国内心理学学者林崇德也提出了个体在青年期的10项心理发展任务。

(1) 对身体的发育，特别是对因性成熟引起的诸多变化的理解和适应。

(2) 从精神上和经济上脱离父母并走向独立。

(3) 逐渐完善作为男性或女性的性别角色。

(4) 对新的人际关系，特别是异性关系的适应。

(5) 正确认识自己在社会中的角色，通过各种社会活动完善自己。

(6) 树立作为社会一员所必须具备的人生观和价值观。

(7) 掌握作为社会一员所必须具备的知识和技能并付诸社会实践。

(8) 选择职业及工作适应。

(9) 恋爱、结婚及婚姻适应。

(10) 成就感的获得与自我实现。

关于大学生的心理发展，国内外学者的表述各不相同，但其核心内容还是基本一致的。整合各方观点，从大学生的心理特点来看，我们可以把大学生的心理发展任务概括为以下4项。

(1) 澄清自己的角色形象，确立内在的生活目标，在更高层次上实现自我意识的统一整合。

(2) 发展良好的人际交往能力，学习与周围人建立和谐的关系。

(3) 从心理上获得真正的独立，做好未来人生的规划。

(4) 发展社会所要求的专业技能，适宜的行为模式和积极的价值观念，完成社会化任务。

心理科普

一、意识

现代心理学界对意识的理解分为广义和狭义两种。广义的意识概念是指大脑对客观世界的反应，表现为知、情、意三者的统一。狭义的意识概念则指人们对外界和自身的觉察与关注程度。现代心理学中对意识的论述主要是指狭义的意识概念。

从广义的意识层面理解，意识不仅是人以感觉、知觉、记忆和思维等心理活动过程为基础的系统整体对自己身心状态与外界环境变化的觉知和认识，情感和意志也是人的意识的必要组成部分，因为意识也表现为一种内心体验的形式。尽管意识和认识过程密切联系，认识在意识中占有核心地位，但意识和认识并不等同，不能简单地把意识归结为认识，意识中不仅包含有认识，而且也包含着人的体验，如满意或不满意、爱或恨等。因为意识到客观现实的绝不是抽象的人，而是具体的人，他（她）不只是在认识着，而且也在感受着和行为着。

意识具有自觉性、目的性和能动性三大特性。意识的自觉性产生人的饥饿、寒冷、欲望需求等内在意识。意识的目的性产生人的清醒、糊涂、注意力集中与分散等外在意识。意识的能动性是产生人的兴趣、意志等人格倾向的推动因素。

意识是一个多维度、多层次的高级心理反映形式,具有各种不同的水平。

意识水平反映了个体在某一时间里对自身活动及其状态的觉知的程度,可以分为无意识水平、前意识水平、潜意识水平三个部分。

无意识水平是指个体对其内在身心状态或外界环境的变化没有觉知的意识状况。例如,个体的某些生理变化,诸如脑电活动、内分泌腺体的分泌活动、脉搏的变化等就不会被人觉知。再比如外界环境中超越感受器接受能力的刺激物,诸如超声波、X射线等也不能被人觉知,也就不能使人产生意识活动。

前意识水平是指保持在人脑中的过去经验或信息,平时虽不被觉知,但可在需要时复现或提取而达到觉知的意识状况。处于这一水平上的信息资料要比任何时刻的意识水平上的信息资料的数量多得多。例如,在长时记忆中贮存着大量的信息,在平时不使用这些信息时并不能觉知到众多信息何在,只有当要检索提取使用时(如考试时),才会对它们产生意识。

潜意识水平是指蕴含在意识层之下的欲望、情绪等经验被控制和压抑而使个体在当时不觉知的意识状况。尽管潜意识中的种种本能欲望、情感和思想被压抑,但它们并不会消失,它们会不由自主地活动来直接或间接地影响个体的心理及行为。

意识又可以分为自我意识和对周围事物的意识两部分。对周围事物的意识是指个人对客观对象和现象的有意识地反映,它包括对自身的存在、事物和现象以及自身同客观事物的复杂关系的反映。

二、自我同一性

同一性是指各种觉知形式都被整合成为一个同一的、整体的、独特的、连贯的意识经验。

"自我同一性"这一概念是埃里克森自我发展理论中的一个重要组成部分,它具有非常广泛的含义,可以理解为社会与个人的统一,个体的主我与客我的统一,个体的历史性任务的认识与其主观愿望的统一;也可理解为对自己的过去、现在和将来,即在任何情况下都能够全面认识到意识与行动的主体是自己,或者说能抓住自己,也即"真正的自我",又称为"核心的自我"。

三、心理暗示

心理暗示是指人接受外界或他人的愿望、观念、情绪、判断、态度而使自身受到影响的心理特点,是人们日常生活中最常见的心理现象。它是人或环境以非常自然的方式向个体发出信息,个体无意中接受这种信息,从而做出相应的反应的一种心理现象。

心理学家巴甫洛夫认为:暗示是人类最简单、最典型的条件反射。从心理机制上讲,它是一种被主观意愿肯定的假设，不一定有根据，但由于主观上已肯定了它的存在，心理上便竭力趋向于这项内容。

我们在生活中无时不在接收着外界的暗示。人们为了追求成功和逃避痛苦，会不自觉地使用各种自我暗示，比如困难临头时，人们会安慰自己："快过去了，快过去了。"从而减少忍耐的痛苦。人们在追求成功时，会设想目标实现时非常美好、激动人心的情景。这个美景就对人构成自我暗示，它为人们提供动力，提高人的挫折耐受能力，使人保持积极向上的精神状态。

心理自助

一、拓展阅读

学习心理学是生命的福祉
毕淑敏

我跟香港中文大学心理学教授林孟平学习心理学的时候，她第一天的开场白有点让我吃惊。她说："如果你有一天开始学习心理学，那是你的福祉。"我当时想，这个老师很热爱自己的学科，你可以说自己的学科很重要，可我没有听谁说过学习是福祉。

事实证明，老师说的确实是对的。认识自我是一个人必修的功课。只有当你认识了自己，你看别人和世界才会多一份把握。

心理健康是健康的标志之一

今天我们坐在这里，除了我们的身体以外，还有一个心理也在此时此地。1946年，世界卫生组织在成立宪章里对健康是有定义的："健康不仅是没有疾病，而且是生理上、心理上和社会适应上的完好状态。"

仔细分析起来，所谓健康有3个方面，一个是生理上，一个是心理上，还有一个是我们对于社会的适应性。

大家现在对生理上的健康已经越来越重视了，对自己的心理健康呢，可能还没有这么重视。其实心理是无时不在的。比如，说各位朋友今天来到这里，你坐在什么位置上就有讲究。如果不对号入座的话，坐在前面的人，通常每次都会坐在前面，而坐在后面的人呢，基本上也会每次都选择坐后面。

我有一个朋友，特别爱送别人围巾。我说我觉得你对围巾的爱好超过一般人。她说对呀，她小的时候丢过一次围巾，在一个很寒冷的冬天没有了围巾，那天是又慌乱又冻得够呛。以后一直觉得围巾很美丽、很温暖，所以特别喜欢送给朋友们围巾。

再比如讲，今天在场有很多的妈妈，你对自己的孩子是什么样的态度，其实常常和你妈妈对你的态度是一脉相承的。

▶ 大学生心理健康

我这样说其实想表达的是——心理是无时无刻不在的。

心理，无时无刻不在

怎么判断自己的心理是否健康？我觉得当今中国，整个社会的进步和发展到了一个从温饱向小康转变的过程，在这个过程里，关注人的心理健康，是社会和谐进步的要求。

我很喜欢这样一个图表，现在我在这里比画一下（平伸双臂，像个大大的"一"字），好比这是一条线，在我的手臂这一端（左手边）是精神病患，在我的手臂另一端（右手边）是心理超常的人，中间呢，就是正常人。

传统心理学的工作范围比较集中于正常人和精神病患的交界区，努力使精神病患变成正常人，使正常人不要因为心理疾患演变出精神方面的疾病。

社会在发展，时代在进步，现代心理学的工作范畴更加宽大了，不仅集中在预防、治疗精神疾患方面，而且是努力让每个人的心理更健康，让人人朝着心理超常的方向努力，这就是心理学的魅力所在。

让正常人心理上有一个更好的调整，达到更和谐、有力量的状态。

宇航员杨利伟就是一个心理健康超常的人。在各种场合，我从没看到过他有不镇定的状态。人们看到的只有那种冷静，那种恰如其分的平稳。

心理状态体现在方方面面。比如学生考试成绩不好，妈妈说，我的孩子就是心理不过关，考试时紧张，原来会的也不会了。

运动场上也是这样，运动员大赛时的成绩不理想，在寻找原因的时候常常会说——我们不是输在技术上，是输在心理上。

不是技不如人，而是在关键时刻心理没有调整好。现在选拔干部、招聘员工、大学生入学的时候，也常常会有心理测试，说明大家对这方面越来越重视。

人应该明白自己需要什么

从一个更大的方面讲，根据马斯洛的需要层次理论，人的需要从低到高可以分为："生理需要""安全的需要""归属和爱的需要""尊严的需要"和"自我实现的需要"。

好比一个金字塔，最底下一层是温饱，如果连温饱都没解决，就很难再去讨论那些更为遥远的事情。

人在解决了温饱后，就会想到给自己的窗上钉一个栏杆，要搬到一个保卫更严密的小区里，这是安全的需要。

安全需要上面的层次是爱和归属的需要，到第四层的时候就是我们对于尊严的感知了，第五层是自我实现，要体现出自我的价值，充满创造性。

现代中国，整个社会已经从温饱奔向小康，这时你就要看看，你现在在哪个层次上了。

北京有一个单位约我去讲课，要我给检察官们讲讲为什么要做检察官，检察官都觉得工资有点低。于是我谈到了人需要什么的问题。

我说作为一个为人民工作的人,一定要有高尚的道德,如果没有,你真的不要做检察官,世上的行业多得很,为什么要在检察官的位置上渎职去欺骗人民呢?

后来我在私底下问他们,你们审过那么多的贪官,他们中有后悔的吗,检察官说,没有一个贪官不后悔的,有一个贪官尽管他受贿无数,在被判死刑的时候,他问,外面的天还是那么蓝吗?小磨麻油还是那么香吗?我的孩子怎么样了?都是一些最基本的问题。

所以,一个人去做让自己不安宁的事,对不起人民,也对不起自己,实在是一种愚蠢。

因此,一个人要真正了解自己的精神需求。你自己现在到底要的是什么?如果你不解决这个问题,你将无从谈到你的幸福与快乐。

人的精神不能分裂

有人老问我当代人心理困惑的根源是什么。我认为是目标问题。你的目标是什么呢?

小的时候是你爸爸妈妈或者是老师给你确立的;大了以后,是舆论,是压力。比如说目标是买房、买车,今年年薪是10万,明年我要涨到12万,或者是哪年哪月我要上哪里哪里去旅游……有人以为这就是人生的目标,而我觉得这是人生分解出来的具体步骤,而不是终极目标。

目标不是别人灌输的,目标是自己定出来,没有目标的时候,就像人生没有舵,你又怎么能够生机勃勃去度过你的一生,走过每一个艳阳高照的日子?

在当今社会里,我常常觉得很多人是分裂的。

我当医生的时候,第一次实习,各个科室转,第一次转到精神科的时候把我吓坏了,我觉得太恐怖了,人怎么会变成这样?完全没有逻辑,那种情感的混乱,举止的怪僻,那种匪夷所思,把20岁左右的我吓蒙了。

我和一位老医生对话,我说这么严重的病,它的名字倒不怎么令人害怕。他说你说哪个名字不害怕?我说"精神分裂"啊,好像不太可怕。老医生的眼睛就瞪起来了,说你认为分裂还不可怕吗?

后来我想了想,分裂真的是非常可怕,家庭分裂就是离婚了,大地分裂就是地震了,国家分裂、民族分裂,那是巨大的灾难。

分裂的后果非常严重。我们一个人不要觉得自己的心理能量很大,人心是比大海、比天空更要辽阔的所在,可是如果你的心是分裂的,你的心就只有针鼻那么小。

比如说我们所有的人都知道,过马路是不可以闯红灯的,可是我们在大多数的情况下是看看没车,没有警察,过吧。

如果有人认真地按红灯停绿灯行的规则做了,我们会觉得他们很傻,而我们是灵活多变。

有一个朋友给我讲过一个故事:在德国一条很小的街上,有一个红绿灯。大家就站在

▶ 大学生心理健康

路边等着红灯变绿灯。等了3分钟没有变，才发现这个灯柱坏了，没法变出绿灯。

在确定红灯坏了的情况下，带队的德国人还是觉得不能过，他就开始拍那根灯柱子，拍的结果是那个柱子比德国人更顽强，依然是红灯，就是不肯变成绿灯。这个德国人想了想，说，我们不能在这里过马路了，我们只有走到另外一个街口，那个红绿灯是好的，它变成绿灯的时候我们才能过去。

我后来跟一位外国朋友探讨过这个故事，他说你们笑我们傻，其实你们才傻。你怎么能把自己的命放在别人手里呢？红灯是不能过的，人家的车飞速开过来，他怎么会想到这个时候你会过来呢？

这件事对我的教育很大。人的精神不能分裂，而应该统一起来。

如果你相信真理，就要捍卫它，不能朝三暮四，没有坚定的立场。如果你渴望爱情，就要认认真真地去爱你的妻子和丈夫，爱你的孩子和父母。

热爱你的工作吧，因为它可以让你光荣和骄傲，给你一种人生的价值感，而不仅仅是给你生活的便利。

谁是世上最幸福的人

20世纪80年代，我在北京一家卫生所做医生，有一天我看到一件事，我觉得好惨。它说的是欧洲有一个国家的一个城市，面向社会广泛征询谁是世界上最幸福的人？

答案像雪片一样飞到报社，报社就组织一个班子遴选，最后认为有三种人是最幸福的人。

第一，刚刚给孩子洗完澡的妈妈。

第二，治好了病人，在医院门口目送病人远去的医生。

第三，在海滩上筑完沙包，看着自己杰作的孩子。

还有一个备选的答案：写完了自己作品的最后一个字的作家。

我看完了就傻了，当时心里的那种痛楚我至今都能感受到。为什么？

我琢磨了一下，这四种情况我也集于一身，我也有一个孩子，给孩子洗澡那是必修课，那个时候家里没有洗澡的地方，我在自由市场上买了一个6元钱的盆，然后把孩子放进去，就浑身揉，洗完之后，就拿毛巾包好把孩子抱到床上。一点没觉得幸福，满头大汗。

我基本上还算是一个好医生，我会很认真地听病人讲他的痛苦，所以我的前面老是有很多病人等看病，送病人走后，我基本上就想，可看完了一个了，赶快回头看下一个，因为还有不少人等着我。

第三条是在海滩上筑沙包，那时我虽然没有去过什么海滩，但是跑过去在人家的建筑工地的沙土堆上挖个洞什么的，这种事还是做过的，我觉得这一条稍有折扣，基本上也算完成过。

那个时候我也写过一些作品了，作品写完之后我也没来得及享受幸福，我想的是编辑要是退稿怎么办？

四件最幸福的事集于一身却不幸福，我想这辈子没有指望了。人家都是通过投票选出来的幸福之事，我却没有幸福的感觉。一个人没幸福感，就是心理不健康。我觉得自己有毛病了。

后来我终于认识到幸福其实不是那种惊天动地的事，不是敲锣打鼓的事，也不是别人把名分给你的事。

幸福真的是我们内心对于生命当中那些温暖的瞬间、那些美好的时刻、那些让我们铭记在心、让人体会很久、回味深长的真情。

把这件事情想透了以后，如释重负。我决定改变，后来我写了一篇散文叫《如释幸福》。

其实就像在今天，咱们在美丽的西湖边上，坐下来讨论幸福，这就是幸福啊。

不要以为我们有了140平方米的房子，我们有了年薪15万元，从开夏利改成开宝马，我们就觉得是幸福，其实不是的。幸福是朴素的，是谁都不能代替的内心感觉，只有你自己来负责。

幸福这件事，每一个人都要谋划一下，最大化我们的幸福。我们把自己的一生，一天一天，认认真真，仔仔细细，有滋有味地去过，我们幸福的时间就会很长很长，我们的幸福就可以最大化。

二、心理测试

心理素质测试题

1. 你骑车闯红灯，被警察叫住，警察知道你急着要赶路，却故意拖延时间，此时你（　　）。

　A. 急得满头大汗，不知怎么办才好

　B. 十分友好地、平静地向警察道歉

　C. 听之任之，不做任何解释

2. 在朋友的婚礼上，你未料到会被邀请发言，在毫无准备的情况下，你会（　　）。

　A. 双手发抖，结结巴巴说不出话来

　B. 感到很荣幸，简短地讲几句

　C. 很平淡地谢绝了

3. 你在餐馆刚用过餐，服务员来结账，你忽然发现身上带的钱不够，此时你会（　　）。

　A. 感到很窘迫，脸发红

　B. 自嘲一下，马上对服务员实话实说

　C. 在身上东摸西摸，拖延时间

4. 假如你乘坐公共汽车时忘了买票，被人查到，你的反应是（　　）。

▶ 大学生心理健康

   A. 尴尬，出冷汗

   B. 冷静，不慌不忙，接受处理

   C. 强作微笑

5. 你独自一人被关在电梯内出不来，此时你会（　　）。

   A. 脸色发白，恐慌不安

   B. 想方设法救自己出去

   C. 耐心等待救援

6. 有人像老朋友似地向你打招呼，但你一点也记不起他（她）是谁，此时你会（　　）。

   A. 装作没听见似地不搭理

   B. 直率地承认自己记不起来了

   C. 朝他（她）瞪眼，一言不发

7. 你从超市里走出来，忽然意识到你拿着忘记付款的商品，此时一个保安人员朝你走过来，你会（　　）。

   A. 心怦怦跳，惊慌失措

   B. 诚实、友好地主动向他解释

   C. 迅速回转身去补付款

8. 假设你从国外回来，行李中携带了超过规定的烟酒数量，海关官员要求你打开提箱检查，此时你会（　　）。

   A. 感到害怕，两手发抖

   B. 泰然自若，听凭检查

   C. 与海关官员争辩，拒绝检查

计分办法：选 A 得 0 分；选 B 得 5 分；选 C 得 2 分。

结果解释：

0～25 分：你承受压力的心理素质比较差，很容易失去心理平衡，变得窘促不安，甚至惊慌失措。

25～32 分：你的心理素质比较强，性情还算比较稳定，遇事一般不会十分惊慌，但有时往往采取消极应付的态度。

32～40 分：你的心理素质很好，几乎没有令你感到尴尬的事，尽管偶尔会失去控制，但你的应变能力很强，是一个能经常保持镇静、从容不迫的人。

三、心理故事

小猫逃开影子的招数

"影子真讨厌！"小猫汤姆和托比都这样想，"我们一定要摆脱它。"然而，无论走到哪里，汤姆和托比发现，只要一出现阳光，它们就会看到令它们发狂的自己的影子。

不过，汤姆和托比最后终于都找到了各自的解决办法。汤姆的方法是，永远闭着眼睛。托比的办法则是，永远待在其他东西的阴影里。

心理点评：这个寓言说明，一个小的心理问题是如何变成更大的心理问题的。可以说，一切心理问题都源自对事实的扭曲。什么事实呢？主要就是那些令我们痛苦的负性事件。因为痛苦的体验，我们不愿意去面对这个负性事件。但是，一旦发生过，这样的负性事件就注定要伴随我们一生，我们能做的，最多不过是将它们压抑到潜意识中去，这就是所谓的忘记。但是，它们在潜意识中仍然会一如既往地发挥作用。并且，哪怕我们对事实遗忘得再厉害，这些事实所伴随的痛苦仍然会袭击我们，让我们莫名其妙地伤心难过，而且无法抑制。这种疼痛让我们进一步努力去逃避。

发展到最后，通常的解决办法为：一是，我们像小猫汤姆一样，彻底扭曲自己的体验，对生命中所有重要的负性事实都视而不见；二是，我们像小猫托比一样，干脆投靠痛苦，把自己的所有事情都搞得非常糟糕，既然一切都那么糟糕，那个让自己最伤心的原初事件就不是那么疼了。

除了一些看得见的错误方法外，我们人类还发明了无数种形形色色的方法去逃避痛苦，弗洛伊德将这些方式称为心理防御机制。太痛苦的时候，这些防御机制是必要的，但糟糕的是，如果心理防御机制对事实扭曲得太厉害，它会带出更多的心理问题，譬如强迫症、社交焦虑症、多重人格，甚至精神分裂症等。

真正抵达健康的方法只有一个——直面痛苦。直面痛苦的人会从痛苦中得到许多意想不到的收获，它们最终会变成当事人的生命财富。规划利用好现有的能力远比挖掘所谓的潜能更重要。

切记：阴影和光明一样，都是人生的财富。

一个最重要的心理规律是，无论多么痛苦的事情，你都是逃不掉的。你只能去勇敢地面对它，化解它，超越它，最后和它达成和解。如果你自己暂时缺乏力量，你可以寻找帮助，寻找亲友的帮助，或寻找专业的帮助，让你信任的人陪着你一起去面对这些痛苦的事情。美国心理学家罗杰斯曾是最孤独的人，但当他面对这个事实并化解后，他成了真正的人际关系大师；美国心理学家弗兰克有一个暴虐而酗酒的继父和一个糟糕的母亲，但当他挑战这个事实并最终从心中原谅了父母后，他成了治疗这方面问题的专家；日本心理学家森田正马曾是严重的神经征患者，但他通过挑战这个事实最终发明出了森田疗法……

他们生命中最痛苦的事实最后都变成了他们最重要的财富。你，一样也可以做到。

四、心理探索

1. 心理学家毕淑敏说学习心理学是生命的福祉，你对这个说法有怎样的理解？
2. 结合大学生心理发展的任务，逐条分析自己在哪些方面发展得较为顺利？哪些方面的发展还需要进一步提高，并把这些分析情况写下来，给自己制定一个大学期间的个人发展计划。

项目二　健康与心理健康

健康是个人幸福的源泉，是事业成功的保障，是人生最宝贵的财富。一个人失去健康，就意味着失去最宝贵的东西，甚至会失去一切。人人渴望健康，人人都在追求健康。但什么是健康？没病没灾就是健康吗？为什么越来越多的人在体检时生理指标正常却被失眠、强迫性行为、抑郁困扰，导致无法正常生活？为什么物质生活越来越丰富、现代医学越来越发达，人类的各种疾病却不降反增？什么才算是真正的健康？如何构建科学的健康观？这是每一个现代人需要关心和思考的问题。

任务一　健康新概念

【任务目标】
（1）了解健康和心理健康的内涵和标准，树立科学的健康观。
（2）掌握心理健康与异常的判断方法，能对自己的心理健康状况做出评判。
（3）认识亚健康的表现及其危害，能及时关注自己的身体状况。
（4）理解心理暗示、心理弹性等与本项目相关的心理学概念。

【任务描述】
本项目主要学习有关健康与心理健康的概念、标准、亚健康及其危害、心理健康与异常的判断方法等知识，帮助学生了解和评价自己的心理健康状况，重视和应对自身有可能出现的亚健康状态，构建科学的健康观。

【任务知识】

心理课堂

一、健康新概念

人类已经进入了一个飞速发展的新时代。在这个新时代，人类将面临许多新的变化和挑战。在生活方式改变的同时，人们将承受更多、更大的压力，威胁人们健康的因素越来越多。前世界卫生组织总干事马勒博士说过："有了健康并不等于有了一切，但没有了健康就等于没有了一切。"健康是人生快乐、幸福、成功的基础和前提，是每一个现代人都关心和向往的。

人人渴望健康，人人都在追求健康。然而，长期以来"无病即健康"的传统观念一直被许多人持有,认为人体的各个器官系统发育良好,功能正常,体质健壮,精力充沛,有良好的劳动效能的状态,就是健康。简而言之,身体没有疾病就是健康。

现代医学的研究证明,心理的、社会的和文化的因素与人的健康和疾病有着非常密切的关系。一方面,随着科技的进步、经济的繁荣、医疗条件的发展,人的躯体疾病在逐渐减少。另一方面,社会的高速发展,生活节奏的不断加快,竞争的日益激烈,给现代人带来了巨大的心理压力,而心理压力的增大又严重威胁着人的身体健康。可以说,对于生活在现代社会的人来说,心理健康的重要意义远远超过躯体健康,每一个想获得成功的人都必须关心和维护自身的心理健康,注重开发自身的心理潜能。

我们常常会有这样的感受和体会:愁得吃不下饭,气得头痛,急得心焦,笑得流泪。可见,心理、情绪上的变化往往以躯体症状的形式表现出来。但是,生活中许多人感觉身体不舒服时,总是自觉地进行身体治疗,很少想到是否是由心理问题引起,是否要进行心理治疗。由此说明,人们的健康观还是很不全面的。

那么,什么是科学的健康观呢?从人的身体健康与心理健康的关系看,身体健康是心理健康的基础,而心理健康又是身体健康的重要体现。心理不健康,就没有身体健康可言。同样,身体不健康,也就没有良好的心理状态。因为生理活动与心理活动是相互联系、相互影响的。心理活动往往对人体各器官、系统的活动起重要的调控作用。健康的心理可以维持和增进人的正常情绪,维护人的正常生理状态,能使人适应环境和社会各种变化的刺激。因此,只有身心健康的人,才是足够的健康人。

1989年,世界卫生组织(WHO)公布了经修改的关于健康的新定义:"健康不仅仅是躯体没有疾病,而且还要具备心理健康、社会适应良好和道德健康,只有具备了上述四个方面的良好状态,才是一个完全健康的人。"这是对健康更为全面、科学、完整、系统的定义。

二、健康的标准

根据新的健康观,世界卫生组织规定了健康的10条标准。
(1) 有足够充沛的精力,能从容不迫地应付日常生活和工作压力,而不感到过分紧张。
(2) 态度积极,乐于承担责任,不论事情大小都不挑剔。
(3) 善于休息,睡眠良好。
(4) 能适应外界环境的各种变化,应变能力强。
(5) 能够抵抗一般性的感冒和传染病。
(6) 体重得当,身体均匀,站立时,头、肩、臂的位置协调。
(7) 反应敏锐,眼睛明亮,眼睑不发炎。
(8) 牙齿清洁,无空洞,无痛感,无出血现象,齿龈颜色正常。
(9) 头发有光泽,无头屑。
(10) 肌肉和皮肤富有弹性,走路轻松匀称。

从这 10 条标准可以看出，健康包括身体健康和心理健康及社会适应良好等几个方面，他们相辅相成，缺一不可。

三、大学生如何构建全面的健康观念

（1）要做到身体健康。具有强壮的体力和体魄，主要指生理功能状态良好，没有疾病，并能抵御各种疾病的侵袭，身体发育匀称，能适应自然环境变化。

（2）做到心理健康。在心理上有自我控制能力，能正确对待外界的客观影响，并能使心理处于平衡状态。

（3）要具有较好的社会适应能力。能建立良好的人际关系，有自我调节适应各种复杂环境及其变化的能力。

（4）要做到道德健康。做到不损人利己，接受社会公认的道德准则，并以此来约束支配自己的言行；具有为他人健康和幸福做出奉献的思想与行为；具有辨别善恶、美丑、荣辱、是非的能力。

健康，是人人向往的目标。要想得到健康，主动权就掌握在我们自己的手中。我们应不断提高自己的健康意识，使自己成为健康的主人。

四、亚健康的表现及危害

亚健康状态也称"第三状态"。一般人常常认为，人只有健康和患病之分。但新的医学研究表明，人体健康与患病之间还存在着一个过渡的中间状态，即"第三状态"。根据世界卫生组织对健康的定义，研究人员经过调查发现：在一般人群中真正患病和完全健康者不足 2/3，还有 1/3 以上人群处于第三状态。这些人的主要表现有：食欲不振、易怒、头痛、疲乏、失眠等，这些症状往往困扰着人们的正常生活。"第三状态"处理得当，则身体可向健康转化；反之，则患病。

以世界卫生组织四位一体的健康新概念为依据，亚健康可划分为：

（1）躯体亚健康。主要表现为不明原因或排除疾病原因的体力疲劳、虚弱、周身不适、性功能下降和月经周期紊乱等。

（2）心理亚健康。主要表现为不明原因的脑力疲劳、情感障碍、思维紊乱、恐慌、焦虑、自卑以及神经质、冷漠、孤独、轻率，甚至产生自杀念头等。

（3）社会适应性亚健康。对工作、生活、学习等环境难以适应，对人际关系难以协调，即角色错位和不适应是社会适应性亚健康的集中表现。

（4）道德方面的亚健康。主要表现为世界观、人生观和价值观上存在着明显的损人害己的偏差。

虽然亚健康的表现从轻度、中度到重度，似乎哪一种症状都不会对身体造成致命的危害，当自己发觉各种症状都表现为亚健康，人们也只是开玩笑道"我亚健康了"，便作罢。令人担忧的是许多人已处于严重的亚健康状态，却浑然不知。亚健康状态是身体发出的一

个信号,亚健康处理得当,身体可向健康转化;无视亚健康,听之任之,则会积累损伤,从而导致病患或突发性后果。

总的来说,亚健康从轻到重有以下五大危害:

(1) 亚健康状态明显影响工作效率、生活及学习质量。

(2) 多数亚健康状态与生物钟紊乱构成因果关系,直接影响睡眠质量,加重身心疲劳,引发慢性疲劳综合征。在驾车、运动等情况下,甚至危及生命安全。

(3) 身体或心理亚健康极易相互影响,导致恶性循环,引发精神或机体疾患。

(4) 由于亚健康是大多数慢性疾病的病前状态,大多数恶性肿瘤、心脑血管疾病和糖尿病等均是从亚健康人群转入的。统计分析,高脂血症是亚健康人群的头号杀手,脂肪肝位列第二,高血压、前列腺疾患、肝功能异常、妇科疾患、冠心病、糖尿病、白内障、胆囊结石、防癌普查异常等都不同程度地威胁着亚健康人群。

(5) 严重亚健康可明显影响健康寿命,造成早衰,甚至突发急症导致英年早逝(过劳死)。有调查表明:对40岁左右人群进行死因分析,2/3的人死于心脑血管疾病,1/10死于恶性肿瘤,1/5死于肺部疾病、糖尿病等。亚健康状态完成由轻度到重度的演化后,将最终导致病变。

大学生特有的青春朝气和活力固然是健康的表现,但不是健康的"保险证书"。要增进健康,就要正确理解健康的含义,按照现代健康标准,既要重视身体健康,也要重视心理健康、提高社会适应能力和道德健康,防止和纠正不卫生的生活习惯、不良的思想情绪和生活方式,这样才有利于完成学习和工作任务,为健康的人生打下良好基础。

五、心理健康

心理健康是指一种良好的心理或精神状态。与心理健康意思接近的词有"心理卫生"和"精神卫生",指对心理或精神健康的维护和保健。

《心理学百科全书》在"心理健康"词条下的解释是:心理健康又称心理卫生,包括两方面的含义:一是指心理健康状态,个体处于这种状态时,不仅自我状态良好,而且与社会契合和谐;二是指维持心理健康,减少行为问题和精神疾病的原则和措施。

1946年,第三届国际心理卫生大会将心理健康定义为:心理健康是指在身体、智能以及情感上与他人不相矛盾的范围内,将个人心境发展至最佳状态。根据这个定义,也提出了以下4条心理健康的标准。

(1) 身体、智力以及情感十分协调和谐。

(2) 适应环境,人际关系和谐。

(3) 有幸福感。

(4) 在工作中能发挥自己的能力,过着有效率的生活。

心理健康对每个人的成长和发育都有重要的作用。健康的心理是正常生活、学习、工作和交往的保证。如果一个人经常地、过度地处于焦虑、郁闷、孤僻、自卑、暴怒、怨恨、猜疑等不良心态中，轻则妨碍潜能开发，重则导致心理变态。随着人们对心理健康水平认识的深化，大致可以将人的心理健康分为以下3个等级。

一般常态心理者：表现为心情愉快，适应能力强，善于与别人相处，能较好地完成同龄人发展水平应做的活动，具有调节情绪的能力。

轻度失调心理者：表现出不具有同龄人所应有的愉快，和他人相处略感困难，生活自感有些吃力。若主动调节或通过专业人员帮助，可恢复常态。

严重病态心理者：表现为严重的适应失调，不能维持正常的生活、工作，如不及时治疗可能恶化为精神病患者。

六、心理正常与异常的判断

人的心理活动与世间万物一样，都有其正反两个方面。有心理健康与心理不健康，也有心理正常与心理异常。正常的心理具有三大功能：

（1）能保障人作为生物体顺利地适应环境，健康地生存发展。

（2）能保障人作为社会实体正常地进行人际交往，在家庭、社会团体、机构中正常地肩负责任，使人类赖以生存的社会组织正常运行。

（3）能使人类正常地、正确地反映、认识客观世界的本质及其规律，以便创造性地改造客观世界，创造出更适合人类生存的环境条件。

心理正常的反面是心理异常，是丧失了正常功能的心理活动。由于个体丧失了正常心理活动的上述三大功能，无法保证其正常生活，而且以其异常的心理特点，随时破坏其自身及他人的身心健康。

心理正常与异常可以从常识性的区分和心理学上的区分两个方面进行判断。

1. 常识性的区分

由于至今没有公认的统一判断标准，非专业人员在区分心理正常与异常时，依然依据日常生活经验，尽管这种方法不太科学，但也不失为一种方法，我们称为常识性的区分，这种方法归纳为以下4点。

（1）是否有离奇怪异的言谈、思想和行为。假如有人在与你交谈时，不论你说什么，高兴也好、悲伤也好，他都表现为微笑，而且一直微笑，尽管你不是变态心理学家或精神病医生，你也可以判断他的行为是异常的。

（2）过度的情绪体验和表现。假如在你周围的一位非常外向的某个人突然变得经常低头少语，行动缓慢，交谈吃力，甚至与别人交谈时前言不搭后语，或者一个人很久以前经历过重大生活事件（如亲人离去），而现在仍经常哭泣，你也可以根据自己的生活经验判断，他们的行为已经偏离正常。

（3）自身的社会功能是否完整。假如一个人怕与别人进行目光交流，为此不敢见人。又如一个人不喜欢别人碰他的东西，如果不小心碰到，也要大吵大闹。当你碰到这类人也可以判断他们的行为偏离正常。

（4）过度恶作剧以致影响他人的正常生活。当你反复接到骚扰电话，而对方又不是以求爱或报复为目的，你就可以依据生活经验判断打电话的人的行为偏离正常。

2. 心理学上的区分

从心理学的角度切入，以心理学对人类心理活动的一般性定义为依据，对人的心理活动是否正常进行区分即心理学上的区分。心理学上的区分可以从以下3个方面进行。

（1）主观世界与客观世界的统一性原则。因为心理是客观现实的反映，所以，任何正常的心理活动或行为，必须在形式和内容上与客观环境保持一致。不管是谁也不管是在怎样的社会历史条件和文化背景中，如果一个人说他看到或听到了什么，而客观世界中，并不存在引起他这种知觉的刺激物，那么，我们可以肯定，这个人的精神活动出现异常，他/她产生了幻觉。另外，一个人的思维内容脱离现实，或是其思维逻辑背离客观事物的规定性时，我们便说，他/她产生了妄想。这些都是我们观察和评价人的精神与行为的关键，我们称它为统一性（或同一性）标准。人的精神或行为与外界环境失去统一性，便无法被人理解。

在精神科临床上，常把有无自知力作为判断精神病的指标。所谓无自知力或自知力不完整，是患者对自身状态的反映错误，或者说是自我认知与自我现实的统一性的丧失。

在精神科临床上，还把有无"现实检验能力"作为鉴别心理正常与异常的指标。当我们以客观现实来检验自己的感知和观念时，必须以认知与客观现实一致性为前提。

（2）心理活动的内在协调性原则。人类的精神活动虽然可以被分为认知、情绪情感、意志行为等部分，但它自身是一个完整的统一体，各种心理过程之间具有协调一致的关系，这种协调一致性，保证了人在反映客观世界过程中高度的准确性和有效性。比如，一个人遇到一件令人愉快的事，会产生愉快的情绪，手舞足蹈，欢快地向别人诉说自己的内心体验，这样，我们就可以说他/她是心理正常的；如果一个人一边用低沉的语调说高兴的事，同时做痛苦状，我们就可以判断他/她的心理过程失去了协调一致性，我们称之为出现异常状况。典型的强迫性神经症，就表现出认知与意志行为具有不协调性。

（3）人格的相对稳定性原则。每个人在生活道路上，都会形成自己独特的人格特征。这种人格特征一旦形成，便有相对的稳定性，在没有重大外界变动的情况下，一般是不易改变的。如果在没有明显外部原因的情况下，一个人的人格出现问题，我们也要怀疑这个人的心理活动是否出现了异常。这就是说，我们可以把人格的相对稳定性作为区分心理活动正常与异常的标准之一。比如，一个用钱很仔细的人，突然挥金如土；或者一个待人接物很热情的人，突然变得很冷淡。如果我们在他的生活环境中，找不到足以促使他发生改变的原因，那么，我们就可以说，他的精神活动偏离了正常轨道。

> **心理科普**

一、心理卫生

心理卫生又称精神卫生，是相对于生理卫生而言的，原意是维护和增进心理健康，减少心理和行为问题与疾病。它既指代一门学科和一项服务工作，又指代人的心理健康及状态。简言之，心理卫生与心理健康同义。维护和增进人的心理健康是心理卫生的最终目的，心理卫生是达到心理健康的手段，心理卫生的任务就是探讨如何维护、增进心理健康的原则、措施及各种活动。所以说，心理卫生和心理健康二者的实质是同一问题的不同表述。

二、心理弹性

心理弹性也称复原力、抗逆力。美国心理学会将心理弹性定义为：个人面对生活逆境、创伤、悲剧或其他生活重大压力时的良好适应能力。我们也可以将其理解为个人面对生活压力和挫折时的"反弹能力"。

心理弹性的过程模型研究认为：在面对压力、困境、负性生活事件等外在影响时，原本处于"生理心理精神平衡状态"的个体为了继续维持平衡，就会调动自身的各种保护性因素来应对。当这些保护性因素无以应对时，原本的平衡就会发生瓦解，随后个体会有意识或无意识地开始重新进行整合，并导致以下某种情况发生：

（1）心理弹性的重整。个体在应对困境的过程中促进自我的反省和了解，或是积极品质的增长，即个体从困境中获得了应对能力的发展，增强了弹性。

（2）回归初始状态的重整。个体重新整合瓦解的内在状态，获得心理上暂时的舒适和平衡，但是没有成长。

（3）缺失性的重整。个体因遭遇困境而放弃生活中的希望或动力，此时个体往往缺乏健康的应对方式，自我价值感较低。

（4）功能紊乱的重整。处于失衡状态的个体试图采用不健康的方式来应对困境，如物质滥用、酗酒，甚至是自杀等。

这个模型告诉我们，心理弹性是个体有意识地选择的一种结果。在日常生活中，个体面对的往往不是一个简单的困境，多重压力经常相互作用而产生累积影响。例如，物质贫困易引发心理贫困，同时又引发家庭矛盾，从而导致贫困家庭的"贫困循环"。

在个体成长的过程中，增强心理弹性的保护性因素与加剧个体脆弱性的危险因子之间进行着力量的较量，只有在保护性因素居于强势的转折点上，个体才会适应良好。因此，当外在因素影响个体的心理健康时，内在因素尤其是积极的个性品质可以起到非常好的调节作用，它既能增加个体的保护性因素，又能减少危险性因素。

三、与心理健康有关的两个重要节日

1. 世界精神卫生日

世界精神病学协会（WPA）自1992年10月10日发起并定义命名"10月10日"为"世界精神卫生日"，1996年至今已先后举办了20届主题活动。

2000年是我国首次组织世界精神卫生日活动。此后，每年10月10日前后都在全国开展"世界精神卫生日"宣传活动,包括宣传、拍摄促进精神健康的纪录片、开设 24 小时服务的心理支持热线、播放专题片等,旨在提高公众对精神疾病的认识,分享科学有效的疾病知识,消除公众对精神疾病的偏见。

2. 全国大学生心理健康日

2000 年,由北京师范大学心理学院团总支、学生会倡议,十多所高校响应,并经北京市团委、学联批准,确定每年的 5 月 25 日为"北京大学生心理健康日"。2001 年,四川省、广东省也确定每年的 5 月 25 日为本省的大学生心理健康日。随后,教育部、团中央、全国学联办公室向全国大学生发出倡议,把每年的 5 月 25 日确定为"全国大学生心理健康日"。

"5·25"是"我爱我"的谐音,选择"5·25"是为了让大学生便于记忆,关注自己的心理健康。因为心理健康的第一条标准就是认识自我、接纳自我,只有爱自己才能更好地爱他人。

心理自助

一、拓展阅读

新冠疫情对人类心理健康状况的影响

新冠疫情的持续,给全球心理健康带来了新的挑战。目前,虽然尚未有疫情期间关于心理疾病患病增加的全球数据,但越来越多的地方数据表明,疫情对抑郁、焦虑等心理疾病的发病率以及自杀率都有着重要影响。

一项对来自中国的 194 个城市中的受访者的研究发现,16% 的受访者报告在疫情期间出现了中度到重度的抑郁症状,28% 的受访者报告出现了中度到重度的焦虑症状。2020 年 4 月,埃塞俄比亚的一项研究显示,相对于疫情前的数据,当地抑郁症的患病率翻了一倍。澳大利亚全国精神健康调查显示,在新冠疫情隔离政策实施的第一个月里,有 27.6% 的受访者报告有轻度至中度抑郁症状,21% 的受访者报告有临床上显著的焦虑症状,甚至还有 14.6% 的受访者表示"自残或死亡更好"。一项使用数据集覆盖整个日本人口的研究也发现,在第二波新冠疫情中,日本每月的自杀率上升了 16%,其中女性、儿童和青少年的自杀率上升幅度更大。

新冠疫情期间,国民经济疲软带来的失业率危机、常规心理健康服务的中断以及隔离政策的常态化等原因给人们的心理健康带来重大挑战。一方面是潜在患者的患病风险提高,另一方面则是原有患者的疾病程度加深。

疫情初期,确诊病例爆发式增长带来的超负荷工作、疫区医院封闭管理造成的与家人长期分离、长期与病患接触存在的高感染风险以及面对未知病毒,身为医者却对病人的生死无能为力等原因,使一线医务工作者身心俱疲。

▶ 大学生心理健康

而对于未成年和老年人群体,长期的居家隔离政策会对其心理健康造成不利影响。线下教育的中断不仅意味着教学方式的转变,也会给儿童的心理健康带来诸多负面影响。同辈交往机会的减少不利于未成年人的早期社会化。另外,在长期居家的环境下,青少年阶段易叛逆的特殊心理以及部分家长不适当的教养方式还可能导致家庭矛盾的激化,未成年人遭受家暴的风险也会提高。对此,联合国儿童基金会于新冠肺炎疫情期间针对未成年人的一项调查显示,疫情期间超过四分之一的未成年人经历过焦虑,15%的未成年人出现过抑郁症状。

新冠疫情何时结束,目前还没有明确的时间段。在这样一个充满不确定性的时代,重视和维护心理健康,以健康的身体和心理应对疫情影响,是一项非常重要的任务。

二、心理测试

学生亚健康状态检测

经常出现的状态:

(1) 早上即使醒来也不愿起床,总想在床上躺着。

(2) 感到情绪有些抑郁,会对着窗外发呆。

(3) 昨天想好的某件事,今天怎么也记不起来了,而且近些天来,经常出现这种情况。

(4) 害怕走进办公室和教室,总觉得学习令人厌倦。

(5) 不想面对同学、教师和家长,有自闭症的倾向。

(6) 学习效率下降,经常受到各方面的批评。

(7) 学习一小时后,就感到身体倦怠,胸闷气短。

(8) 情绪始终无法高涨。最令自己不解的是无名的火气很大,但又没有精力发作。

(9) 一日三餐,进餐甚少,排除天气因素,即使非常适合自己口味的菜,也经常如嚼干蜡。

(10) 盼望早早地逃离教室,为的是能够回家,躺在床上休息片刻,而且不希望别人来打扰。

(11) 对城市的污染、噪声非常敏感,比常人更渴望清幽、宁静的山水和农庄,休养身心。

(12) 不再像以前那样热衷于朋友的聚会,和同学交谈有种强打精神、勉强应酬的感觉。

(13) 晚上经常睡不着觉,即使睡着了,又老是在做梦的状态中,睡眠质量较差。

(14) 体重有明显的下降趋势,早上起来,发现眼眶深陷,下巴突出。

(15) 感觉免疫力在下降,老觉着自己不舒服,好像总在生病。

测试分析:拥有5种以上肯定的回答,就处于亚健康状况;肯定的题目数量越多,亚健康状态越严重。

健康状况应有的状态:

(1) 体重基本稳定: 一个月内体重增减不超过 4 kg, 超过者为不正常。

(2) 体温基本在 37 ℃ 左右: 每日的体温变化不超过 1 ℃, 超过 1 ℃ 者为不正常。

(3) 脉搏每分钟在 75 次左右: 一般不少于 60 次, 不多于 100 次, 否则为不正常。

(4) 正常成年人每分钟呼吸 16~20 次: 呼吸次数与心脏脉搏跳动的比例为 1:4, 每分钟呼吸少于 10 次或多于 24 次为不正常。

(5) 大便基本定时: 每日 1~2 次, 若连续 3 天以上不大便或一天 4 次以上为不正常。

(6) 每日进食量保持在 1~1.5 kg: 连续一周每日进食超过正常进食量的 3 倍或少于正常进食量的 1/3 为不正常。

(7) 一昼夜的尿量在 1500 mL 左右: 连续 3 天 24 h 内尿量多于 2500 mL, 或一天内尿量少于 500 mL 为不正常。

(8) 成年女性月经周期在 28 天左右: 超前或推后 15 天以上为不正常, 常有痛经伴随。

(9) 正常成年男女结婚后能生育: 夫妻生活在一起未避孕, 3 年内不育为不正常。

(10) 每日能按时起居: 睡眠时长为 6~8 h, 若不足 4 h 或每日超过 15 h 为不正常。

测试结果分析: 拥有 5 种以上肯定的回答, 就处于亚健康状况; 肯定的题目数量越多, 越严重。

三、心理故事

两只小羊羔的命运

有位心理学家曾做过一个有趣的实验: 他把同一窝生下的两只健壮的羊羔安排在相同的条件下生活, 唯一不同的是, 一只羊羔边拴了一只狼, 而另一只羊羔却看不到那只狼。前者在可怕的威胁下, 本能地处于极其恐惧的状态, 不吃东西, 逐渐瘦弱下去, 不久就死了。而另一只羊羔由于没有狼的威胁, 没有这种恐惧的心理状态, 一直生活得很好。

这个例子间接地说明: 人也是通过自己的大脑对外界环境刺激进行信息加工, 并按其信息量的大小和性质做出反应的。因此, 人在一定的生活环境中构成一整套影响心理平衡和适应活动的因素, 并逐渐形成一套相对稳定的心理活动方式。当生活情景发生异常时, 人的心理活动方式必须做出相应的调节, 用来适应失调现象, 但这不是每个人都能做到的。如果不能在自己的心理活动方式上做出相应的改变, 势必会出现失调现象, 从而引起心理机能紊乱, 诱发心理疾病。

冠军与苍蝇

这是一场举世瞩目的赛事。台球运动员已走到冠军奖杯的"门口"了, 他只要把最后那个 8 号黑球打进球门, 凯歌就奏响了。就在这时, 不知从什么地方飞来了一只苍蝇。

▶ 大学生心理健康

苍蝇第一次落在台球运动员握杆的手臂上，有些痒。他停下来，苍蝇飞走了。他俯下腰去，准备击球。苍蝇又来了，这回竟飞落在了他紧锁着的眉头上。他不情愿地只好停下来，烦躁地去打那只苍蝇。苍蝇又轻捷地脱逃了。他做了一番深呼吸再次准备击球。天啊！他发现那只苍蝇又回来了，像个幽灵似地落在了8号黑球上。他怒不可遏，拿起球杆对着苍蝇捅去。苍蝇受到惊吓飞走了，可球杆触动了黑球。按照比赛规则，该轮到对手击球了。对手抓住机会，一口气把自己该打的球全打进了。卫冕失败，他恨死了那只苍蝇。

可惜的是这名台球运动员后来患了不治之症，再也没有机会走上赛场。临终时他对那只苍蝇还耿耿于怀。

心理点评：一只苍蝇和一个冠军的命运交织在一起，也许是偶然的。他为什么没能卫冕，为什么后来得了不治之症，是偶然的么？倘若他能止怒并静待那只苍蝇的话，故事的结局也许就要重写了。

四、心理探索

1. 复习一下心理健康的标准，你最欣赏哪一项？为什么？

2. 有的同学认为自己相当健康，不需要再学习，你也有这样的看法吗？选择心理健康标准中的一个，与你的同学进行讨论，试着发现在这条道路上你可以继续努力的方向。

3. "我不得不"与"我选择"练习

第一步：写出几个你必须要做但并不想做的事情，以"我不得不"开头造句。例如：我不得不学习。我不得不忍受宿舍同学的坏习惯。

注意：要大声读出你的句子。看看自己写了几个句子，3个？5个？

第二步：把每个"我不得不"都改成"我选择"。再大声读读每个句子。

例如：我选择学习。我选择忍受宿舍同学的坏习惯。

第三步：对比前后两种状态的感受。当把"我不得不"改成"我选择"时，体味一下自己的心态有哪些变化？可以自己完成，也可以和同学一起完成。

我不得不	我选择
感到自己是主动的	感到自己是主动的
感到自己是有力的	感到自己是有力的
感到自己能够掌控	感到自己能够掌控

4. 以宿舍为单位组建学习小组，每个小组自编一份大学生心理健康观念及需求调查问卷，分别在全校不同专业的同学中进行抽样调查，并分析调查结果，写出调查报告，了解分析当前大学生具有怎样的心理健康观念和心理需求。

任务二　大学生心理健康及其影响因素

【任务目标】
(1) 掌握大学生心理健康的标准，对自我心理健康状况进行评估。
(2) 理解影响大学生心理健康的主要因素，结合自我情况进行分析。
(3) 了解大学生常见的心理问题，掌握提升大学生心理健康水平的途径和方法。

【任务描述】
本任务主要介绍大学生心理健康的一般标准、大学生心理健康状况及影响因素、大学生常见的心理问题、提升大学生心理健康水平的途径和方法等内容，引导大学生科学认识自身心理健康状况，懂得及时调适和提高自己的心理健康水平。

【任务知识】

心理课堂

一、大学生心理健康的一般标准

大学生涯对每一位大学生来说，都是一段无法割舍的人生体验。在这里，不管愿意与否，他们都要开始独立地面对真实的生活，都要自主地解决自己的人生难题。但是，当他们以极大的热情去直面生活、实现自己的理想时，会发现生活是那么的复杂，有时甚至是难于驾驭的。在痛苦的反思之后，有人开始调整目标、重塑生活，以积极的心态去迎接新的生活；有的人则选择了逃避与自暴自弃，以消极的心理与行为去对抗生活。积极地接纳与奋进是美好人生的起点，而消极的对抗则有可能一事无成。因此，在大学阶段，维护和保持良好的心理健康水平关系着每一位学子的成长。

关于大学生心理健康的标准，中外心理学机构和心理学家提出了不同的看法。综合国内外专家学者的观点，根据大学生这一特殊群体的年龄特征、心理特征和社会角色特征，一般认为我国当代大学生心理健康的基本标准应该包括以下几个方面。

1. 智力正常

智力是指一个人认识能力与活动能力所达到的水平，是人的观察力、注意力、记忆力、想象力、思维力、创造力和实践活动能力等的综合。智力还包括在经验中学习或理解的能力、获得和保持知识的能力、迅速而又成功地对新情境做出反应的能力、运用推理有效地解决问题的能力等。

智力正常是大学生学习、生活、工作的最基本的心理条件，是大学生胜任学习任务、适应周围环境变化需要的心理保证，因此也是衡量大学生心理健康的基本标准。一般来说，大学生的智力是正常的，甚至相对于同龄人，其智力总体水平较高，因而衡量大学生的智力，关键在于看大学生的智力是否正常地、充分地发挥效能。

▶ **大学生心理健康**

大学生智力正常且充分发挥的标准是：有强烈的求知欲和浓厚的探索兴趣；智力结构中各要素在其认识活动和实践活动中都能积极协调地参与并能正常地发挥作用；乐于学习，能保持一定的学习效率，能从学习中体验到满足与快乐。

2. 情绪健康

情绪健康的主要标志是情绪稳定和心情愉快，这是大学生心理健康的一个重要指标。心理健康的学生能经常保持愉快、开朗、乐观的心境，对生活和未来充满希望，虽然也有悲、忧、哀、愁等消极体验，但能主动调节，并能适当表达和控制情绪，使情绪的表达既符合社会的要求，也符合自身的需要，在不同的时间和场合有恰如其分的情绪表达。

3. 意志健全

一个人的意志是否健全主要表现在意志品质上，其中行动的自觉性、果断性和顽强性是意志健全的重要标志。意志健全者在行动的自觉性、果断性、顽强性和自制力等方面都表现出较高的水平。

意志健全的大学生在各种活动中都有自觉的目的性，能适时地做出决定并运用切实有效的方法解决其所遇到的各种问题。在困难和挫折面前，能采取合理的反应方式，在行为中适度地控制自己的语言、行为及情绪，善于督促自己去执行已经做出的决定，而不是盲目行动、优柔寡断、轻率鲁莽、害怕困难、意志薄弱、顽固执拗、言行冲动。

4. 人格完整

人格完整是指人格的各要素（气质、能力、性格、理想、信念、人生观等）完整统一，平衡发展。一个心理健康、人格完整的大学生，其所思、所想、所行是协调一致的，有积极进取的人生观，并能以此为中心把自己的需要、目标和行动统一起来。

5. 自我意识明确

正确的自我意识是大学生心理健康的重要条件，是大学生良好人格的重要体现。一个心理健康的大学生对自己的认识应比较接近现实，有"自知之明"。对自己的优点感到欣慰，但又不至于狂妄自大，对自己的弱点既不回避和否认，也不自暴自弃，而是善于正确地"自我接受"并试图改进。

6. 人际关系和谐

人际关系和谐是心理健康的重要标准，也是维持心理健康的重要条件之一。心理健康的大学生在人际关系和谐方面具体表现为乐于与人交往，能用尊重、接纳、信任、友爱、宽容、理解的态度与人相处，能获得他人的信任，并愿意与人分享友谊，乐于助人，团结协作。

7. 与社会协调一致

心理健康的大学生，能与社会保持良好的接触，认识社会，了解社会，使自己的思想、信念、目标和行动跟上时代发展的步伐，与社会的进步与发展协调一致。如果其与社会的进步和发展产生了矛盾和冲突，能及时调节、修正或放弃自己的计划和行动，顺势而行，而不是逃避现实，悲观失望，或妄自尊大、一意孤行，逆势而动。

8. 心理特点符合年龄特征

从心理学角度看，人一生的发展有很多阶段，每一年龄阶段的心理发展都表现出相应的特征，称为心理年龄特征。一个人心理行为的发展，总是随着年龄的增长而发展变化。如果一个人的认识、情感和言语举止等心理行为表现基本符合他的年龄特征，是心理健康的表现；如果严重偏离相应的年龄特征，发展严重滞后或超前，则是行为异常、心理不健康的表现。

二、影响大学生心理健康的因素

人的心理健康是一个极为复杂的动态过程。影响心理健康的因素是各种各样的，既有外界环境因素的影响，也有个体自身的心理素质的影响。就当前大学生的具体现状而言，影响其心理健康的因素主要体现在家庭、社会、学校和个人四个方面。

1. 家庭因素

家庭环境对人这一生的发展会产生重大的影响，特别是早年形成的人格结构会在以后的心理发展中打下深深的烙印。家庭的影响主要包括家庭的情绪氛围、父母的教养态度及家庭结构、家庭经济状况等方面。

家庭的情绪氛围是良好心理素质形成的前提，家庭成员间的语言及人际氛围，直接影响着家庭中每个成员的心理，对个性逐渐成熟的大学生的影响更具有特别的意义。父母的教养态度和教育方法直接影响孩子的行为和心理。民主、平等而非命令、居高临下的，开明而非专制的，潜移默化而非一味娇宠的教养态度与教育方法有利于子女心理的健康发展，由家庭环境带来的学生心理问题的影响是深远而长久的。

研究结果表明，在个体的早期发展中，父母的关爱、支持和鼓励容易使个体建立起对初始接触者的信任感和安全感。这种信任感和安全感的建立，一般可以保证子女成年后与他人顺利交往，而早期的这种信任感和安全感的缺乏，会随着子女的成长逐渐形成一种孤独、无助的性格，难以与人相处，容易产生心理问题，特别是人际交往方面的障碍。同时，对于子女的过分保护或过分严厉，也同样会影响他们的独立性及自信心的发展。这样的个体在以后的发展中，会增加压力，出现过分的依赖或过分的自我谴责。此外，家庭结构的变化（如单亲家庭、重新组合家庭）等因素必然会对正在上学的大学生心理有一定影响；家庭经济状况特别是贫困家庭的学生易产生心理不适感。

2. 社会因素

社会环境对大学生心理健康的影响更是多方面的。人不仅是生物意义上的人，同时也是身处社会的人，社会对于生活在其中的个体有着巨大的影响作用。现代化的过程既是经济发展、生活环境变化的过程，更是社会结构、生活方式、价值观念、行为模式变革的过程。现代化带来了社会的发展和人民的幸福，也带来了负荷和危机，它在增进人们健康的同时，也制造了新的、有害身心的因素。大学生是社会上最活跃、最敏感和富有知识的群体，他们常常最先敏锐地感觉到社会的种种变化和冲击，同时由于大学生的人格和价值观

> 大学生心理健康

尚未定型，其生理和心理在迅速变化，处于成熟与不成熟之间，社会的变化与冲突在他们心灵中引起的波澜也最为明显、最为强烈和动荡。面对这些变化，大学生常常会感到茫然、疑虑和混乱。诸如对个人利益与个人主义、个性发展与个性放纵、自我意识与自我中心、享受与享乐等没有明确的认识。求新求异的心理使青年盲目追求西方的文化，而这些东西与中国现实社会的许多方面格格不入，使大学生陷入空虚、混乱、压抑、紧张的状态，在人生道路的选择上处于两难或多难的境地。长时间的心理失调必然带来心理上的冲突，出现心理不健康的状况。

3. 学校因素

大学是大学生生活学习的主要场所，学校的环境和教育对大学生的心理健康有着直接的影响。

高校与中学管理之间缺少有效的沟通和必要的连续性，传统的重知识传授和"学科本位"的专业教育课程体系对学生良好个性的培养重视不够。

高校新生入学阶段缺乏全面到位的适应性心理教育，一些大学生在遇到心理适应性问题时得不到及时有效的心理辅导，容易导致心理健康问题的发生。

高校的专业和课程设置、教学观念和管理模式与社会大环境的要求存在着滞后性，加重了就业、升学压力以及人才竞争的激烈程度。这些都会影响到大学生的心理健康。

4. 个体因素

（1）生物遗传因素。一般来说，人的心理活动不是可遗传的，而是在后天的社会环境中形成和发展起来的。但是，一个人作为整体（包括其身、心两方面）与遗传因素的关系却是十分密切的，尤其是一个人的体型、气质、神经结构的活动特点、能力与性格的某些成分等，都受遗传因素的明显影响。

（2）自我同一性。在大学阶段，学生不断反省自我、探索自我、思考人生。他们在确定"自我同一性"的过程中，在自我评价与认知时经历种种的内心矛盾和迷惘，情绪起伏大，容易诱发一些心理问题。大学生活是丰富多彩、令人向往的，然而在进入大学以后，由于学习生活的转变，大学生自身所具备的特质等诸多因素的影响，大多数人对自我的评价也在逐渐发生转变，特别是对现实自我与理想自我的差距认识不足，引起认知上的矛盾，从而严重影响大学生的心理状态。在客观现实面前，有人能及时调整其对自身的认识，重新确立目标，使之符合客观现实的要求；有些人则企图逃避与现实的矛盾冲突，出现消沉、颓废、苦闷、抑郁等心态，或沉迷于玩乐、放纵，发泄对现实的不满，以此来麻痹自己的心灵，甚至出现自杀倾向等严重心理问题。

（3）个性特征。在同样的环境中，面对同样的挫折，不同的个体会有不同的反应，这与人的个性有直接关系。例如，具有性格内向、敏感多疑、急躁冲动、攻击性强、心胸狭窄、过于斤斤计较、以自我为中心、依赖性强、孤僻封闭、自卑忧郁、惧怕失败、自制能力差、虚荣、易怒等个性的学生，在面临矛盾、压力和挫折时，往往不能采取适当的策略加以应对，因而容易引起心理问题，而且其中有些个性特征本身就是心理问题的表现。

三、大学生常见的心理问题

通过大学生心理健康测试和高校心理咨询机构调查发现，大学生最常见的心理问题是人际关系问题、恋爱问题、学习问题、择业问题和情绪问题等。年级不同，大学生心理健康问题也有所差异：大一学生主要是新生适应问题；大二学生主要表现为人际交往、学业问题；大三学生的恋爱情感问题比较突出，考研、就业压力、对未来的规划、职业的选择等问题也比较突出；大四学生则主要表现为求职择业问题和未来发展问题。当然，上述分布并不绝对，学习压力、情感纠纷、人际冲突等问题存在于各个年级。综合起来，大学生常见的心理问题有以下8个方面。

1. 环境适应问题

适应问题突出反映在大一新生阶段。进入大学后，几乎每位新生都会面临客观环境、自我认知、学习方法、人际交往等方面的调整和适应问题，大部分学生会表现出不适应甚至失落感和茫然感，只是问题的影响程度和持续的时间不同罢了。对于绝大多数新生来说，迈入大学的校门意味着远离父母、亲朋好友以及熟悉的学习生活环境，开始独立生活，许多问题需要自己独立处理。如果他们不能尽快适应，就会形成不同程度的适应问题。有的学生带着中学时好学生的"优越感"进入大学，随后面临角色的重大转折，容易出现巨大的心理落差，如不能做出及时地调整，就会造成焦虑、自卑等不良心理，有的新生甚至从此一蹶不振；有的学生思家、恋旧，经常偷偷以泪洗面；有的学生厌学、彷徨，整天无所事事；有的学生出现失眠、抑郁等症状。这些矛盾如果过于激烈和持久，就容易导致心理压抑，甚至引发心理疾病。

2. 学习问题

大学生的主要任务是学习，大学的学习目标、学习方式、学习内容都有别于中学。进入大学后，有些学生如果不能及时调整学习方法、刻板沿用中学的学习方法，或者由于学习缺乏动机、学习兴趣偏低等，导致了学习上的困难与挫折，进而导致紧张、焦虑、挫败、自卑、厌学等不良情绪反应，这对大学生的心理影响是最为显著的。

3. 人际关系问题

处于青年时期的大学生，人际交往的需求比较强烈。但受应试教育的影响，相当一部分学生在高中阶段相对封闭，人际交往能力较弱。进入大学后，如何与周围的同学友好相处，建立和谐的人际关系，是大学生面临的一个重要课题。由于每个人待人接物的态度不同，个性特征不同，再加上青春期心理固有的闭锁、羞怯、敏感和冲动，致使大学生在人际交往过程中不可避免地遇到社会认知能力不强、缺乏社会交往经验和技巧等问题，致使人际关系失调、人际冲突严重，容易导致焦虑、恐惧、退缩、逃避等不良心理和行为反应。互联网的兴起也对人际关系产生了较大影响，许多大学生喜好网上交友，却不愿意与身边的同学、教师和朋友进行面对面的沟通，这些问题会影响他们的健康成长。

4. 恋爱与性心理问题

▶ 大学生心理健康

从个体的生理年龄发展阶段来看,大学生处于青春期中期,正是开始恋爱的时候。但是,由于他们所处的特殊环境,恋爱与性的问题都不容易处理好。性生理逐渐发育成熟,一部分大学生会受到性意识的困扰,并且能体验到对性的压抑。这些困扰,通常只带来一般程度的不安和躁动,但如果达到严重程度时,就会产生心理问题。此外,对性知识、性行为不恰当的认识和理解,也会造成诸多心理压力,从而进一步发展为心理问题。与恋爱和性有关的心理问题,是大学生心理健康问题中的一个重要领域。

5. 生涯规划与就业心理问题

大学是连接学校与社会的桥梁,如何做好生涯规划关系到每个大学生的大学生活,也可能会影响其一生的发展。但很多大学生缺乏人生规划的意识,对未来容易感到迷茫。另外,随着经济结构的调整和高等教育大众化进程的推进,大学生的就业压力越来越大。不少大学生面对就业形势变化,不能做出及时调整和应对,因而出现种种困扰和苦恼,导致求职择业方面出现心理问题。与择业有关的心理问题在毕业生中更为突出,具体表现为:由于就业心理准备不足而产生盲目心理、从众心理;因缺乏对自我的客观评价而导致自卑、自负;由于对竞争缺乏信心而产生焦虑;因缺少独立意识而形成依赖心理;由于不能面对现实而造成逃避心理;因自我定位不清晰而产生攀比心理等。这些问题都会影响大学生的生涯规划和就业,进而影响大学生的心理健康和生涯发展。

6. 与自我发展和人格发展有关的心理问题

大学生心理发展开始成熟,已明确意识到"自我"的存在及价值,充实自我、发展自我的要求强烈。他们对未来充满美好的想象和期望,并努力认识和寻求自己的人生目标和价值,高度关注人格发展,期望形成自己完美的人格,这是促进他们自我发展和走向心理成熟的内在动力。但受各种内外部因素的影响,个别学生也出现了顾此失彼或放大"自我"的现象,在理想、人生、价值目标的追求中与现实发生冲突,因而在人格塑造过程中,会产生过分追求完美,期望值过高,非理性认识,自我评价能力不高等各种人格缺陷等。这些自我和人格发展的问题若得不到有效解决,势必引发一系列心理冲突和问题。

7. 由于家庭贫困而引起的心理问题

伴随经济的发展和教育成本的提高,学费标准逐年趋升,对于经济拮据的家庭来说,支付昂贵的学费和生活费导致学生家庭不堪重负。来自贫困家庭的学生容易出现自卑心理,在人际交往中表现出沉默寡言、孤僻和不合群的特点,从而影响心理健康。

8. 网络心理问题

网络心理问题是指因无节制地上网导致行为异常、人格障碍、交感神经功能失调。大学生网络心理问题大多数表现为感情上自我迷失、角色上自我混淆、道德上自我失范、心理上自我脆弱、交往上自我失落等。

四、提升大学生心理健康水平的途径和方法

大学生的心理健康状况,既关系到大学生个人的成长和发展,也关系到整个民族素质

的提高和国家的前途命运。维护和增进大学生心理健康是高等教育的重要目标，也是每个大学生健康成长的内在需要。

影响大学生心理健康的因素既有客观的外在因素，也有主观的内在因素。外因是通过内因起作用的，因此，要维护和增进大学生心理健康，就要调节控制和改变客观的外在因素，家庭、学校、社会要为大学生创造一个有利于其身心健康的良好环境，另一方面，也是更重要的，大学生应成为自己健康的主人，主要从以下5个方面维护和提高自身心理健康水平。

1. 学习心理健康知识，强化心理健康意识

心理健康知识是大学生增进自我了解进而达到自我调节的理论武器。系统学习过心理健康知识的大学生，有明确维护自我心理健康的意识，在自我调适、自我疏导方面普遍表现较好，适应能力较强。而那些缺乏心理健康知识的大学生在面对各种应激时，要么束手无策，要么任其发展，较易形成心理疾病。因此，应认真上好大学生心理健康课程，积极参加心理健康专题讲座，自觉阅读有关心理健康教育的课外读物，尽可能通过多种途径来掌握心理健康的相关知识和调节技能。

需要特别指出的是，学习心理健康知识一定要避免盲目"对号入座"。有些大学生学了有关心理健康的知识，经常会自觉不自觉地"对号入座"，因而变得紧张、焦虑，甚至恐惧不安，以致影响自身的生活和学习。

2. 学会自我心理调适

大学生的自我心理调适包括调整认知结构，完善自我意识，学会情绪调节，锻炼意志品质，丰富人际交往，提高适应能力，塑造健全人格等。

3. 参加社会实践活动

人的心理是在社会交往、社会实践活动中形成和发展的，因而健康丰富的社会文化交往、社会实践活动不仅有利于大学生丰富生活知识和情感体验，增长和发展智能，锻炼意志品质，提高实践能力和心理素质，而且有利于大学生自我教育能力的增强。只有进行社会交往和社会实践活动，才能充分发挥大学生的主观能动性，才能积极、主动、自觉地进行自主探索和自我发展，在自我发现、自我分析、自我判断、自我选择、自我解决问题的过程中成长和发展，在参与活动中获得亲身体验和感悟，进而促进自身心理健康发展。

4. 养成健康的生活方式

生活方式是指人们在日常生活中，由个人情趣、爱好和价值取向等决定的活动形式和行为特征。健康的生活方式是一个人身心健康的重要保障。一般来说，生活方式健康的人往往心理健康状况较好，反之则心理健康状况欠佳。对大学生而言，健康的生活方式主要包括作息合理、膳食平衡、用脑科学、运动适度、拒绝烟酒等。

5. 寻求专业的心理咨询

不少大学生在产生心理问题后习惯于自我调适，这是好的。但当心理压力很大、内心冲突激烈时，自我调适有可能难以奏效。此时就应积极取得家庭、学校和社会的支持，争

取亲朋好友的帮助，及时、主动寻求心理咨询机构的帮助。

五、心理咨询

心理咨询是心理咨询工作者通过与来访者的人际互动，利用言语和作为专业人员的特殊身份与形象，以及许多专业技巧，对来访者提出的心理方面的问题，给以解答和指导，协助来访者认识自己、接纳自己，摆脱心理障碍困扰，发展个人潜能，恢复和增进心理健康的过程。

心理咨询与心理治疗是两个不同的概念。心理咨询的对象一般是有轻度心理问题的人，而心理治疗的对象却是有心理或精神疾病的患者。

心理咨询过程并非一般人理解的劝慰人或开导人，也非少数人理解的仅仅是处理心理障碍。心理咨询过程，实际上是"人格重构"的过程，它所追求的目标是帮助来访者实现"心灵再度成长"的任务。具体地讲，心理咨询可以在8个方面为来访者提供支持和帮助。

（1）教会来访者管理自己的情绪，使来访者拥有积极稳定的情绪，避免罹患各种情绪障碍，如抑郁症、躁狂症、歇斯底里症等。

（2）帮助来访者学会正确认识自我和周围世界，使来访者拥有完善的认知体系，避免因为错误归因而导致的种种失败。

（3）帮助来访者恢复爱的能力，使来访者学会幸福地工作、幸福地生活、幸福地去爱。

（4）使来访者拥有健全的人格，摆脱自卑、自恋、自闭等不良心态，从而更好地投入到学习、工作和生活中去。

（5）帮助来访者摆脱因失业、失恋、离异造成的痛苦，教会来访者应对生活中种种挫折的方法。

（6）为来访者提供职业咨询指导，帮助来访者在人生重大问题上正确独立地抉择。

（7）对各种人格障碍和神经症的矫治起到辅助作用。

（8）帮助来访者度过人生各个发展阶段的种种危机，平安地完成人生的发展任务。

心理科普

一、何时该看心理医生

许多在感情、人际关系、工作或学业方面有了问题的人常常问："我需要心理治疗吗？""什么时候去看心理医生？"我们听一下心理医师的回答。

如果你在感情或人际关系方面有下列问题，通常可以从心理治疗中得到帮助：

（1）感到孤独和寂寞，希望得到别人的关怀，却难以和他人建立亲密关系。

（2）对生活中的重大事情无法决定，总是怀疑、犹豫，如结婚、生子等。

（3）失败接踵而至，如离婚、自杀倾向、亲友间暴力等，自己无法应付。

（4）至爱亲朋的远离和过世，形成自我怨恨或罪恶的症结，难以解脱。

如果你已身处工作中，出现下列问题时，便是心理治疗最适当的时候：

（1）总是找不到自己想要做的"如意"工作。

（2）感觉陷入被动工作状态，每天上班总是不快乐。若放弃现在的工作，又不知如何是好。

（3）在工作单位，自己的能力不被重视，自己的困难无法表达，对自己深感失望和气馁。

（4）在工作中，时常和领导产生矛盾，动辄与同事发生纠纷。

（5）工作压力较大，由于工作差错或身体健康方面的原因，常常不能完成任务。明知工作过度，却不知怎样调节。

如果你在生活或学习方面有下列问题，通常是问津心理治疗的适当时机：

（1）功课明显退步，讨厌学校课程，不肯上学或经常逃学。

（2）经常发脾气，与别人争吵打架，很难控制自己的脾气或冲动。

（3）显示出失眠、沮丧的行为，常常哭泣懊恼，抱怨自己的生活不快乐、人生无意义。

（4）缺乏自信心，容易紧张、焦虑和害羞，担心的事情较多，以致影响生活和人际交往。

（5）出现与年龄不相称的困扰行为，如高度警觉、咬指甲、不专心、尿床、口吃等问题。

一般当你感到你的心理不适和精神困扰感受超过了个人能够独立解决的程度，便可找心理医生帮助。

二、心理咨询应注意的问题

接受心理咨询的人不等于心理障碍者，当你面对心理咨询师时，不用觉得面子上不好看。正视问题的存在，勇于与心理咨询师探讨是对自己负责的表现，是明智的选择。

不用羞于开口或含糊其辞，或许你的问题是人性共同的弱点。不必有太多的顾虑，或力求赢得对方的好感，心理咨询师关注的是你叙述的内容而不是其他。所以，开门见山的方式最好。

也许你正在到处奔波，一心恳请名师指点。你渴望寻求一位优秀的心理咨询师相助的心情可以理解，但问题的解决最终是需要坐下来认真探讨的，否则你的状况难以改善。因此，咨询切勿"蜻蜓点水"、浅尝辄止。

常言说："病来如山倒，病去如抽丝。"心理问题是长久"积蓄"的结果，解决它需要时间和过程，更需要求助者个人的耐心和努力，急于求成、渴望速战速决的态度不可取。

也许你非常渴望在心情特别糟糕的时候去见心理咨询师。实际上，这样做的效果未必好。因为波动的情绪会影响你对事物的看法，判断缺乏客观性，而且此时也不大能听得进他人的建议。因此，在心绪平静之后再去约见心理咨询师。

倾诉是心理咨询所必需的，但注意不要纠缠枝节问题。心理咨询师在了解你的一般情况之后，更关注你对问题的感受和看法，不会就事论事给你一个结论。一般而言，倾诉不要占用过多时间，20分钟左右即可。

不要期望心理咨询师为你"决策"什么。心理咨询师最终不会为你"拿主意"，对此你要有所准备。他们能做的事情就是帮助你澄清事实，分析利弊，开阔和转变思路，疏导不良情绪，使你发现自己的优势和潜能。

在咨询室里，你是安全的。对于你的个人隐私，心理咨询师会为你保密，这一点请你尽管放心。保密是对从业者的基本要求之一，是每个心理咨询师必须遵守的行业规则。

三、心理训练

心理训练是指通过辩论、演讲、郊游、社会调查等形式，运用放松、暗示、音乐、表象、心理剧、模拟与模仿、"空椅子"等心理学技术与方法，结合其他辅助手段和设施，设计特定的情景并使参与者在其中积极活动，最终达到使参与者改变心理面貌，养成所预期的技能、习惯与行为，提高心理素质，促进人格全面发展的活动。

心理训练一般采用团体心理训练的形式。团体心理训练是指在团体情境下进行的一种心理辅导训练形式，它是通过团体内的人际交互作用，促使个体在交往中通过观察、学习和体验，认识自我、探讨自我、接纳自我，改善自我与他人的关系，学习新的态度与行为方式，以发展良好的心理状态。

团体心理训练的特色在于培养人的信任感和归属感，由对团体的信任到信任周围的其他人，由对团体的归属感扩大到对学校、社会及国家的认同感和归属感。

心理自助

一、拓展阅读

认识心理危机

心理危机主要是指自杀的意念和行为。自杀是主体自主采取各种手段以结束自己生命的行为，它既可见于正常人，也可见于精神病患者和有人格障碍的人，他们在病理性激情、幻觉和妄想状态下都可出现自杀行为。

心理危机干预的前提条件是对危机进行评估，即对当事人是否处于心理危机、危机的严重程度、当事人的反应模式、有无可以利用的社会支持资源等进行评估。危机评估应贯穿干预过程的始终。

个体对危机的心理反应通常经历4个不同的阶段。

（1）冲击期。在危机事件发生后不久或当时，个体会感到震惊、恐慌、不知所措。

(2) 防御期。个体表现为想恢复心理上的平衡，控制焦虑和情绪紊乱，恢复受到损害的认知功能，但不知如何做，会出现否认、合理化等心理防御现象。

(3) 解决期。个体积极采取各种方法接受现实，寻求各种资源努力设法解决问题。焦虑减轻，自信增加，社会功能恢复。

(4) 成长期。个体经历了危机，变得更加成熟，获得应对危机的技巧。但也有人因消极应付而出现种种心理不健康行为。

由于危机具有突发性、严重性、危急性等特点，当事人会在生理、情绪、认知、行为等方面出现一系列的不良反应，通过这些表现可以帮助我们识别当事人是否处于危机之中。心理危机主要有以下4种表现。

(1) 躯体表现。心跳加快、血压升高、肠胃不适、腹泻、食欲下降、消化不良、出汗或寒战、肌肉抽搐、头痛、耳朵发闷、疲乏、过敏、失眠、做噩梦、容易惊吓、头昏眼花或眩晕、感觉呼吸困难或窒息、哽塞感、胸痛或不适、肌肉紧张等。

(2) 情绪反应。常出现害怕、焦虑、恐惧、怀疑、不信任、沮丧、抑郁、淡漠、空虚、悲伤、易怒、绝望、无助、麻木、否认、孤独、紧张、不安、愤怒、烦躁、羞愧、自责、过分敏感或警觉、无法放松、持续担忧、害怕即将死去等情绪表现。

(3) 认知失调。常出现记忆困难、混淆、注意力不集中、犹豫不决、缺乏自信、无法做决定、健忘、效能降低等认知失调反应，计算和思考理解出现困难，记忆和知觉改变，难以区分事物的异同，解决问题的能力受到影响，不能把思想从危机事件上转移等。

(4) 行为改变。出现沉默、情绪失控、放弃以前的兴趣、回避他人或以特殊方式使自己不孤单、典型行为习惯改变、过度活动、没有食欲或暴饮暴食、逃避与疏离等行为；容易自责或怪罪他人，不易信任他人，与人易生冲突；不能专心学习、工作或劳动；与社会的联系遭到破坏，可发生对自己或周围人、事和物的破坏性行为；逃避现实，拒绝帮助，行为和思想不一致；出现过去没有的反常行为，严重的会出现自杀倾向。

一般危机反应会维持4~8周。危机有自限性，急性期通常在6周左右，结果可能适应良好，也可能适应不良。

自杀是心理危机中发生的十分严重的后果。自杀者于自杀前期常会在语言和行为方面有所表现，这实际上是向人们发出的求救信号。若能及时识别，实施干预，自杀就能够预防。对自杀危险性的评定可从以下10个方面进行：

(1) 具有明显的外部精神因素的刺激，如学习成绩下降，失恋，人际关系危机，患有严重的躯体疾病或身体有残疾等（患有或患过精神疾病，更需特别重视）。

(2) 情绪低落，悲观抑郁，自罪自责，有强烈的罪恶感和缺陷感。

(3) 性格孤僻内向，与周围的人缺乏正常的感情交流。

(4) 个人卫生恶化，学习兴趣丧失，变得抑郁和退缩。

(5) 有严重不良的家庭成长环境，如家庭破裂，缺乏家庭温暖等。

(6) 缺乏明确的生活目标和信心，对事物易产生悲观失望的情绪。

▶ 大学生心理健康

（7）曾有过自杀企图，或亲友、近邻曾发生过自杀（形成负面暗示）。

（8）突然收拾东西，无缘无故向关系亲密的人道谢、赠送礼物。

（9）谈论自杀，诉说关于准备自杀的实际想法，直接或间接地有过自杀的暗示和威胁。

（10）其他自杀的企图和行为。

处于危机中的人在做出自杀行动之前，既可能表现得很平静，也可能表现得情绪激动。如果既处于明显的抑郁之中，又伴随着焦躁不安，这时出现自杀的危险性最大。

二、心理测试

心理健康状况自测

请在下表中符合自己情况的项目标记栏中打"√"。根据检测的结果，可将受测者的心理健康水平分为四类：心理健康水平高；心理健康水平一般；心理健康水平较低；心理不健康。

评分标准：分别统计表中"无""轻""中""重""很重"的数量。

心理健康自我检测量表

序号	项　目	无	轻	中	重	很重
1	身体衰弱感					
2	身体刺痛感					
3	怕痛					
4	皮肤破损不易痊愈					
5	动作迟钝					
6	注意力难以集中					
7	记忆力不好					
8	丧失兴趣					
9	难以摆脱苦恼					
10	为自己的病情烦恼					
11	常为一些小事而着急					
12	平时情绪易紧张					
13	关心身体的程度超过了现在身体的实际健康程度					
14	遇到紧急的事心跳出汗					
15	情绪易波动					
16	思维迟钝					
17	想象力贫乏					
18	容易发怒					

项目二 健康与心理健康

(续)

序号	项　　目	无	轻	中	重	很重
19	难以控制自己的情绪					
20	精神不能放松					
21	情绪易冲动					
22	很难入睡					
23	为自己的病情焦虑					

注：此表用于自测，不能用于诊断或筛选。

检测结果：

第一类：心理健康水平高——表中23项答"无"者。

第二类：心理健康水平一般——表中1/3的项目答案为"无"，其余基本上为"轻"。

第三类：心理健康水平较低——表中半数左右答案为"无"，其余分布于各等级。

第四类：心理不健康——表中答案基本上分布于"重""很重"各栏。

三、心理故事

能治愈的，是愿意自愈的人

英国心理学家罗伯特·戴博德曾将人生比作一条河流，看似静静流淌，风平浪静，实则暗流涌动，危险重重。罗伯特用无数临床案例，拼凑起了一位"蛤蟆先生"，并讲述了他从抑郁到痊愈的过程。看完《蛤蟆先生去看心理医生》这本书，就会明白：在人生的长河里，没有谁会是你的摆渡人。能将你摆渡过岸的，只能是你自己。

这世上，从来不缺带伤的人

蛤蟆先生从小生长在"没有欢乐"的家庭里，父亲刻板严苛，母亲懦弱无能。从7岁被送去私立学校，到大学选择拉丁语专业，再到毕业后继承家族产业，蛤蟆人生中的每一步，都由别人决定，他像自己人生里的"局外人"。

长大后，原生家庭的伤让蛤蟆形成了自卑敏感的性格，继续折磨着他。为了得到认可，他努力取悦他们，可换来的却是横加指责；为了看起来合群，他甚至佯装成热情的嬉皮士，活成了别人的"开心果"。然而，哪怕是牺牲了自己，也未能换来他人的好感。在一次酩酊大醉后，他偷了一辆车，又化装成洗衣妇逃难。他抢过马、偷过钱，一路颠沛流离，最终被捕入狱。

蛤蟆的内心防线，也在出狱后彻底崩盘。他患上了抑郁症，家园被黄鼠狼一度霸占，连最喜欢的村校董事一职，也即将被好友取代。

或许，每个人的身上，都曾有过蛤蟆先生的影子。难过的时候，你可以允许自己停下，但是不可以让自己倒下。

与其等待治愈，不如学会自愈

蛤蟆彻底颓废之后，一度想要轻生。好友河鼠制止了他，并给他推荐了心理医生。就这样，他第一次来到"苍鹭小筑"，会见了咨询师苍鹭。

苍鹭问："谁让你来的？"蛤蟆不假思索地说："河鼠。"但苍鹭却摇摇头，告诉他："能让你来的，只能是你自己。"

起初，蛤蟆被这个愚蠢的问题激怒，但冷静过后他才明白：他必须为自己的人生负责，不能指望别人来救赎自己。

在之后每周一次的问诊中，苍鹭只是抛出问题，任由蛤蟆自己分析原因。而苍鹭的问题，也一直是这三个：

"这件事，你怎么看？""你有什么感觉？""你会怎么做？"

在苍鹭的引导下，蛤蟆开启了自我性格探索之旅。

在就诊的这几个月中，他始终记得苍鹭的一句话："要不要与生活和解，你自己说了算。"

有了苍鹭的鼓励，蛤蟆终于大胆地迈出了第一步。

他强迫自己早起，沿着花园的小径走向船坞，把废弃已久的赛艇修好，划了一次船。他耐心地观察路边的一棵小草，感受自然界色彩的奇妙。慢慢地，蛤蟆接纳了痛苦的过去，并开始有意识地关注自己的情绪。

想要越过人生苦难，抚平伤痕，最终只能靠自己。每个人，都是自己的医生。

生活能治愈的，是自己愿意走出来的人

几个月后，重获新生的蛤蟆即将结束他的治疗之旅。苍鹭在最后一次问诊中，告诉蛤蟆："如果你为自己负责，你就会知道你有力量改变环境和自己。"

蛤蟆谨记着这句忠告，然后告别了苍鹭。

他重拾爱好，给自己买了一艘新船，参加了几次皮划艇比赛；之后又开着自己最喜欢的大篷车，做了一次短途旅行。

在自我疗愈的过程中，蛤蟆不仅重拾快乐，还找回了魄力与勇气。

他从好友手中夺回了村校董事的职位，还竞聘上了河岸板球俱乐部的主席。他放弃继承令他厌烦的家族产业，转而从事喜爱的房地产。他安排商业会晤，紧锣密鼓地筹划新公司，将自己每日的行程安排得满满当当。

一切步入正轨后，蛤蟆又有了一个大胆的决定。他要和过去的自己来一次正式的告别。他卖掉了蛤蟆庄园，走出了这座承载他悲伤、见证他抑郁的豪宅。他在美丽的河岸边，另建新居，开始享受生活所带来的真正幸福。

他用自己的故事告诉我们：生活能治愈的，永远是自己愿意走出来的人。

想要摆脱生命中的伤痛，就要敢于迈出自己的第一步。"面对伤害，我们无处可逃，但必须完成的事，唯有靠自己才能行。"

人生苦乐无常，我们总会受伤，也总会有很多迷茫。只要能沉得住气，扛得住难，你自己就是那股最强大的力量。

当你在自我治愈的路上，主动迈出第一步的时候，新世界的大门，也会随之为你打开。

四、心理探索

1. 药家鑫驾车撞人后又将伤者刺八刀致其死亡

新华社西安2011年6月7日电：经最高人民法院核准，故意杀人罪犯药家鑫于2011年6月7日在陕西省西安市被依法执行死刑。

最高人民法院经复核认为，被告人药家鑫开车撞倒被害人张妙后，又持刀将张妙杀死，其行为构成故意杀人罪。药家鑫仅因交通肇事将被害人撞倒后，为逃避责任杀人灭口，持尖刀朝被害人胸、腹、背部等处连续捅刺数刀，将被害人当场杀死，其手段特别残忍，情节特别恶劣，后果特别严重，属罪行极其严重。

思考：

（1）药家鑫作为一名音乐学院的在校大学生，在交通肇事事件发生后，不是关心被害人张妙的伤情，而是想着如何逃避责任，这一事件让我们想到了什么？

（2）你有过心理困惑吗？你是否处于亚健康状态？

2. 川大学生因被嫌丑杀人

2010年3月30日晚，四川大学公共管理学院2008级信息资源管理专业本科生曾世杰手持刀具，在校园内制造了1死2伤的惨案。成都市人民检察院经依法审查查明，被告人曾世杰自感因家庭经济条件不好及自身相貌等原因受到他人歧视，产生了杀人泄愤的念头，于2010年3月30日21时许，携带事先准备的尖刀，到四川大学江安校区环形大道北段路旁，先将本校学生被害人唐某刺伤后，又将被害人彭某当场杀死。随即，被告人曾世杰又窜至四川大学江安校区建筑与环境学院楼后的"沫溪"旁，持刀捅刺被害人张某。被害人张某被刺伤后立即与其搏斗并将被告人曾世杰控制，曾世杰被闻讯赶至的保安和警察捕获。

在曾世杰向法院提交的个人陈述中，有这样一段内心自述："自己上大学后因为相貌、经济方面的原因受到很多人的嘲笑与歧视，加之性格内向，不爱与人交谈，遇到什么事都爱憋在心里，时间长了以后，便产生了特别强烈的抑郁感与自卑心理。经常在寝室里发呆，也经常藏在被窝里掉眼泪，严重到了一天只吃一顿饭，晚上才敢出去的境地。同时成绩也一落千丈，甚至考试都不敢去了。白天遇见人时也从来不敢抬头，但还是逃不掉别人的歧视与取笑。想到无法面对家人时便极度自责与怨恨，对取笑我的人产生了极度的愤恨心理，只能在痛苦与怨恨的伴随下度过每一天。到后来严重到感觉所有人看我的眼神、与

> 大学生心理健康

我交谈时的表情都是在取笑我。"

思考：

（1）曾世杰的悲剧是什么原因造成的？

（2）如果在我们的身边出现了这样的同学，我们可以怎样做呢？

3. 提升自信心训练

A. 请自己大声朗诵《当我内心足够强大》这首诗，多次朗诵，直至非常熟悉。

B. 请面对家人或全班同学大声朗诵《当我内心足够强大》这首诗。

《当我内心足够强大》

当我内心足够强大
你指责我，我感受到你的受伤
你讨好我，我看到你需要认可
你超理智，我体会你的脆弱和害怕
你打岔，我懂得你如此渴望被看到

当我内心足够强大
我不再防卫
所有力量在我们之间自由流动
委屈、沮丧、内疚、悲伤、愤怒、痛苦
当它们自由流淌
我在悲伤里感到温暖
在愤怒里发现力量
在痛苦里看到希望
当我内心足够强大
我不再攻击
我知道
当我不再伤害自己
便没有人可以伤害我
我放下武器，敞开心
当我的心，柔软起来
便在爱和慈悲里
与你明亮而温暖地相遇

原来，让内心强大
我只需要，看到自己

接纳我还不能做的
欣赏我已经做到的
并且相信，走过这个历程
终究可以活出自己，绽放自己
——家庭治疗师维琴尼亚·萨提亚

项目三　认知与自我意识

在古希腊的德尔斐神庙上镌刻着这样一句著名的铭文:"人啊,认识你自己吧!"法国哲学家笛卡儿劝导人们"用心灵的眼睛去注意自身"。这些警句告诉我们,认识自己很重要也很有必要。大学生正处于人生的关键时期,应有意识地、清楚地了解自己,这样才能较好地做到"知己知彼",较好地适应环境,促进自身发展。否则,就会出现一些不健康的心理,影响自身发展,严重的甚至危害到他人。

任务一　认知与心理健康

【任务目标】

(1) 掌握健康认知模式的特征和不合理认知模式的表现,能恰当分析和认识自己的认知模式。

(2) 了解大学生常见的不合理认知的种种表现,能够结合自身情况进行自我调适。

(3) 学习"三栏目技术"和认知疗法等与认知相关的心理学基本理论,为改善认知提供理论和技术支持。

【任务描述】

本项目主要介绍认知与心理健康的相关知识:认知与心理健康、健康认知模式的特征和大学生常见的不合理认知的表现,引导学生运用一些心理学的理论和技术去改善认知,提高认知水平。

【任务知识】

心理课堂

一、认知与心理健康

认知是人的心理活动的开始。关于心理健康的认知理论认为:认知是人们看待事物的方式,它包括一个人的思想观点、阐释事物的思维方式、评价是非的标准、对人对事的基本信念等,是人的行为与情感的基础。人是通过认知活动从外部世界获得信息,并把这些信息转化为自身的知识结构,然后应用这种知识结构去指导自己的行为的。因此,人的所有心情和行为都是由其"认知"或思想产生的。人的认知模式既可以促进人的心理健康,使人愉快地生活,也可以使人陷入情绪困扰之中,导致多种心理疾病甚至自杀。生活中,诸如同学反目、朋友误会、恋人吵架、家庭矛盾、杀人、自杀等问题的发生，都与人的不合理认知有关系。

比如，两个吵架的人，每个人都认为自己有理，对方在胡搅蛮缠，在故意与自己作对。抑郁症患者往往把失败感人为地夸大，将其视为不可逆转的、长久不变的，并认为会扩散到生活中的其他方面。恐惧症患者置身于某种环境时，则会做出恐怖的推测。

凡·高是世界公认的绘画天才。然而，他在生前对自己、对生活都缺少正确的认知。因为失恋，以及自己的画在当时没有得到恰当的评价，他就认为前途黯淡无光，陷入悲观绝望之中，后来发展到精神错乱，吞食颜料、煤油，割自己的耳朵，直至开枪自杀。年仅37岁，才华横溢的他因为对自己不合理的认知而走上一条不归路。

凡·高的悲剧告诉我们：人既生活在现实世界，也生活在自己的观念世界里，客观环境往往是经过主观的认识加工后才真正对人产生影响的。因此，人可以通过改变对现实生活的认识来优化自己的生存环境。有时候，我们很难改变客观环境，就像你不能任意选择谁做你的父母一样。不过，我们可以改变自己对环境的看法、认识，就像你可以在多种方式中选择最好的一种方式来和你的父母相处。也就是说，如果我们改变了对现实生活的认识，就相当于改变、优化了自己的生存环境。

二、健康认知模式的特征

1. 积极，不消极

任何事物总有积极的一面和消极的一面。拥有健康认知的人总是积极地看待一切事物，他们在看到事物不利的方面的同时，更能看到其有利的方面。这种看待问题的方式，容易使人看到希望、增强信心、始终保持积极的情绪，而不健康的人恰恰相反。我国民间曾流传这样一个故事：有位老太太有两个女儿，女儿都出嫁了。大女儿家开伞店，小女儿家开染坊。老太太天天为女儿忧愁：雨天，担心小女儿家染的布晒不干；晴天，担心大女儿家的伞卖不出去。总之，她每天都有忧愁的事情。后来，有个人跟她说："老人家，您好福气啊！下雨天，您大女儿家生意兴隆；大晴天，您小女儿家生意好做。对您来说，哪一天都是好日子。"老太太转念一想，不禁眉开眼笑。可见，积极的认知使人产生了积极的情绪体验，改变并优化了人对客观环境的认识。

2. 客观，不自欺

能够客观地看待事物是心理健康的一个重要标准。然而，生活中许多人常常把想象当事实，沉溺于空想，追求完美，或眼高手低，好高骛远，或夸大缺点，夸张别人对自己的厌恶，从而自卑、猜疑、缩手缩脚，看不到真实的自己。

3. 独立，不依赖

健康的认知具有独立性，能超越外在无关因素的干扰而抓住事物的本质。相反，不健康的认知则常常依赖于周围环境，容易为无关因素干扰。那些自己缺乏主见，人云亦云的人，在面临抉择时，优柔寡断，犹豫不决，常常因决策失误而后悔不已。

4. 灵活，不僵化

健康的认知具有灵活性，不受制于思维和习惯定势，善于在不断与新人、新事和新思想的交融中更新感受和观念。不健康的认知则会受思维固着与习惯定势的影响而产生思维僵化，抑制创造能力。

5. 本质，不幼稚

健康的认知能够超越表面现象，深入事物的本质。人的认知有一个逐渐成熟的过程。健康的认知不仅仅要考虑个人的感觉，社会的需要，还应该深入到事物的本质。而不健康的认知往往容易停留在简单的感性水平上，有位同学因为一点生活琐事跟舍友打架。老师问他为什么要打人。他理直气壮地说："他凭什么要用手指着我说话？在家里我爸妈都不敢跟我这样说话。"在这个同学的思想意识里，形成了这样的"思维定势"：爸妈不对我做的事，别人也不能对我做。这种偏执任性是认知失真的一种典型表现——极端思维。这位同学没有意识到：自己是爸爸妈妈的宝贝，但不等于全世界都将其视为宝贝。爸爸妈妈宠着自己，并不等于全世界的人都要宠着自己。从认知发展的水平来看，这位同学的认知尚处于最低水平。

三、不合理认知的表现

（1）双极思维：在认知中容易走极端而忽略中间事物。如，不成功，就是失败；不是极好，就是极坏等。

（2）灾难化：把一件不好的事看成是非常可怕、甚至灾难性的事，并由此陷入极端焦虑、紧张等不良情绪中。如，考试不及格，我彻底完了。

（3）折损或不相信积极因素：忽略或否定积极事件和自己的能力。如，这次考试成绩好，是因为我的运气好；我修好了机器，但这谁都能做到。

（4）情绪推理：判断过于依赖情绪。如，我感觉很危险，所以一定很危险。

（5）贴标签：忽视实际情况，给自己和别人贴上固定的标签。如，他曾经考试失败过一次，他是失败者；我是一个一无是处的人等。

（6）最大化/最小化：不合理地夸大消极面，缩小积极面。如，语文课得优是因为我这次运气好，数学课不及格说明我很笨，我根本就不是学习的料。

（7）度人之心：坚信自己懂得别人的心思，而不考虑其他可能性。如，见面时他不打招呼，一定是他瞧不起我。

（8）以自我为中心：认为自己看事物的方式就是他人看事物的方式，或坚持认为他人应该遵守与自己相同的价值标准与生活准则。如，我认为妇女应该操持家务，所以我妻子应该把家务活都包了。

（9）草率下结论：不看证据，仅从假设出发直接得出结论。如，左眼跳财、右眼跳灾，今天我右眼跳了，我可能要倒霉了。

（10）以偏概全：由一件事或几件事得出一个全面的结论。如，一女孩恋爱时被男友抛弃,便认为天下所有的男人都不能相信。

(11) 想当然:抱有一些精确固定、刻板僵死的观念,苛刻地要求自己及别人。如,我必须做一个成功的人,别人必须公正地对待我等。

四、大学生常见的不合理认知

调查和咨询实践表明,大学生中常见的不合理认知主要表现在对自我的认知、人际交往的认知、恋爱的认知、择业的认知上。

1. 对自我的不良认知

大学生对自我的不良认知通常表现为两种类型:一种是过高的自我评价,另一种则是过低的自我评价。过高或过低的自我评价往往导致个体自我意识确立过程中的过分自负或过分自卑这两大心理缺陷。

(1) 过低的自我评价。处于这种意识状态的大学生,在把理想我与现实我进行比较时,对理想我期望较高,又无法达到,对现实我不满意,又无法改进。他们在心理上的一个特征就是自我排斥,往往会产生否定自己、拒绝接纳自我的倾向。这类大学生往往会降低自身的社会需求水平,对自我过分怀疑,压抑自我的积极性,并可能引发严重的情感损伤和内心冲突。他们的心理体验常伴随较多的自卑感、盲目性、自信心丧失和情绪消沉、意志薄弱、孤僻、抑郁等现象,尤其是面对新的环境、挫折和重大生活事件时,常常会产生过激行为,酿成悲剧。近几年来发生的大学生自杀事件中有相当一部分由此心理问题导致。

(2) 过高的自我评价。这是一种与过低自我评价相对立的自我意识状态。在这种自我概念的支配下,个体往往扩大现实的自我,形成错误的、不切实际的理想自我,并认为理想我可以轻易实现。这种类型的大学生往往盲目乐观,以我为中心,自以为是,不易被周围环境和他人所接受与认可,容易引起别人的反感和不满,因此极易遭受失败和内心冲突,产生严重的情感挫伤,导致苦闷、自卑、自我放弃,有时会引发过激行为和反社会行为。

2. 对人际交往的不良认知

在人际交往的认知偏差中,部分是与自卑相关的,其认知特点是以他人为中心。这种人与他人交往的目的似乎只是为了使别人高兴,使别人满意,本质是为获得他人对自己的认同。他们十分担心说话做事得罪别人或有什么地方让人不满意,因而总是谨小慎微,甚至畏畏缩缩,不敢大胆发表意见;总是尽力顺着别人的好恶,而不惜牺牲自己的选择权和自主性;在与不熟悉的人相处时,常常担心别人没有与自己交往的兴趣,因而缺乏主动交往的勇气;不轻易接受他人的帮助,即使偶尔接受了他人的哪怕是微不足道的帮助,也会受宠若惊,连声道谢,并设法尽快给予回报;关心他人,但在集体中往往缺乏威信;人际关系看似良好,但自我满意度却较低,常有压抑感,易受人际焦虑的困扰。事实上,"让所有人满意自己"的人际交往目的很难实现,久而久之,便失去了人际交往的真诚与热情、积极性与主动性。

另有部分人在认知上以自我为中心，认为人都是自私自利的，人与人之间是勾心斗角、尔虞我诈、不可信任的，只有自己才最可靠。因此，他们对人常怀防范之心，生怕自己的利益受到侵犯；缺乏真诚，不愿表露自己的真实思想，抱着"害人之心不可有，防人之心不可无"的信条，对与自己相关的人、事、名利非常敏感；戒备心强，缺乏安全感，对他人和集体缺乏热情，同时也不指望得到他人的关心和帮助，甚至认为他人的帮助是别有用心的。因而这种人往往比较孤独、寂寞、好嫉妒、缺少朋友，常与周围的人闹矛盾，甚至怀有敌意。

3. 对恋爱的不良认知

大学生对恋爱的不良认知有如下 3 点。一是感到自己缺乏被爱的吸引力。常有一些人为自己还没有恋人而自卑，认为自己对异性没有吸引力，认为别人瞧不起自己，不敢坦然与异性交往，更怕在异性面前失误，只好用回避与异性接触的办法保护自尊心，并极力掩盖内心深处的痛苦与失落。二是认为能做恋人的异性朋友难寻。这种恋爱心理困境的原因主要在于对友情和恋情的认识还很肤浅，并缺乏对社会中人际关系的科学认识。三是不知如何面对婚前性行为，这除了与大学生性心理发育的成熟及角色的特殊性相关外，一方面是受"性自由、性解放"思想的影响，另一方面也与我国在学校性知识教育上的薄弱、大众媒体宣传的不适当有关。

4. 对择业的不良认知

大学生不良择业认知状况的主要表现有两点。一是大学生自我评价较高，客观上不能全面认识自己，同时缺乏科学认知的方法和手段，多数大学生对自己的职业兴趣、气质、性格、择业能力并不了解。二是由于大学生在毕业之前，其社会经历主要在学校，因而了解职业的机会和可能性极小，对职业的了解存在着局限性和片面性，缺乏全面了解职业的渠道和信息。

五、改变不合理的思维模式

由于人们的心理承受能力各不相同，压力对每个人可能造成的身心损伤程度也不同。社会生活的外因只是导火索，真正加剧人们心理压力的是其自身的心理健康状况。要想减轻心理压力，就要加强自身心理状况的调适。心理压力的标志是过度焦虑，这对人体的免疫功能损害极大。产生这种过度焦虑最重要的原因是我们自身的一些不合理的思维模式。可以概括为三种：绝对化的要求，过分概括化和糟糕至极。

绝对化的要求就是人们以自己的意愿为出发点，对某一事物怀有认为其必定会发生或不会发生的信念。这种思维模式最常见的表现有："我必须获得成功。""别人必须公正地对待我。""生活应该是顺心如意的。""我的优点应该得到别人的肯定。"怀有这样信念的人极易陷入困扰。其实，客观事物的发生、发展都有一定的规律，不可能按照某一个人的意志去实现。我们应该接受这样的事实：不可能事事尽如人意。

过分概括化思维是一种以偏概全的思维方式。一方面，人们由于对自身不合理的评价，如一两次恋爱失败后，就觉得自己无能，自责、自卑、失去信心；另一方面，人们会对别人做出不合理的评价，如因为几个女孩子不理解自己，就认为所有女孩都不好。还有些人对别人要求极为苛刻，不能有半点差错，否则就认为别人一无是处，一味地责备他人，甚至产生敌意和愤怒情绪。没有一个人是完美无缺的，应该接受自己和他人的缺点，冷静、理智地分析事情的前因后果，找出正确的解决方式。

糟糕至极思维者认为如果发生了不好的事情是非常可怕的，甚至是一种灾难。这种想法会导致自己陷入极端不良的情绪体验中，如陷入耻辱、自责、焦虑、悲观、抑郁的恶性循环中难以自拔。没有任何一件事情可以定义为百分之百的"糟透了"，这种想法往往是和绝对化的要求相联系而出现的，以为"必须""应该"怎么样。如果事情并未像所想象的那样发生，有的人就会感到无法接受，思维甚至会走向极端。实际上，尽管我们不希望事情向坏的一方面发展，但没有理由说这件事绝对不该发生。努力接受现实，在可能的情况下去改变现状，在不可能时，学会适应，这是生存的基本原则之一。

以上三种不合理的思维方式，是导致人们产生过度焦虑的主要症结。心理压力越来越大，焦虑情绪反复出现，便有可能发展为完全的神经失控，出现恐惧、偏执、强迫行为等。若想做出改变，一个简单易行的方法就是：放松。调整自己的心态，努力保持平常心；对事物尽可能地给予客观分析，避免主观臆断；设计自己的奋斗目标，但不要超出自己的能力，不要人为地给自己制造心理压力。

心理科普

一、认知疗法

认知疗法是根据认知过程影响情感和行为的理论假设，通过认知和行为技术来改变患者不良认知的一类心理治疗方法的总称，是20世纪60—70年代在美国心理治疗领域中发展起来的一种新的理论和技术。

认知疗法的基本理论是：认知过程及其导致的错误观念是行为和情感的中介，适应不良性行为和情感与适应不良性认知有关。认知是人心理活动的决定因素，人的情绪和行为受制于认知，人的情绪来自人对其所遭遇的事物的评价、解释或哲学观点，而非来自事物本身。由于文化、知识水平及周围环境背景的差异，人们对同一问题往往有不同的理解和认知。

例如：同样的一所医院，孩童可能依自己的认识和经验，把它看成是一个"可怕的场所"，不小心就会被打针；一般人会将其看成是"救死扶伤"之地、可帮其"减轻痛苦"；而有些老年人则可能把医院看成是"进入坟墓之门"。所以，关键不在"医院"客观上是什么，而是被不同的人认知或看成是什么。不同的认知就会滋生不同的情绪，从而影响人的行为反应。

▶ 大学生心理健康

认知疗法就是通过改变人的认知过程和由这一过程中所产生的观念来纠正其适应不良的情绪或行为。治疗的目标不仅仅是针对行为、情绪这些外在表现，还会通过分析患者的思维活动和应对现实的策略，找出错误的认知加以纠正。

例如，一个人一直"认为"自己表现得不够好，连自己的父母也不喜欢他，因此，做什么事都没有信心，很自卑，心情也很不好。认知疗法的策略，便在于帮助他重新构建认知结构，重新评价自己，重建对自己的信心，更改认为自己"不好"的认知。

认知疗法常采用认知重建、心理应对、问题解决等技术进行心理辅导和治疗，其中认知重建最为关键。

二、自我实现的预言

自我实现的预言，也叫自证预言，是指我们对待他人的方式会影响到他们的行为，并最终影响他们对自己的评价。在这种情况下，人们对其他人产生一个怎么样的预期，这会影响他们如何对待他人，而这种对待方式又会导致那个人的行为与人们最初的预期相一致，使得这一预期成为现实。我们常说的皮戈马利翁效应就是自我实现的预言的一个典型例子。

罗伯特·默顿最早提出"自我实现的预言"这个概念。他认为，个体变化、产品短缺、银行倒闭、股票行情下跌，甚至战争都可能因为"它们即将发生"这一预期而发生。社会心理学家 W. L. 托马斯系统阐述了有关自我实现的基本观点。在他看来，"如果人们将情景看作是现实的，那么它们的结果也是现实的"。也就是说，一个人往往会重复另一个人的期待，不管这种期待是积极的还是消极的，由于托马斯在这方面的开拓性研究，人们开始在许多领域对自我实现的预言现象进行研究。

自我实现的预言相当于期待效应。现实生活中常有这样的例子。临床医学中常有利用安慰剂治疗患者的案例，接受治疗者常能体验到如同接受实际治疗一样的治疗效果或副作用，这实际上是患者的期望产生的效应。

自我实现的预言还常常发生在教师与学生的相互作用中，教师对来自不同社会阶层、不同种族文化背景以及不同智力水平、不同性别的学生抱有不同的期待，这种期待影响了学生的学业成就。

心理自助

一、拓展阅读

"三栏目技术"改善认知失真

在心理治疗中，伯恩斯使用一种"三栏目技术"来改善人们的认知失真，这是一种效果非常好的治疗方法。

这种技术的具体做法是：将一张纸一分为三，从左至右分别写上随想、认知失真、合

理思想。当你有了心理困惑时,请你坐下来,按照以下三步骤进行:

(1) 将你头脑中出现的随想通通写在纸上,不要让它们老是盘旋在你的头脑中,想到什么写什么。

(2) 当所有的随想都写下来以后,对每一种随想进行分析,将其与前面的认知失真表进行对照,找出你的认知失真,准确地揭示你对事实的歪曲。

(3) 练习对失真的认知进行驳斥,以更客观的思想取代失真的思想。

例如,一位同学因身体不适,开会迟到被辅导员当众批评。她感到蒙羞,非常气愤。事后,她通过三栏目技术进行了认知矫正,见表3-1。

表3-1 三栏目技术示范

随 想	认知失真	合 理 反 应
被老师当众批评,真丢死人了	极端化思维	每个人都会有错,所以被人批评是正常的事,没有什么丢人不丢人的。虽然老师当众批评我,让我很难堪,但也不至于那么可怕。没有时间观念,的确不是什么好习惯。以后要尽力改正
同学们肯定在嘲笑我,他们都会看不起我,以后我在同学中还怎么做人	瞎猜测,极端化思维	不对,大部分同学很友好,起码同宿舍的同学知道我身体不好,他们会关照我。一个小小的错误不会影响我在同学们心中的形象
老师真可恶,他看不起农村学生	诅咒情绪推理	其实,老师平时对我的生活、学习都很关心,他发火并不是针对我一个人,况且他也经常批评班干部和本地同学
我真是个失败者,怎么会落到这样破落的地步	人格化 以偏概全	不对,我能进入大学就说明我很优秀,在学习方面我一点都不比别人差,今天的事只是一个小状况而已,改掉就好
我真倒霉,偶尔迟到一次就被老师碰上	诅咒	弱者才会怨命,只要我积极进取,我一定会越来越好。目前我要做的是找老师沟通,解释一下迟到的原因

使用三栏目技术时应注意两点:第一,不要在心里做这一练习,动手较之动脑能达到更好的客观性认识;第二,要坚持。认知改变不可能一蹴而就,需要长期操练。

二、心理测试

自我概念便捷测试

提示:也许你还从来没有思考过"我是如何认识和对待自己的"这一话题。下面的这份自我测试为你提供了一面镜子。你当然不记得平生第一次照镜子的印象,那是一种陌生、疑惑、惊奇、欣喜的复杂感觉,现在让你重新体味。

1. 我对自己的身材容貌的态度是(　　　)。

A. 我从来都对自己的身材容貌坦然自信

B. 我在大多数情况下认为自己长相不错

► 大学生心理健康

C. 我感觉自己是一个容貌大众化的人

D. 我面对长相出色的人会感觉难为情

E. 如果有可能，我会义无反顾地进行脱胎换骨式的美容手术

2. 我对自己的为人处世的评价是（　　）。

A. 我从来不会担心了解我的人会在背后非议我

B. 我相信许多人感觉我是一个好人

C. 有人认为我是好人，有人认为我有问题

D. 我知道自己在别人心目中的形象有瑕疵

E. 我不在乎别人如何评论我

3. 我感觉自己是（　　）。

A. 一个非常完美的人

B. 我对自己可以做出优劣之间7∶3的评价

C. 一个优点多于缺点的人

D. 一个缺点多于优点的人

E. 一个可有可无的人

4. 我在家庭中的角色地位是（　　）。

A. 全家人都非常喜欢我

B. 我的存在家人认为很重要

C. 我有时感觉我不受家人的重视

D. 我经常受到家人的指责

E. 我是一个可有可无的人

5. 我在社会上的公众形象是（　　）。

A. 我走到哪里都会受到重视和好评

B. 人们认为我是一个值得关注的人物

C. 我容易被别人轻慢相待

D. 我是一个不受重视的人

E. 我经常被当作一个可有可无的人

6. 我对自己的过错的态度是（　　）。

A. 人非圣贤，相信自己不会重犯过错

B. 对过错感觉后悔，从中吸取教训

C. 内心知道不对，不愿承担过错

D. 让我碰到了，自认倒霉吧

E. 陷入自责之中，很久不能恢复

7. 我认为自己是一个（　　）。

A. 非常优秀的人　　　　　　　　　B. 相当不错的人

C. 比大多数人都好一些的人　　　D. 比较失败的人

E. 一无所长的人

8. 我对自己的总体感觉是（　　）。

A. 非常赏识自己　　　　　　　B. 比较满意自己

C. 一个不好也不坏的人　　　　D. 有点失败，有点无奈

E. 假如人生能够重新开始多好呀

9. 我对自己的未来所持的态度是（　　）。

A. 保持全面成长态势，做一个杰出的人

B. 尽力而为，让自己有一个好的未来

C. 对未来有一定的信心

D. 未来是不太可信的东西

E. 我没有什么未来可言

10. 我对待自己的态度是（　　）。

A. 非常珍爱自己，生活优雅健康

B. 满足自己的合理需要

C. 不会特意在乎自己的身体

D. 知道自己有一些不良习惯，也想改，但改不掉

E. 人生苦短，及时行乐吧

测试结果分析：

以上10个题目分别关注"生理自我、道德自我、心理自我、家庭自我、社会自我、自我批评、自我概念、自我满意、自我行动、自我对待"中的自我，因为是"自我评价、信息隐匿"下的测验，没有自我美化的考量和泄露隐私的顾忌。

选择A、B、C、D、E五个选项的得分对应的是5、4、3、2、1，最高分是50分，最低分是10分。

得分在46分以上，说明你的自我概念非常好。

得分在36~45分之间，说明你的自我概念比较好。

得分在26~35分之间，说明你的自我概念一般。

得分在16~25分之间，说明你的自我概念存在比较多的问题。

得分在15分以下，说明你的自我概念存在严重问题。

三、心理故事

地图的另一面

一天早上，一位很贫困的牧师，为了转移哭闹不止的儿子约翰的注意力，将一幅色彩缤纷的世界地图，撕成许多小的碎片，丢在地上，许诺道："小约翰，你如果能拼起这些

碎片，我就给你2角5分钱。"

牧师以为这件事会使约翰花费上午的大部分时间，但没有十分钟，小约翰便拼好了。

牧师："孩子，你怎么拼得这么快？"

小约翰很轻松地答道："在地图的另一面是一个人的照片，我把这个人的照片拼到一块，然后把它翻过来。我想，如果这个'人'是正确的，那么，这个'世界'也就是正确的。"

牧师微笑着给了儿子2角5分钱。

点评：许多事情表面上很难，但从其背面来看却是如此容易。学会换个角度去看待问题，眼界就会变得越来越开阔，否则就会钻到牛角尖里去。

一只蜘蛛和三个启示

雨后，一只蜘蛛艰难地向墙上已经支离破碎的网爬去，由于墙壁潮湿，它爬到一定的高度，就会掉下来，它一次次地向上爬，一次次地又掉下来……

第一个人看到了，他说：这只蜘蛛真愚蠢，它从旁边干燥的地方绕一下就能爬上去，我以后可不能像它那样愚蠢。于是，他变得聪明起来。

第二个人看到了，他立刻被蜘蛛屡败屡战的精神感动了，并从这里得到启示。于是，他变得坚强起来。

第三个人看到了，他叹了一口气，自言自语：我的一生不正如这只蜘蛛吗，忙忙碌碌而无所得。于是，他日渐消沉。

点评：三个人看的是同样一只蜘蛛，他们从不同的角度出发，得到了全然不同的结论。这正像我们的生活，对待每一个人都是公正无私的，关键是看你用怎样的态度去面对它。

四、心理探索

遇到以下情景，你准备怎样改变认知？

情景一：到食堂买饭时，有人多次插队，你非常生气。

情景二：到商场买东西时，因你多次挑选和讲价，惹得营业员冲你发火。

情景三：放学回家，你又累又饿，父母却到亲戚家帮忙，家里冰锅冷灶，你一肚子火不知往哪里发。

练一练：使用三栏目技术检查和校正自己近期的认知失真。

任务二　大学生自我意识与心理健康

【任务目标】

（1）了解自我意识的概念、结构和自我意识在人的发展中的作用，树立培养健康的自我意识的观念。

（2）科学认识大学生自我意识发展的特点，掌握培养大学生健全自我意识的途径和方法，能够正确全面地认识和评价自己、合理悦纳和认同自己。

（3）能够识别在自我意识发展过程中出现的偏差，查找原因并进行调适，建立自尊自信的自我意识。

（4）了解和掌握与自我意识相关的心理学知识。

【任务描述】

本项目主要学习自我意识与大学生心理健康的相关知识，主要包括自我意识的概念及结构、心理健康者自我意识的特点、大学生自我意识发展的规律和特点等知识，引导学生科学把握自我意识发展中存在的偏差，掌握自我意识培养的途径和方法，发展良好的自我认识、自我体验，学会自我调控，从而提升心理健康水平。

【任务知识】

心理课堂

一、自我意识的概念

自我意识是个体对自己的身心状况以及自己与周围人和环境关系的一种认识、体验和评价，是人格结构中自我调节的子系统。自我意识是一种特殊的认知过程，认知的主体和客体都是其自身。美国社会学家乔治·米德把自身分为主我（I）和客我（Me），因此，自我意识就是主我对客我进行认识，并按照社会的要求对客我进行调控。自我意识是人的心理区别于动物所特有的，是人的意识发展的高级阶段和本质特征。

二、自我意识的结构

自我意识是一个多维度、多层面的心理活动系统，这个心理活动系统表现为一个人对自己的思想认识、情感行为、个性特征以及人际关系等多方面的认识，是情感和意识的统一。

1. 从内容上看

从内容上看，自我意识可分为生理自我、社会自我和心理自我3个方面。

生理自我是个体对自己生理属性的认识与评价，主要是指个体对自己的体重、身高、身材、容貌等体像方面、性别方面以及对自己身体的痛苦、饥饿、疲倦等感觉的认识与评价。

社会自我是个体对自我社会属性的认识与评价，即对自己与周围关系的认识与评价，包括其对自己在一定社会关系中的地位、作用、角色等的评价，以及自己承担的社会义务与权利的认识与评价。

心理自我是个体对自身心理属性的认识与评价，是对自己的能力、知识、情绪、气质、性格、理想、信念、兴趣、爱好等方面的认识与评价。具体地说是对如下问题的回答：我是什么样的人？我有什么样的个性？我有什么样的优点？我有什么价值？我是否有巨大的潜力？我期待自己成为什么样的人？我希望达到什么样的目标？

2. 从结构形式上看

从结构形式上看，自我意识由自我认知、自我体验、自我调节3个子系统构成。

自我认知由4个过程来完成，即自我感觉、自我观察、自我分析和自我评价。自我评价是个变量，它是个体在某时某刻对自身加以自我感觉、观察、分析的结果，集中体现了自我认知的一般状况和发展水平，是自我认知的核心部分，同时也是自我体验与自我调节的基础。

自我体验是自我意识的情绪成分。实际上，自我体验是人对自己情绪状态的体验，反映了个体对自身的认知同其主观需要之间的关系。自我体验就是自己对需要体验后的结果。当我们的需要得到满足时，会产生自信、高兴、自豪的情绪；当需要不能得到满足时，会产生沮丧、失望，甚至自卑的情绪。自我体验还表现为自尊、自爱、自怜等情绪状态。其中，自尊程度直接维系着自我评价状况，同自我评价呈正比关系，同时自尊程度也会影响个体自我调节的能力和力度。

自我调节是自我意识的意志成分，是指个体自觉的过程，包括自我监督、自我激励、自我控制、自我暗示等形式。自我调节受自我认知、自我体验的制约；同时，个体的自我调节状况又反过来通过心理和行为的调节而影响自我认知和自我体验的过程。自我调节是一个人自我教育、自我发展的重要机制，是自我完善和自我发展必不可少的环节，也是促进心理健康、增强心理自助能力的重要手段。

3. 从存在方式看

从存在方式看，自我意识分为现实自我、镜中自我和理想自我三部分。

现实自我就是个体从自己的立场出发对自己当前总体实际状况的基本看法。

镜中自我也称他人自我，是指个体想象的自己在他人心目中的形象或他人对自己的基本看法。

理想自我则是指个体想要达到的比较完美的形象。

当现实自我与镜中自我相一致时，个体会产生加快自我发展的倾向；反之，个体会感到别人对自己不理解，或试图改变现实自我。当理想自我建立在个体的实际情况基础之上，并且符合社会要求和期望时，它就会指导现实自我积极适应并作用于内外环境，从而使自我意识获得快速的发展。反之，当理想自我、现实自我和社会要求三者之间相矛盾时，就会引起个体内心的混乱，甚至会导致不同程度的心理疾病。

三、心理健康者自我意识的特点

心理健康者的自我意识应具备以下3个特点。

1. 恰当的自我认识

恰当的自我认识是指心理健康的人在不同的阶段对自我有不同的认识，比如，3岁前应具备"生理我"的基本认识,随后就应该有"社会我"和"心理我"的自我认识和体验。一个人如果到了成年期还仍然分不清自己是男是女,生理上明明是男性,却喜欢女性装扮,行为举止女性化,甚至希望自己能从根本上变成女性,这样的人就是自我意识不明确,他的心理健康状况就不好。再比如,一个人的心理行为及社会表现应与其实际年龄相符,如果他的所作所为与所思所感明显小于实际年龄,那么我们就会认为他患了"幼稚病";反之,我们就会用"少年老成"或"未老先衰"等来评价他。

2. 真实的自我体验

不能断然说有某一种自我体验就是心理健康的,没有某一种就是不健康的。比如说人的自卑感,幼年期我们面对成人时,在许多事情上我们都必须让他们替我们来做,我们很"不行",当我们察觉到自己"不行"时,其实就是一种自卑体验,但这是发展中正常的体验,是成长的一部分。因此,心理健康的自我体验首先应该是真实的,喜怒哀乐皆自然。

3. 合理的自我控制

不同的年龄有不同的自我控制方式,也有不同的自我控制程度,心理健康的自我控制就是恰当的自我展示,包括有符合年龄要求的行动导向和情感宣泄。比如小孩受委屈可以不管场合、不管地点哇哇大哭,而成年人就应该认真考虑自我的社会定位。自我意识如果不能实现对行动的有效支配和情感的合理宣泄就是"自我失控"。常见的自我失控的表现有以下4种:

(1) 生活失去目标。典型的思维是"我不知道现在怎么了,好像整天都过得糊里糊涂。以前上学就一个心愿,考上大学。可现在上了大学却真不知道为什么要上大学了。"

(2) 过度思考"生命意义"。典型的思维是"我从小都对人很感兴趣,想着人为何而生,可最近发现自己简直陷入疯狂了,成天只有这一个问题了,不能安心睡觉,更不能正常听课、学习,我真的觉得我要疯了。你说,人到底为什么活着?"

(3) 拒绝成长。典型的思维是"说真的,我不愿意长大,我宁可回到让妈妈照顾我的婴儿期。长大有什么好,虽然可以选择吃的、喝的,甚至生活方式,可这些却让我常常觉得恐惧而无助,我会为选择而伤透脑筋,真希望有谁能替我拿主意,免得自寻烦恼。"

(4) 怨天尤人。典型的思维是"我本是个非常有能力的人,都是我的母亲从小对我娇生惯养,使得我丧失了成长的机会。现在有许多事我都觉得很难处理,当初生在一个困难一点的家里,反而好了,我的独立性、适应性都可以得到培养了。弗洛伊德不是说童年期经历对人至关重要,往往决定了人的一生吗?我其实挺恨我母亲的。"

四、自我意识在人的发展中的作用

健全的自我意识是心理健康的重要标志,也是个体发展的重要前提。自我意识在人的发展中的作用主要表现在以下3个方面。

1. 导向作用

拥有健康自我意识的人能够正确认识自我，规划自我，为自己制定适合的目标。有了目标，才有发展方向，才会调动自身潜能，激发强大动力，个人价值才能得到最大实现。

2. 自控作用

自我控制是自我意识发挥能动作用的一个重要方面。缺乏自我控制意识的人，将是一个情绪化的人、缺乏毅力的人、一事无成的人。一个能够控制自我的人，往往与环境适应良好，并能规范自己的情绪和行为，容易实现自己的目标并获取成功。

3. 内省和归因作用

有健康自我意识的人，能够对自己对他人有正确的分析和判断，对自我有敏锐的觉察和反省，不断完善自我，在个体成长中进行监督和自我教育。同时又不会将他人的问题归于自己，与他人拥有良好的关系，但又能保持自我的独立性。

大学阶段是个人从青春期向成年期转变的重要阶段，也是其自我意识发展、完善的重要时期。在这一特殊时期，如果个体能够认识并接纳自己，对自己有合理的期望，知道自己为什么活着，善于利用每个成长机会，改进自己、完善自己，他的一生就会快乐、充实和有意义。而如果不能建立良好的自我形象，就会产生混淆的感觉，自我定位不清晰，容易产生自卑、沮丧、怨恨、孤独、抑郁、焦虑等负面感觉，引发人际关系紧张，从而导致学习、工作、人生等方面遭受失败。

五、大学生自我意识发展的特点

与同龄群体相比，大学生的生活阅历与学习特点决定了大学生自我意识的独特性，主要表现在以下 3 个方面。

1. 强烈关注自我形象

当代大学生比较关注自己的身体容貌、行为举止、交际能力、内心活动和个性品质，力图使自我形象更加丰满化和理想化。他们对自己的心理活动表现出极大的兴趣，并渴望对自己的心理特点有一个完整、全面、深入、清晰的了解，如"我的性格究竟是什么样的""我的脾气到底如何""我的能力强不强"等。他们也比较关注自己的社会形象，关心自己在社会中的位置，如"别人会怎么看我""我如何实现自己的价值""社会对我有什么要求""我如何才能适应社会发展的需要"等。

2. 自我认识和评价能力提高

由于大学生知识水平的提高，视野的开阔，接受信息量的加大，其自我认知水平与同龄人相比在深度和广度方面有很大的扩展。他们对自我的认识不仅仅停留在生理与心理的一般问题上，而是逐步涉及自己对整个社会乃至整个人类的思考。他们会多角度、多层次地认识自己、接纳自己，理性地对待自己的优缺点，同时能够较为客观、全面而主动地评价和认识自己，主动自觉地按照社会要求和规范来规划和设计自己。但是，大学生毕竟知识经验不足，人格、意识还没有完全成熟，所以在自我评价和认识上不可避免会出现一些偏差。

3. 心理体验深刻、敏感、细腻

大学生的自我体验更加细腻、敏感、深刻。他们重视自己在别人心目中的形象，尤其是自己在异性朋友心目中的形象，因而他们对别人的言行和态度极为敏感，容易引起自己情绪与情感的体验。例如，当他们意识到自己能力的高低和专业的好坏时，或者肯定自己，对自己悦纳和尊重，或者否定自己，对自己产生不满、轻视、自卑等情绪。大学生自我体验的波动性也较大，当学习、事业与爱情进展得很顺利时，就会产生积极、肯定的情绪体验，甚至得意忘形；当遇到挫折时，就会产生消极、否定的情绪体验，甚至自暴自弃。大学生对自我体验的表达，从封闭性向开放性过渡。刚刚进入高校的学生往往少言寡语，有意无意地将自己的情绪体验埋藏在心里。然而，随着他们自我表达能力的提高和强烈的人际需要，其自我体验也会由封闭性阶段过渡到开放性阶段。

六、大学生自我意识发展过程中常见的问题

大学生的自我意识处于不断探索和发展的过程中，且充满理想我与现实我之间、主体我与客体我之间的矛盾与冲突，为了解决这些矛盾和冲突，大学生就要寻求自我意识的整合，具体表现为自我认识、自我体验、自我控制的和谐统一。但并不是所有人都能把自我意识和谐地统一起来，他们会在自我认识、自我体验、自我控制等方面产生偏差，从而影响自己的心理健康。大学生自我意识发展过程中常见的问题可以概括为以下 7 点。

1. 自我概念偏差——自我中心

自我中心是指考虑问题、处理事情都以自我为中心，将自我作为思考问题的出发点与归宿，表现为一切以自己为出发点，目中无人，甚至自私自利。遇到冲突时，认为对的是自己而错的是他人，特别是那些自尊心强、优越感强、自信心高、独立性良好的大学生，比较容易陷入自我中心之中。

2. 扭曲的自尊——虚荣

虚荣心，是指一种追求虚假荣誉，以期获得他人尊重的心理行为。按照马斯洛的需要层次理论，人人都有被尊重的需要。虚荣心强的人通常很在意他人的关注、赞赏和肯定，把这些评价看成是自我价值的评定标准，他们往往不是通过刻苦的努力，而是利用撒谎、吹牛、作假、投机等非正常手段沽名钓誉。

3. 消极的自觉——自卑

自卑是指由于自我认知偏差的原因形成的自我轻视和自我否定。这种人总是看到和放大自己的缺点和不足，凡事总是从消极悲观的角度看问题，事事退缩，处处回避，常常伴随着怯懦、害羞、忧郁、失望、自卑、气馁、内疚等情绪体验，喜欢自怨自艾自责，一旦遭受挫折失败，就会自我怀疑否定，进而过低评价自己，甚至从此一蹶不振。

4. 退缩的自主——从众

从众是指在群体舆论的压力下，放弃个人意见而采取与大多数人立场一致的自我保护行为，就是俗话说的"随大流"。有过强的从众心理往往会缺乏独立思考能力，缺乏主见，

不讲原则，害怕孤立，缺乏自信，丧失自我。

5. 变态的自立——逆反

逆反心理是指在特定条件下，交往者刻意产生一种与被交往者意愿相反的心理现象，常伴有抵触、厌烦、懈怠、抗议等情绪反应。大学生正处于生理基本成熟而心理尚未完全成熟的阶段，他们渴望在思想、行为上完全独立。这个时期虽然智力发展较好，但是阅历有限，感性经验不足，且学习负担重，竞争激烈，心理压力大。情绪易受到外界干扰，表现富于两极性，所以常易感情用事，片面主观脱离实际，以致形成偏见，很容易出现逆反心理。具有逆反心理的人，易钻牛角尖，易从负面思考。一旦心生不满，其反应比较激烈，容易走极端。

6. 极端的自信——自负

自负是指个体自以为是、自命不凡的一种情感体验和情绪表现。改革开放后成长起来的大学生，自信已经成为这一代年轻人普遍拥有的品质。但也有些学生从过分自信变成了自负。自负者自命不凡，脱离实际，过度欣赏自我，轻视别人，对己对人都不能做出恰如其分的评价，使自己陷入孤芳自赏、妄自尊大的盲目之中。

7. 放纵的自我——任性

当代大学生绝大多数是家中的独生子女，从小娇生惯养，在温室中长大，缺乏磨炼，有时难免存在任性的毛病。他们不会考虑他人，不会克制自我，意气用事，有时甚至发展到"唯我独尊"的地步。

七、培养大学生健全自我意识的途径

培养正确的自我意识有利于人的身心健康，有利于人对自身的行为进行适宜的调控。那么，怎样培养正确的自我意识呢？

1. 正确认识自我

认识自我是人类的一个永恒话题，正确地认识自我是培养形成健全的自我意识的基础。如果一个人能对自我有一个较为全面、客观的认识和评价，就能扬长避短、取长补短、发展自己、完善自己。正确认识自我可以从以下三个方面做起：

（1）全面深刻地了解自己，找准自己在现实环境中的位置。要正确地认识自我，首先要从生理的自我、社会的自我、心理的自我三个方面来全面深刻地了解自己。为此要努力拓宽自己的知识面，增加信息来源，提高自身文化修养和认知水平；多与心智比自己成熟的人交流沟通，征询其对自己的意见，从而更为客观地认识自己。这对自我的构建、自我的发展以及人际关系的处理大有好处。

（2）客观准确地评价自我，建立自信。从多角度、多侧面评价自我，首先要进行纵向比较，将现实的自我和理想的自我进行比较，看到自己的差距，还要将现实的自我与过去的自我对照，看到自己的进步。其次还要进行横向比较，同比自己优秀的人及与自己相似的人比较。并将上述各方面获得的信息进行综合分析，以获得较为客观的自我评价。既不妄自菲薄，也不夜郎自大。

（3）独立、稳定地认识自我。在评价自我时，避免盲目地接受他人的暗示和对权威及群体性心理的完全依赖，要有自己独立的意志，同时还要避免以一时、一事作为衡量评价自我的尺度，要对自己有一个稳定的、客观的评价。

2. 积极悦纳自我

悦纳自我是形成自我意识的核心和关键。一个人只有自我接纳，才能为他人所接纳。悦纳自我就是要无条件地接受自己的一切，无论是好的或是坏的，成功的或是失败的；要平静而理智地对待自己的长短优劣，要乐观开朗，以发展的眼光看待自己；既不消极回避自身的现状，自欺欺人，更不以哀怨、自责甚至厌恶来否定自己。要在自我悦纳的基础上培养自信、自立、自强、自主的心理品质，从而发展自我、更新自我。

3. 有效控制自我

自我控制是人主动、定向地改变自己的心理品质和行为的过程。缺乏自我控制意识的人将是一个情绪化的、缺乏承受力的人。因此，每个人都应该从培养健全的意志品质做起，增强对挫折的承受能力，提高自我控制力，使理想的自我和现实的自我统一，从而完善自我。

心理科普

一、自我意识的发展与表现

自我意识是人类特有的心理系统，不是个体与生俱来的，而是在后天社会实践的过程中逐步形成的，经历了发生、发展和完善的过程。

生命降生之初，婴儿是没有自我意识的，他们不能意识到自己同外界事物的区别。在8个多月时，其自我意识的最初形态——生理自我开始萌发了，而这种最原始的自我意识就是了解自己的身体与其他物体的区别。之后，经过20多年的发展，人的自我意识才逐渐稳定、成熟，这期间大致可分为3个阶段。

1. 自我意识的产生

人的自我意识开始产生是在8个月时对"生理自我"的认识，这是个人对自己身体与外界的区别的意识，包括对他物的占有感、对他人的支配感、对自身的爱护感和满足感。"我"的使用率大大增加，有很多非常极端的"自立"要求。"生理自我"一般在3岁时表现得最为突出。心理学上称这一时期为"第一反抗期"或"自我中心期"，是自我意识的一个明显外化期。

2. 自我意识的发展

从3岁到青春期是个体自我意识的发展时期。这个时期是自我意识的"客观化"时期，个体的眼光是向外的，兴趣的中心是自身以外的外部世界，在不断与外界接触，与他人交往的过程中，进一步确定自己，逐渐明确自己与他人、与世界的关系，并未关注自身内在的世界。这一时期，个体认识自己的一个最主要的途径就是"他人的评价"，通过他人的评价，个体会从周围的世界中寻找榜样，模仿、认同并将其内化为自身的行为方式、评价标准；或从自身的奖惩经历中总结一定教训，加以改正，逐渐确立自身的社会角色意识。因此，这一时期的自我意识也称为"社会自我意识"。

3. 自我意识的成熟

从青春期到成人是自我意识的成熟时期。青春期是人发展过程中一个非常特殊又重大的过渡期，更是自我意识发展的关键时期。这个时期是自我意识由"客观化期"到"主观化期"的过渡期。此时，伴随着个体在生理、认知、情绪等各方面的急剧变化，如性的成熟、逻辑思维和想象力的发展、感受性的提高。个体开始将注意力从外界转入自身，开始渴望了解自己，开始去发现、体验自己的内心世界，关心自己的形象，不再简单地认同别人的观点，而是有了自己的独特理解。经过10年左右的发展，个体获得"心理自我"，即个人对自己心理的意识，包括个人对自己的智力、性格、态度、信念、理想和行为等的意识，自我意识最终趋于成熟。

自我意识的发展是一个连续过程，伴随着人的一生。不同的个体在不同的生理机制、生活经历、社会文化环境的影响下，自我意识又会有所差别，不是每一个个体都能获得成熟的自我意识。因此，自我意识发展是否正常、是否完善是心理健康的一个重要标志，甚至是划分心理正常与否的一个衡量标准。

二、认识自我的模型——"约哈里窗"模式

心理学家鲁夫特与英格汉提出"约哈里窗"模式。"窗"是指一个人的心就像一扇窗，"约哈里窗"展示了关于自我认知、行为举止和他人对自己的认知之间在有意识或无意识的前提下形成的差异，由此分割为4个范畴（或称其为有4种区域），见表3-2。

其一，开放区，包括本人和其他人都知道的有关本人的信息。

其二，盲目区，包含其他人了解，而本人却没有意识到（或不了解）的有关本人的信息。

其三，隐蔽区，包含本人了解，而其他人也不了解的有关本人的信息。

其四，未知区，包含本人不了解，其他人也不了解的有关本人的信息。

表3-2 "约哈里窗模式"示意表

	自己知道	自己不知道
别人知道	开放区：自由活动领域（公众我）	盲目区：盲目领域（背脊我）
别人不知道	隐蔽区：逃避或隐藏领域（隐私我）	未知区：处女领域（潜在我）

运用"约哈里窗"认识和评价自我的方法：

第一步：请5~10个非常了解你的朋友，请他们列出你的优点和缺点。可以先从好朋

友做起，看他们到底怎么看你。如果想进一步客观地评价自己，再请那些你最不喜欢的人列出你的优缺点，也就是让别人做你的镜子，利用别人给你的回馈，帮助你认识自己、评价自己。

第二步：你自己也拿出一张纸来，列出自身的优点和缺点。然后，将自己列出的与别人列出的一一比较，便可能产生上表中列出的四种情况。通过"约哈里窗"，你也许会发现自己有许多优点，别人并不知道；也可能会出现别人列出你自己反而意识不到的优点，这样你可进一步地了解自己。同样，你的缺点也可能有类似的情形。

"约哈里窗"了解和评价自己，要比从自我观察的材料中分析、评价自己更客观、准确、可靠。

心理自助

一、拓展阅读

完善自我意识的技能训练

1. 如果你想知道自己的心理是否健康，怎么办？

对自己的健康予以客观的体验和自觉的关注，是自我意识成熟的一个重要表现。自觉关注心理健康是一种非常好的习惯。

办法一：对照检查法。对照公认的心理健康标准（参照有关的资料）进行自我检查，看看自己在哪些方面还存在不足或问题。

办法二：测量法。一些心理测量方法可以对心理健康状况进行大致的判断。你可以找心理咨询老师或有关专业人员进行。

办法三：体验法。如果你较为频繁地感到内心痛苦或有较长的时间觉得心情不好，而且这样的感受已经影响到你正常的生活、学习和工作。一般情况下，说明你的心理健康水平不理想。

2. 当你为自己的家庭经济状况不如别人而感到自卑时怎么办？

人人都喜欢富裕而不喜欢贫穷。当发现别人比自己富裕时，会感到一些不平衡和不快乐，这是一种很正常的心理现象。但是，如果这种心理超出一定的限度，导致自卑心理，就成了一种偏差，要想办法矫正。

办法一：认知调节法。要纠正"金钱决定身份"的错误观念，认识到贫穷并不耻辱，为贫穷自卑事实上是软弱和有失尊严的表现，从而坦然地接受这个现实，进而树立"人穷志不短"的自信心，把精力放在自强不息、努力奋斗上。

办法二：目标转移法。说服自己虽然经济不富裕，但是在其他方面（人品、才华、能力等）很富裕，并力争在这些方面表现得优秀。

办法三：参加勤工助学活动法。一方面，解决经济困难，另一方面，通过自己的辛勤劳动，证明自己有创造财富的能力，进一步增强自信心。

3. 当你为自己的相貌不如别人而感到自卑时，怎么办？

爱美是人的天性，因为自己的相貌不够英俊漂亮而感到不开心也是人之常情，但是，这种情绪一旦过了头，产生强烈的自卑心理就不应该了。

办法一：自我悦纳法。相貌是天生的，而且终生无法改变。因此，你要认识到，你的相貌尽管不是最美的，却是世上最独特的，是别人无法替代的，从而抱着坦然和喜悦的心情接纳它。

办法二："寻找个性美"法。彻头彻尾的丑是没有的，关键是看你从哪个角度欣赏。所以，你总会找到你独特的美的地方，如"鼻子正""牙齿白""眼睫毛漂亮"等。也就是说，你是美的，只不过与众不同而已。

办法三：气质补偿法。一个人美不美是需要全方位评价的。相貌方面的不足完全可以由其他方面的美（如心灵美、举止美、气质美等）补偿。

4. 当你为自己没有特长而感到自卑时，怎么办？

渴望优秀是一种正常的心理活动，每个人都应该不断追求优秀。但是，如果固执地期望自己在所有方面都优秀，并为不能达到这一目标而感到自卑，就成了完美主义者。这种倾向对个人发展是不利的。你的烦恼可能与此无关，因为完全没有长处的人是不存在的。

办法一：优点调查法。向你周围的人发放"我有何特长或优点"调查问卷，你肯定会发现你的优点和特长其实很多。

办法二：及时学习法。没有谁的特长是天生的，即使是有天赋的人也需要勤加练习。因此，不必自卑，你希望自己有什么特长，就马上行动，有目的地学习锻炼。你会发现，目前还没有的特长，过几年就有了。

5. 当你总是轻视甚至是蔑视周围的人时，怎么办？

当你觉得周围的人谁都不好时，尽管也有可能他们存在问题，但更大的可能性是你的自信心过了头，变成了自大。自大正好是自卑的反面，但和自卑一样，自大也是自我意识不够成熟的表现。由于自大的心理会使自尊心高度满足，所以一般人并不为此感到难受，然而，自大会使人骄傲自满，容易犯错误，也会破坏人际关系，因此应予以矫正。

办法一：认知调节法。充分认识到自大的危害性，以"谦虚谨慎，戒骄戒躁"作为处世信条。

办法二：寻找闪光点法。同别人打交道的时候，要时刻提醒自己不要光看别人的缺点，而是要想方设法寻找别人的优点。

6. 如果你太爱面子，对别人的任何批评都接受不了时，怎么办？

一般人都有爱面子的心理，这是自尊心的作用。自尊心是自我意识和健康人格的基础，人人都需要自尊。但是，如果对自尊的需求过了头，时时处处都需要别人尊敬你，只爱听夸奖不愿听批评，对伤害自己面子的任何一点小事都要斤斤计较，就成了一种心理偏差。从另一个角度说，这样的"自尊"过分依赖"他尊"来维持，实际上是自卑的表现。

办法一：事实标准法。要养成一切以事实为依据的思维习惯。无论听到别人骂你还是夸你，首先要想一想，对方的话是否符合实际，有则改之，无则加勉。

办法二：自嘲法。对于没必要计较的批评或攻击，说一句"我就是这样的，不也挺好吗"，一笑置之。

7. 如果别人批评你而你总觉得无所谓时，怎么办？

能够坦然面对和接纳别人对自己的批评，是自我意识成熟的表现。但是，如果这种态度超出一定的限度，对别人的任何批评甚至鄙视、嘲讽、辱骂都无动于衷，则极有可能是自尊缺乏的表现，这是自我意识发展不良的表现，需要进行矫正。比如有些大学生做了有违礼仪或道德规范的事（如打饭插队、乱扔垃圾、随地吐痰等等），面对其他同学的批评和鄙视的目光都毫无反应，就很可能属于这种情况。

办法一：行为学习。学习社会生活中的各种行为规范，了解哪些行为是不恰当的，哪些行为是恰当的，从而自觉控制自己的行为，有所为有所不为。

办法二：敏感度训练。个别人自尊缺乏可能是由于其对他人的态度不够敏感，不能细致区分哪些是肯定的态度、哪些是否定的态度。如果这样，就要增强自我意识训练，通过仔细观察别人的言谈举止去体会其背后的态度和情感，不断训练自己的人际敏感度，从而增强对自尊的感受力。

8. 当你为别人对你的不同评价而感到困惑时，怎么办？

不同的人对你有不同的看法，他们谁对谁错？当你想不明白时，自然会感到困惑。其实，这种困惑与其说来自别人，还不如说来自你自己，由于你自己不清楚"我到底是怎样一个人"，所以面对别人的不同看法才会感到困惑。比较不同人对自己的不同评价，结合自己在日常生活中的实际表现，思考"我实际上是怎样一个人"正是心理发展的一个重要任务。

办法一：反思法。养成自己分析自己是什么样的人的习惯。

办法二：自画像法。就"我的优点""我的缺点""我的做人原则""我最喜欢的事物""我最讨厌的事物""我最希望得到的"等和自己的特征有关的题目，认真思考，将答案分别列出。这样可以帮助你清晰地认识你自己。自我意识的成熟是一个较长的过程，一般在26岁前后才能基本完成，所以你还得有点耐心。

9. 当你为自己没有明确的人生目标而感到迷惘时，怎么办？

人和动物的最大不同就是人是有意识地生活的，因此，就需要为自己的人生设置一个目标，没有明确的人生目标，人就会迷失方向，感到迷惘、困惑和不安。明确自己的人生目标，是大学生自我意识发展的一个重要内容。

办法一：社会实践法。人生目标不是空想出来的，而是一个人在足够的人生经验和对社会充分了解的基础上，结合自己的兴趣、爱好、特长、动机和客观条件等，经过不断地思考、选择而逐渐确立的。许多大学生人生目标不明确，正是因为其人生经验不够、对社会了解不足造成，所以，走出校园封闭的围墙，通过各种途径充分了解社会、体验生活、

▶ 大学生心理健康

增长阅历，是确定人生目标的必由之路。个别同学越是迷惘，越把自己封闭起来，不愿意进行积极的人生尝试，这种做法是不利于心理健康的。

办法二：阶段目标法。想不明白长远目标，就根据你认为目前最应该做或想做的事，给自己暂定一个短期目标（1年、2年或5年）。阶段目标的实现，会大大促进长远目标的形成。切忌因目标不明确而得过且过、游戏人生。

10. 如果你对老师、家长或领导说的话常常感到反感，怎么办？

也许你的反感是有道理的，但也可能是由于你的逆反心理造成。人在未成年时期，思想和行为都处在成人或权威的支配之下，当他的自我意识逐渐发展，萌发了想从被支配中解放出来的独立意识，就自觉不自觉地对成人或权威产生了对抗情绪，这就是逆反心理。逆反心理有它的积极意义，但由于它过分情绪化的特点，也会产生一些消极影响，因而要慎重对待。

办法一：讨论法。每当反感情绪涌上心头时，强迫自己克制一下，用心平气和的态度和父母或老师进行有根据的讨论。这样，既有利于双方交流，也有利于提高自我认识。

办法二：换位思考法。站在对方的角度想一想。

办法三：作文法。不要情绪化地发牢骚，而是尽量把自己的观点写成条理分明的文章。这样既可以帮助你控制情绪，以防产生不良后果，也可以帮你进一步理清思想。

二、心理测试

自信程度自评

自信心是一种反映个体对自己是否有能力成功地完成某项活动的信任程度的心理特性。它是一种积极、有效地表达自我价值、自我尊重、自我理解的意识特征和心理状态，也称为信心。一个人自信心水平的高低影响着他/她的学习、竞赛、就业、成就等多方面。

本测试用于评定你的自信心。每一个题目都涉及一种你对自己的感觉和态度。如果题目的陈述符合你通常的实际情况或感觉，那么就将"像我"栏下的相应字母处画"√"；如果某一题目不符合你通常的感受，那么你就在"不像我"栏下的相应字母处画"√"。

自信程度自评表

题号	题目	选项	
		像我	不像我
1	我觉得在众人面前讲话是很困难的	B	A
2	如果可能，我将会改变我自己的许多事情	B	A
3	我做决定比较果断	A	B
4	我有许多开心故事	A	B
5	我在家里常常感到心烦	B	A

(续)

题号	题 目	选 项	
		像我	不像我
6	我适应新事物较慢	B	A
7	我与我的同龄人相处得很好	A	B
8	我家里的人通常很关心我的感情	A	B
9	我常常会做出让步	B	A
10	我的家庭对我的期望太多、太高	B	A
11	我是个很麻烦的人	B	A
12	我的生活一团糟	B	A
13	别人通常听我的话	A	B
14	我对自己的评价不高	B	A
15	我有许多次想离家出走	B	A
16	我常常觉得我的工作很烦人	B	A
17	我不像大部分人长得那么漂亮	B	A
18	如果我有什么话要说，通常是说出来的	A	B
19	我的家里人理解我	A	B
20	我不像大部分人那样讨人喜欢	B	A
21	我常常觉得我的家里人好像总在督促我	B	A
22	我常常对我所做的事感到失望	B	A
23	我常常希望我是另外一个人	B	A
24	我是不能被依靠的	B	A

记分与解释：表中选 A 的个数即是你的得分。你的得分越高，你的自信程度就越高。

若得分在 21 分以上，你很自信，你的自我感觉良好，你为自己的过去感到自豪，对现状和周围感到满意，对自己的未来充满信心。

若你的得分为 17~20 分，你有正常的自信心，能正常地适应人际交往和社会生活。

若你的得分为 14~16 分，你的自信心稍微偏低。

若你的得分在 13 分以下，那么你的自信程度较低，你对自己和周围人的评价不高或不满意，在现实中有这样或那样的苦恼和不如意。为此，你要及时做出调整，分析一下问题出在哪里，改变心态或积极采取行动。

三、心理故事

斯芬克斯之谜

在古希腊，人类存在着烧、杀、抢、掠等各种罪行。神觉得人类没有真正认识自己，就决定让人类认识自己的同时也顺便惩罚一下人类。于是，神就派了一个"狮身人面"的

▶ 大学生心理健康

怪兽来到人间。它作为神的使者，带着对人类的忠告——"人，认识你自己"，从奥林匹斯山来到了古希腊的忒拜城堡，驻扎在城堡通向外部的唯一的一条通道上。它每天都向过路的行人重复着一个谜语，如果行人能够猜出谜底，它就放他们过去，否则就把他们吃掉。就这样，时间一天天地过去了，从没有人回答出怪兽的问题。众多的行人成为怪兽的口中之物。有一天，一个叫俄狄浦斯的年轻人从这儿路过，这个"狮身人面"的怪兽又让他猜那个日日重复的谜语。怪兽说："什么动物早上用四条腿走路，中午用两条腿走路，而到了晚上则用三条腿走路？"俄狄浦斯想了想说："这不就是人吗！人刚出生不久的时候好比是早上，这个时候我们是爬行，所以说是用四条腿走路；而到了青壮年的时候，就相当于人生的正午，这个时候我们是直立行走，所以说是用两条腿走路；而到了晚年，就相当于走到了人生的傍晚，这个时候由于我们年迈体衰，我们需要借助拐杖走路，所以说是用三条腿走路。"怪兽一听，顿时气得浑身发抖，一气之下跳悬崖自杀了。

点评：故事中，"狮身人面"的怪兽可以说是我们成长、发展过程中的一大障碍。当俄狄浦斯回答出谜底"人"，即当我们真正了解了我们个人成长、发展的过程时，障碍就会逐渐消失了。只有充分地了解自己，我们才能排除生活中的一切障碍，使自己顺利前行。

谁能打败自己

有两个人结伴穿越沙漠，走至半途，水喝完了，其中一人因中暑而不能行动。同伴把一支枪递给中暑者，再三吩咐："枪里有五颗子弹，我走后，每隔两小时你就对空中鸣放一枪。枪声会指引我前来与你会合。"说完，同伴满怀信心找水去了。躺在沙漠中的中暑者却满腹狐疑：同伴能找到水吗？能听到枪声吗？会不会丢下自己这个"包袱"独自离去？

夜幕降临的时候，枪里只剩下一颗子弹，而同伴还没有回来。中暑者确信同伴早已离去，自己只能等待死亡。想象中，沙漠里秃鹰飞来，狠狠地啄瞎了他的眼睛、啄食他的身体……终于，中暑者彻底崩溃了，把最后一颗子弹送进了自己的太阳穴。枪声响过不久，同伴提着满壶清水，领着一队骆驼商旅赶来，找到了中暑者尚有温热的尸体……

点评：很多时候，打败自己的不是外部环境，而是自己。

四、心理探索

1. 以良好的心境、积极的态度进行自我观察，了解自己，认识自己

现实自我　　　　　　　　　　　　理想自我

身高：_____。　_____。
体形：_____。　_____。
长相：_____。　_____。
性格：_____。　_____。

项目三 认知与自我意识

气质：_____。_____。
能力：_____。_____。
智力：_____。_____。
兴趣：_____。_____。

2. 强化自我意识训练

（1）准备好纸和笔，边思考边回答"我是一个怎样的人？"要求尽量选择一些能反映个人特征的语句，避免出现"我是一个男生"这样的句子。看看能否写出20个不同的答案。

我是_____。理由_____。
我是_____。理由_____。
我是_____。理由_____。
我是_____。理由_____。
我是_____。理由_____。
我是_____。理由_____。
我是_____。理由_____。
我是_____。理由_____。
我是_____。理由_____。
我是_____。理由_____。
我是_____。理由_____。
我是_____。理由_____。
我是_____。理由_____。
我是_____。理由_____。

父母眼中的我：_____。
长辈、亲戚眼中的我：_____。
同学、朋友眼中的我：_____。

（2）将陈述的20项内容根据下列标准进行归类。

A. 身体状况（体貌特征，如年龄、身高、体形、是否健康等）

B. 情绪状况（持有的情绪情感，如乐观开朗、振奋人心、烦恼沮丧等）

C. 才智状况（智力、能力情况，如聪明、灵活、迟钝、能干等）

D. 社会关系状况（与他人的关系、如何和别人应对进退、对他人常持有的态度及原则，如乐于助人的、爱交朋友的、坦诚的、孤独的等）

E. 其他

分类是为了了解自己对自己各方面的关注和了解程度，某一类项目多，说明你对这方面的关注和了解较多；某一类项目少或没有，说明你对这方面的关注和了解较少或者根本就没关注、不了解。健全的自我意识应能较为全面地关注和了解自己。

（3）评估你对自己的陈述是积极的还是消极的。在你列出的每句话的后面加上正号（＋）或负号（－）。正号表示"这句话表达了你对自己肯定和满意的态度"，负号的意义则相反，表示"这句话表达了你对自己不满意、否定的态度"。看看你的正号与负号的数量各是多少。

如果正号的数量大于负号的数量，说明你的自我接纳状况良好。相反，如果负号将近一半甚至超过一半，这表明你不能很好地接纳自己，你的自尊程度较低，这时你需要内省一番，寻找问题的根源，比如是否对自己评价过低？是什么原因使你成为这样？有没有改善的可能？

项目四　大学生的情绪与心理健康

人非草木，孰能无情？在社会中，人类为了自身的生存发展，就要不断地认识和改造客观世界。在改造客观现实的过程中，人们必然要遇到得失、顺逆、荣辱、美丑等各种情境，因而有时感到高兴和喜悦，有时感到愤怒和憎恶，有时感到悲哀和忧虑，有时感到苦恼和烦闷……人类的情绪复杂多样，每个人在一生中都会体验到各种不同的情绪，如高兴、悲伤、愤怒等。我们就是在这样多彩的情绪世界里体验着人生百态。

任务一　情绪的五线谱

【任务目标】
(1) 了解情绪的概念、类型及情绪与心理健康的关系。
(2) 熟悉情绪健康的标准，能对照标准对自己的情绪健康状况做出分析评价。
(3) 了解情商等与情绪相关的心理学理论。

【任务描述】
本任务主要介绍情绪的相关知识，引导大学生正确认识情绪与心理健康的关系，懂得关注自己的情绪状态，为下一项目学习大学生情绪调控的方法做理论准备。

【任务知识】

心理课堂

一、情绪的概念

情绪是人对客观事物是否能满足自己的需要而产生的主观态度的体验，是人对客观事物的反映形式。情绪不同于认知过程，认知过程是人对客观事物本身的反映，而情绪反映的是客观事物与人的主观需要之间的关系。情绪是由客观事物引起的，离开了具体的事物，人不可能自发地产生情绪。

当客观事物或情境符合主体的需要和愿望时，就能引起积极的、肯定的情绪。例如，看到美景会感到高兴，工作得到了他人的认可会感到满意，生活中遇到心仪的恋人会感到幸福，看到见义勇为的行为会感到敬佩，找到志同道合的朋友会感到愉悦等。当客观事物或情境不符合主体的需要和愿望时，就会产生消极、否定的情绪。例如，期望落空会感到失望，被冤枉会感到委屈，失去重要的朋友会感到悲痛，无端受到责难或攻击会感到愤怒，工作受挫会感到苦恼等。由此可见，情绪是人脑对客观事物的反映，但它反映的不是客观事物本身，而是客观事物与人的需要之间的关系。

二、情绪与情感

情绪和情感是属同一类而不同层次的心理体验，二者都是对需要满足状况的心理反应，既有区别又紧密联系。

情绪与情感的区别有以下4点。

1. 情绪的生理性和情感的社会性

情绪更多的是与生理需要满足与否相联系的心理活动，而情感则是与社会性需要满足与否相联系的心理活动。例如，在饥饿时有食物吃就会很高兴，这是一种情绪反应，而不能说他产生了热爱食物的情感。情绪是原始的，是人和动物（尤其是高级动物）所共有的，情感则是人类所特有的心理活动，具有一定的社会历史性。例如，民族自豪感是与对本民族的爱相伴而生的社会性情感。

2. 情绪发展在先，情感体验产生于后

婴儿最初的表情反应具有无条件反射的性质，而情感则是在社会接触过程中逐渐产生的。婴儿对母亲的依恋是在不断受到母亲爱抚、关怀的过程中产生出愉快的情绪体验，从而逐渐培养起来的。

3. 情绪具有情境性和暂时性，情感具有稳定性和深刻性

情绪常由身旁的事物所引起，会随着情境的改变以及需要满足情况的变化而发生相应的改变。因此，有的人情绪表现喜怒无常，很难持久。情感是在多次情绪体验的基础上形成的稳定而深刻的态度体验，是构成个性心理品质中稳定的成分，不易随情境的变化而变化。例如，对一个人的爱和尊敬可能是一生不变的情感。

4. 情绪表现的外显性和情感表现的内隐性

情绪表现有明显的冲动性和外部特征，面部表情是情绪的主要表现形式，而情感多以内在感受、体验的形式存在。人们高兴时手舞足蹈，愤怒时咬牙切齿，这些都是情绪的外部表现，而爱国主义情感是一种内心体验，虽不轻易表露但对行为具有重要的调节作用。

情绪和情感的联系有以下两点。

（1）情绪是情感的基础，情感离不开情绪。情感是在情绪的稳定固着基础上发展建立起来的，情感通过情绪的形式表达出来。

（2）对人类而言，情绪离不开情感，是情感的具体表现。情感的深度决定着情绪表现的强度，情感的性质决定了在一定情境下情绪表现的形式。情绪在发生过程中往往深含着情感因素。

三、情绪的类型

人类具有丰富的情绪类型，而最基本的情绪形式主要有快乐、愤怒、悲哀、恐惧这

4 种。

快乐是一种追求并得偿所愿时产生的满足体验。它是愉快、满意、欢乐的情绪，能使人产生超越感、自由感和接纳感。快乐的强度与人的个性以及得偿所愿的容易程度有关。一个人感受快乐的能力越强，越容易得到快乐；一个目标越难达到，达到后快乐的体验就会越强烈。另外，当人们的愿望在意想不到的情境下达成，会给人带来更大的快乐。

愤怒是人们由于受到干扰而不能达到目标时所产生的体验，是一种较为强烈的情绪。当人们意识到某些不合理的或充满恶意的因素存在时，愤怒会骤然产生。当个体知道产生挫折的原因时，通常是对引起挫折的人或物表现出愤怒的反应。当个体找不到产生挫折的原因时，一般只会感到沮丧而不是愤怒。对象明确的愤怒容易诱发攻击性行为。

悲哀是愿望破灭、理想不能实现或失去心爱的对象时所产生的体验。悲哀情绪体验的强弱程度取决于对象、愿望、理想的重要性与价值，失去的事物对主体的价值越大，引起的悲哀越强烈。亲人去世使人产生极度的悲哀，这与失去一般他人的悲哀有明显的不同。

恐惧是企图摆脱、逃避某种危险情境时所产生的体验。引起恐惧的重要原因是缺乏处理可怕情境的经验、能力和手段。例如，在遇到地震、洪水等自然灾害时，人们因无力应付，往往会惊恐万分。恐惧具有很强的感染力，一个人的恐惧往往容易引起他人的恐惧与不安。

在上述四种基本情绪的基础上，可以派生出众多的复杂情绪，如嫉妒、羞耻、悔恨、喜欢、同情、厌恶等。

四、情绪的三种状态

根据情绪发生的强度、持续时间的长短以及外部表现，可以将情绪分为心境、激情与应激 3 种基本状态。

心境是指一种持久而微弱的情绪状态，具有渲染性和弥散性的特点，如舒畅、忧郁、沉闷、松弛等。心境往往不具有特定的对象，当一个人处于某种心境时，往往以同样的情绪状态看待一切事物。例如，当一个人心情舒畅时，看什么都会觉得乐观积极；而一个人心情低落时，则会对许多事情失去兴趣，甚至看不到色彩和希望，"见花落泪""对月伤心"，所以有"忧者见之而忧，喜者见之而喜"一说。

激情是指一种强烈、短暂、爆发式的情绪状态，表现为暴怒、狂喜、绝望等，通常由突然发生的、对人具有重要意义的事件引起，如许多大学生会因一场足球赛而欣喜若狂或垂头丧气。激情的特点是强烈的冲动性和爆发性，情绪作用的时间短，往往会随着时过境迁而弱化或消失。激情也可表现为积极的或消极的，积极的激情能增强人的敢为性和魄力，激励人们克服困难、勇往直前；消极的激情则会导致理智的暂时丧失、情绪和行为的失控。生活中的激情犯罪多由消极激情引起。

应激是指由于出乎意料的紧张或危险情景所引起的情绪状态，即当人处于巨大的压力或威胁的情境下，而又要迅速做出重要决定时，所产生的一种特殊的情绪状态。应激状态会使人的身体处于充分调动的状态，心率、血压、呼吸和肌肉发生显著变化，从而增加身体的应变能力。应激有两种极端的表现：一种是惊慌失措、目瞪口呆；另一种是急中生智、力量剧增。在应激状态下，人们往往能做出平时难以做到的事，使人尽快地转危为安。但是，应激也有很大的消极作用，有些人在应激状态下会出现知觉狭窄、行为刻板、注意力被局限等现象。过于强烈的应激情绪会导致人的临时性休克甚至死亡，还会导致心理创伤。一个人长期或频繁地处于应激状态中，会出现躯体疾病和心理障碍。

五、情绪与身心健康

情绪分为积极情绪和消极情绪两大类。积极情绪对健康有益，消极情绪则影响身心健康。我国自古就有"喜伤心、怒伤肝、思伤脾、忧伤肺、恐伤肾"之说，可见我国医学非常重视人的情绪与健康的关系。现代医学研究发现，人类疾病中，由心理因素、身心失调引起的心因性疾病占50%～80%。当人的情绪发生变化时，往往伴随着生理变化。例如，人在恐惧时，会出现瞳孔变大、口渴、出汗、脸色发白等一系列变化。这些生理变化在正常的情况下具有积极的作用，可以使身体各部分积极地动员起来，以适应外界环境变化的需要。相反，紧张、悲哀、抑郁等不良情绪会激活体内的有害物质，击溃机体保护机制，破坏人体免疫功能，因此致病。人如果长期不愉快、恐惧、失望，就会抑制胃肠运动，从而影响消化机能。情绪消极、低落或过于紧张的人，往往容易患各种疾病。有调查表明：在250名癌症患者中，有156人有过重大精神打击。情绪既能导致身体疾病，也能治疗身体疾病。乐观、开朗、稳定、适度的愉快情绪是治病的良方。有调查表明：战争结束后，胜利者的伤口愈合比失败者快。乐观开朗的情绪甚至能使癌症患者战胜疾病，起死回生。

情绪还影响人的心理健康与人格发展。心理学关于依恋的研究就证明了这一点。依恋指婴儿寻求并企图与另一个人保持亲密的身体联系的一种倾向，是早熟动物的一种本能。如果这一需要没能得到满足，便会产生焦虑。对于婴儿早期依恋的研究表明：母婴依恋的建立将使婴儿获得安全感、信任感。相反，持续长久的母爱剥夺将形成孩子的心理缺陷与人格发展障碍。而在母婴依恋关系的建立中，社会性的刺激与答应性的环境比单纯的身体接触与生理满足更重要。例如，许多婴儿常常哭闹，母亲认为他是肚子饿，其实不然。据心理学研究，在孩子的哭闹中，仅有30%出于生理需要，其余60%出于心理需要，婴儿需要大人的关注，需要社会性的交流，需要母亲与他/她讲话，尽管他/她还无法听懂。正常的依恋关系有助于孩子健康人格的形成。相反，过分的依恋就变成了依赖。如果孩子一哭就抱，过分关注，将影响孩子的独立性，形成依赖性格，甚至他会将哭变成要挟的砝码，让大人一刻也不能离开。因此，只有保持良好的情绪，才有利于身体健康，人格健全。

六、情绪健康的标准

（1）开朗、豁达，遇事不斤斤计较，不为一些鸡毛蒜皮的小事大动肝火或郁结于心。

（2）情绪正常、稳定，很少大起大落或喜怒无常，能随遇而安。

（3）能给予他人爱或欣然接受他人的爱，待人热情、乐于助人、有同情心。

（4）谈吐风趣、幽默、文雅。

（5）自信、乐观、有主见，能独立地解决问题，创造性地工作。

（6）明智、少偏见，能正确认识自己和他人的长处和短处。

（7）对前途充满信心，富有朝气，勇于上进，坚韧不拔。

（8）能面对现实、承认现实和接受现实，并能按社会要求行动。

（9）对平凡的事物保持兴趣，能不断从生活环境中得到美的享受、快乐体验，会学习也会消遣。

（10）尊重他人，能与人为善、和睦相处，建立良好的人际关系。

心理科普

一、关于情商

情商又称情绪智力（Emotional Quotient，EQ），最早由美国心理学家萨洛维和梅耶尔在1990年提出，指个人把握和控制自己的情绪、揣摩和驾驭他人情绪以及对人生的乐观程度和面临挫折的承受能力。情商是人的另一种形式的智慧，表现着一个人认识、控制、调节自身和他人情绪情感的能力。情商的高低反映着一个人及时有效地处理情绪情感水平的高低，是社会智力的一部分，它包括四种能力：情绪认知、情绪促进、情绪理解和情绪管理。

戈尔曼在《情绪智商》一书中指出，情绪智力主要包括以下5种能力。

（1）了解自我。能够监视情绪时时刻刻的变化，察觉某种情绪的出现，观察和审视自己的内心体验，它是情绪智力的基础，只有认识自己，才能成为自己生活的主宰。如果不能觉察自己的情绪，我们只能受控于情绪，因此，对自身情绪认识能力强的个体对生活更加有掌控感。

（2）管理自我。妥善管理自身情绪，是指对自己的快乐、悲伤、愤怒、害怕、焦虑等内在体验能够自我调节，它是建立在对情绪自我认识的基础上的。调控自我的情绪，使之适时、适地、适度、适对象地表现出来，即能自我管理。自我管理可以摆脱过度焦虑、抑郁或易怒的情绪感受。情绪调节能力差的人经常会受到某种情绪困扰，而情绪调节能力强的人能够更好地适应生活，从负面情绪中走出来。

（3）自我激励。自我激励是指个体为实现目标，随时进行自我鞭策、自我说服、自我劝勉和自我鼓励。具有自我激励能力的人，无论从事什么工作都更富有成效。

(4) 识别他人的情绪。识别他人的情绪,是指对他人的各种感受能够"设身处地"地、迅速地作出判断和适度的反应。这就是心理学上所说的共情,共情是最基本的人际交往能力。具有共情能力的人能通过细微的社会信号,敏锐地感受他人的需求与欲望,这是与他人正常交往,实现顺利沟通的基础;这种能力更能满足个体诸如照料、教育管理等要求。

(5) 处理人际关系。人际关系艺术就是调控自己与他人关系时的情绪反应的技巧。人际关系能力可强化一个人受社会欢迎的程度、领导权威、人际互动的效能等。处理人际关系能力强的个体,易与任何人相处愉快,这种人能充任集体感情的代言人,引导群体走向共同目标。善于处理人际关系的人在任何需要良好人际互动的领域都会有出色的表现。

二、心态影响能力

有一个教授找了九个人做实验。教授说:你们九个人听我的指挥,走过脚下这座曲曲弯弯的小桥,千万别掉下去。不过掉下去也没关系,底下就是一点水。听了这个指导语有九个人都顺利过桥。

接下来,教授打开了一盏黄灯。透过黄灯九个人看到,桥底下不仅仅是一点水,还有几条在蠕动的鳄鱼。九个人看到这个情景时都吓了一跳。

教授说:"你们要学会用心理暗示,想象自己走在坚固的铁桥上。"他诱导了半天,终于有三个人站起来,愿意尝试一下。第一个人颤颤巍巍,过桥的时间多花了一倍;第二个人哆哆嗦嗦,走了一半再也坚持不住了,吓得趴在桥上;第三个人才走了三步,就再也不敢向前了。

教授于是打开了所有的灯,大家这才发现,在桥和鳄鱼之间还有一层网,网是黄色的,刚才在黄灯下看不清楚。于是,绝大多数人都不怕了,几个人都快速地走过来了。

最后只有一个人不敢走,教授问他:"你怎么回事?"这个人说:"我担心网不结实。"

这个实验揭示的是心态对人的能力的影响。良好的心态就会有良好的心情,良好的心情使你产生向上的力量,使你喜悦、生气勃勃、沉着冷静、一往无前。不良的心态就会有不良的心情,不良的心情使你的情绪低落,使你不思进取,颓废、忧愁、悲观、失望、萎靡不振,不愿意配合他人,人际关系就会紧张。

三、哭和笑都有益心理健康

当你遇到非常高兴的事情时,就会兴奋得大笑起来。而当你难过时,就会控制不住地流下眼泪。哭和笑难道仅仅是为了表达感情吗?

笑不仅能表达感情,它还有不可估量的其他作用:一次开怀的笑,就相当于一次适度的体育锻炼。

在笑的过程中,面部、颈部、胸部、背部、腹部、肩部以及四肢的肌肉、关节、韧带都发生了一次有益的活动。

伴随着笑，人体的腹部收缩、脸部扩张、肺容量增大、进气量增多，有利于吸入更多的氧气。

笑还能加强心脏的功能，促进血液循环；对内脏器官起到一种"按摩"作用；调节神经系统的功能，消除紧张，驱散忧郁，因此常说"笑一笑，十年少"。

而哭通常被认为是情感脆弱、意志不坚强的表现。其实这种观点是错误的，哭同样对人体健康有益。

哭泣可以将因悲伤而产生的皮质激素和催乳素等对人体有害的物质随眼泪排出体外。遇到悲伤的事能哭泣流泪的人比独自生闷气、把悲伤埋在心里的人，得高血压、胃溃疡等疾病的概率低得多。

所以，在悲伤的时候，不妨痛痛快快地哭一场，哭泣之后，对健康反而有好处。

心理自助

一、拓展阅读

快乐的钥匙

每人心中都有把"快乐的钥匙"，但我们却常在不知不觉中把它交给别人掌管。

一位女士抱怨道："我活得很不快乐，因为先生经常出差不在家。"她把快乐的钥匙放在先生手里。

一位妈妈说："我的孩子不听话，叫我很生气！"她把快乐的钥匙交在孩子手中。

一位男士说："上司不赏识我，所以我情绪低落。"这把快乐的钥匙又被塞在老板手里。

婆婆说："我的媳妇不孝顺，我真命苦！"

年轻人从文具店走出来说："那位老板服务态度恶劣，把我气炸了！"

这些人都做了相同的决定，就是让别人来控制他们的心情。

当我们容许别人掌控我们的情绪时，我们便觉得自己是受害者，对现状无能为力，抱怨与愤怒成为我们唯一的选择。

我们开始怪罪他人，并且传达一个信息："我这样痛苦，都是你造成的，你要为我的痛苦负责！"

此时我们就把一个重大的责任托付给周围的人，即要求他们使我们快乐。

我们似乎承认自己无法掌控自己，只能可怜地任人摆布。

这样的人使别人不喜欢接近，甚至望而生畏。

然而，一个成熟的人能握住自己快乐的钥匙，他不期待别人使他快乐，反而能将快乐与幸福带给别人。他的情绪稳定，为自己负责，和他在一起是种享受，而不是压力。

思考：你的钥匙在哪里？在别人手中吗？快去把它拿回来吧！

二、心理测试

你的情绪稳定吗？

1. 我有能力克服各种困难。
   A. 是的　　　　　　B. 不一定　　　　　　C. 不是的
2. 猛兽即使是关在铁笼里，我见了也会惴惴不安。
   A. 是的　　　　　　B. 不一定　　　　　　C. 不是的
3. 如果我能到一个新环境，我要_____。
   A. 把生活安排得和从前不一样　　　　　　B. 不确定
   C. 和从前相仿
4. 我一直觉得我能达到我所预期的目标。
   A. 是的　　　　　　B. 不一定　　　　　　C. 不是的
5. 我在小学时敬佩的老师，到现在仍然令我敬佩。
   A. 是的　　　　　　B. 不一定　　　　　　C. 不是的
6. 不知为什么，有些人总是回避或冷淡我。
   A. 是的　　　　　　B. 不一定　　　　　　C. 不是的
7. 我虽善意待人，却常常得不到好报。
   A. 是的　　　　　　B. 不一定　　　　　　C. 不是的
8. 在大街上，我常常避开我所不愿意打招呼的人。
   A. 极少如此　　　　B. 偶然如此　　　　　C. 有时如此
9. 当我聚精会神地欣赏音乐时，如果有人在旁高谈阔论。
   A. 我仍能专心听音乐
   B. 介于 A、C 之间
   C. 不能专心，并感到恼怒
10. 我无论到什么地方，都能清楚地辨别方向。
    A. 是的　　　　　　B. 不一定　　　　　　C. 不是的
11. 我热爱我的所学专业和我所从事的工作。
    A. 是的　　　　　　B. 不一定　　　　　　C. 不是的
12. 生动的梦境经常干扰我的睡眠。
    A. 经常如此　　　　B. 偶然如此　　　　　C. 从不如此
13. 季节气候的变化一般不影响我的情绪。
    A. 是的　　　　　　B. 介于 A、C 之间　　C. 不是的

计分方法：

1、4、5、8、9、10、11、13 题选择 A 得 2 分；选择 B 得 1 分；选择 C 得 0 分。

2、3、6、7、12 题选择 A 得 0 分；选择 B 得 1 分；选择 C 得 2 分。

得分为 17～26 分：情绪稳定。你的情绪稳定，性格成熟，能面对现实，通常能以沉着的态度应对现实中出现的各种问题，行为充满魅力，有勇气，有维护团结的精神。有时也可能由于不能彻底解决生活中的一些难题而强自宽解。

得分为 13～16 分：情绪基本稳定。你的情绪有变化，但不大，能沉着应付现实中出现的一般性问题，然而在大事面前，有时会急躁不安，不免受环境的支配。

得分为 0～12 分：情绪激动。你的情绪较易激动，容易产生烦恼，不容易应付生活中遇到的各种阻挠和挫折，容易受环境支配而心神动摇，不能面对现实，常常急躁不安、身心疲乏，甚至出现失眠等情况。要注意控制和调节自己的心境，使自己的情绪保持稳定。

三、心理故事

绕三圈

在古代有一个叫爱地巴的人，他每次生气和人起争执的时候，就以很快的速度跑回家去，绕着自己的房子和土地跑三圈，然后坐在田地边喘气。

爱地巴工作非常勤劳，他的房子越来越大，土地也越来越广……不管房子、土地有多大，只要与人争论生气，他还是会绕着房子和土地绕三圈。

"爱地巴为何每次生气都绕着房子和土地跑三圈？"所有认识他的人心里都起了疑惑，但是不管怎么问他，爱地巴都不愿意说。

直到有一天，爱地巴很老了，他的房子和土地又大又多。他生了气，拄着拐杖艰难地绕着土地和房子，等他好不容易走三圈……太阳都下山了。爱地巴独自坐在田边喘气，他的孙子在身边恳求他："爷爷！您已经年纪大了，这附近地区的人也没有谁的土地比您的更大了，您不能再像从前一样，一生气就绕着土地跑啊！您可不可以告诉我这个秘密，为什么您一生气就要绕着土地跑上三圈？"

爱地巴禁不住孙子恳求，终于说出隐藏在心中多年的秘密。他说："年轻时，当我和别人吵架、争论、生气时，就绕着房子、土地跑三圈，边跑边想……我的房子这么小，土地这么少，我哪有时间、哪有资格去跟人家生气？一想到这里，气就消了，于是就把所有时间用来努力工作。"

孙子问道："爷爷，你年纪大了，又变成了最富有的人，为什么还要绕着房子、土地跑？"

爱地巴笑着说："我现在还是会生气，生气时绕着房子、土地走三圈，边走边想……我的房子这么大，土地这么多，我又何必跟人计较？一想到这些，气就消了。"

点评：即使处于不同的时期，处在不同的位置，也要保持同样积极的心态。

四、心理探索

吃葡萄的狐狸

盛夏酷暑,一群口干舌燥的狐狸来到一个很高的葡萄架下。一串串晶莹剔透的葡萄挂满枝头,狐狸们馋得口水直流。

过来一只狐狸,跳了多次仍吃不到,找遍四周,没有任何工具可以利用,笑了笑说:"这里的葡萄一定特别酸!"于是,心安理得地走了。

第二只狐狸高喊着"下定决心,不怕万难,吃不到葡萄死不瞑目"的口号,一次又一次跳个没完,累死在葡萄架下。

第三只狐狸因为吃不到葡萄整天闷闷不乐,抑郁成疾,不治而亡。

第四只狐狸想:"连个葡萄都吃不到,活着还有什么意义呀!"于是找个树藤上吊了。

第五只狐狸吃不到葡萄便破口大骂,被路人一棒子了却性命。

第六只狐狸抱着"我得不到的东西绝不让别人得到"的阴暗心理,一把火把葡萄园烧了,遭到众狐狸的共同围剿。

第七只狐狸想从第一只狐狸那里偷、骗、抢些葡萄,也受到了严厉的惩罚。

第八只狐狸因为吃不到葡萄气极发疯,蓬头垢面,口中念念有词:"吃葡萄不吐葡萄皮……"

第九只狐狸跳了几下摘不到,从附近找来一个梯子,爬上去满载而归。

另有几只狐狸来到一个更高的葡萄架下,经过友好协商,搭起叠罗汉,成果共享,皆大欢喜!

1. 请给以上狐狸分别起个符合它们特点的名字。
2. 请对照一下,你是哪只狐狸?通常是哪类情绪,自己又是如何调节的?

任务二　大学生的情绪特点与情绪管理

【任务目标】

(1) 了解大学生情绪的特点及常见的情绪困扰。

(2) 掌握大学生情绪管理的策略,学会调适不良情绪。

(3) 学习与情绪相关的心理学理论知识。

【任务描述】

本任务主要学习大学生情绪发展的特点及情绪调试策略,使学生了解自己的情绪特点,掌握情绪调试的方法、自主调控情绪,保持良好的情绪状态。

【任务知识】

心理课堂

一、大学生的情绪特点

大学生正处于生理和心理急剧变化、逐渐成熟的青年期，内心体验深刻丰富，情绪色彩浓郁，容易受外界的影响而引起内心的强烈震荡。

大学生情绪最基本的特征是它的两极性和矛盾性。两极性是指情绪容易从一个极端跳到另一个极端，大起大落，摇摆不定，跌宕起伏。其具体表现为：苦恼时受到激励则为之振奋，热情洋溢时受到挫折则灰心丧气。有时常常对事物做出"要么好，要么坏"的绝对评价。在求知情绪上，其表现为：如果他们在追求知识方面取得效果，则越学越有兴趣，越学越有劲；反之，则悲伤、沮丧、压抑。在求友、求爱的情绪上，其表现为：如果找到心爱的对象，恋爱顺利并成功，就会快乐、高兴；若遭遇失恋，就会产生悲伤的情绪，甚至失望、绝望。

大学生情绪的矛盾性是大学生的生理与心理的矛盾、个人需要与社会满足间的矛盾、理想与现实差距的矛盾、理想的我与现实的我的矛盾等种种矛盾冲突带来的情绪上的反应。因此，情绪的两极性是情绪矛盾性的外化和表现形态，而这种情绪矛盾性的极端形式就是情绪的两极性。

由于情绪的两极性、矛盾性，往往使大学生的情绪呈现出如下4类特点。

1. 丰富性和复杂性

从生理发展分段来看，大学生正处于青春期的中后期，一个充满梦想和憧憬的年龄阶段，几乎人类所具有的各种情绪，都可以在他们身上体现出来，并且各类情绪的强度不一，有悲哀、遗憾、失望、难过、绝望之分。从自我意识的发展来看，大学生表现出较多的自我体验，自我尊重的需要强烈，易产生自卑、自负等情绪体验；从社交方面来看，大学生的交际范围日益扩大，与同学、朋友及师长之间的交往更细腻、更复杂，有的大学生还会体验一种更为突出的情感——恋爱，而恋爱活动往往又伴随着深刻的情绪体验，这种特殊的体验对大学生有十分重要的影响。

总之，随着年龄的增长、经验的增多、自我意识的不断发展及各种需要的强度不断增加，大学生的情绪体验也逐渐变得丰富多彩。学业、社会实践活动、异性交往顺利与否、人际关系的好坏、生活中所面临的心理冲突、对前途命运的展望等，都会给大学生带来不同的情绪体验。

2. 波动性和两极性

大学生正处于青春期。这个时期，人的新陈代谢过程比较旺盛，内分泌系统比较容易紊乱，导致这个年龄阶段的人情绪起伏比较大，容易从一个极端走向另一个极端。

波动性和两极性具体表现为强烈、狂暴性与温和、细腻性共存。大学生的情绪表现有时是强烈而狂暴的，有人曾用"疾风骤雨"一词来形容这个时期学生情绪强烈的特点。周围人的评价、社会的偏见及大学生自身处于情绪容易冲动的时期，容易爆发激情，但有时也容易因一时莽撞而发生过激的行为。例如，对一件很不公平的事他们往往表现出愤慨、激动，反应强度很大。有的同学会因一点小小的不愉快而大动肝火，与他人争吵甚至拳脚相加，不知控制自己的情绪，严重的甚至会发生情绪型犯罪，害人害己，造成不可挽回的后果。有时，他们又表现出温和、细腻的特点。例如，许多大学生在阅读一部文艺作品之后，会长时间地沉浸在某种情绪之中，一句话也不说，这种情绪不单纯来自于书中的内容，还有相当一部分是通过他们的思考和遐想而派生出来的、较为复杂的情绪和情感。

3. 阶段性和层次性

在大学阶段，由于不同年级的培养目标和培养重点不同，教育方式和课程设置有所区别，各个年级面临的问题不同，大学生的情绪情感特点也各不相同。大学新生面临的是新环境的适应，学习方法的改变，新的交往对象的熟悉、了解以及新目标的确立等问题。新生自豪感和自卑感混杂，放松感和压力感并存，新鲜感和恋旧感交替，情绪波动大。二、三年级经过了一年级的适应过程，能够融入校园生活中，情绪较为稳定。毕业年级学生面临毕业论文（毕业设计）及择业等多方面的重大问题，在压力较大的同时情绪波动也大，消极情绪多。另外，由于社会、家庭及自身要求、期望不同，能力、心理素质的差别，大学生也会体现出不同的情绪状态。

4. 内隐性和外显性

随着认知水平的不断提高，处于青春后期的大学生能够通过社会实践活动更多地接触到抽象的社会性材料，并主动进行抽象思维，从而能够在深刻认识的基础上把不同的情绪成分联结在一起，逐步形成比较稳定而复杂的情绪结构。大学生对外界刺激反应迅速敏感，喜、怒、哀、乐常形于色，比起成年人比较外露和直接；但比起中小学生，大学生会文饰、隐藏或抑制自己的真实情感，表现出内隐、含蓄的特点。例如，他们会在某种场合，将喜、怒、哀、乐等各种情绪隐藏于心；然而有时候，为了从众或其他一些想法，他们会将某种原本的情绪加上一层表演的色彩，失去了童年时的那种自然性。

二、大学生常见的情绪困扰

情绪活动是人类生活的一部分。人们在学习生活中，不仅会有不同类型的情绪体验，也可能受到各种情绪的困扰。许多资料表明，引起大学生身心不健康的原因是多方面的，但是与情绪这一因素的关系最为密切。一般认为，适度的负面情绪是正常的，但是如果大学生不能够很好地处理学习生活中的情绪问题，则会影响其身心发展及身心健康。大学生常见的情绪困扰有：厌学、焦虑、抑郁、愤怒、恐惧、自卑、嫉妒等。

1. 厌学

产生厌学情绪的原因比较复杂。有些学生因为没有正确认识到学习的价值，对学习缺乏动力；有些学生因为长久以来在学业上的失败，受到来自老师、同学和亲人的压力、责怪和鄙视；有些学生因为学业负担过重，产生逆反心理；有些学生由于人际关系处理不当,不适应学校环境,进而发展为厌学。总之,在大学生这一特殊的群体中,厌学情绪是比较突出的,影响着高等学校的办学质量和学生的成长成才。

2. 焦虑

焦虑是一种消极的情绪状态,是个体主观上预料将会有某种不良后果产生或模糊的威胁出现时而产生的一种不安的情绪,并伴有忧虑、烦恼、担心、紧张等情绪体验。焦虑导致自主神经系统高度激活,过分的焦虑使个体常坐立不安、注意力不集中、思维混乱、记忆力下降、办事效率低下。焦虑对大学生的影响是复杂的,适度的焦虑可以成为大学生成才的内驱力,但焦虑程度过大,则会成为阻碍。实验证明,中等焦虑能使学生维持适度的紧张状态,使其注意力高度集中,促进学习,但过度焦虑则会对学生带来不良的影响。大学生常见的焦虑情绪主要涉及以下5个方面。

(1) 与自我形象有关的焦虑,即担心自己不够漂亮、没有吸引力、体貌过胖或矮小等,也有的因为粉刺、雀斑等影响自我形象而引起焦虑。这类焦虑主要与自我认知有关,需要通过调整自我认知重新接纳自我,建立新的自我形象。

(2) 与学习有关的焦虑,如考试焦虑,即由于担心考试失败或渴望获得优异成绩而引起的焦虑。这类焦虑情绪在学生情绪反应中最为强烈,需要引起重视。

(3) 情感焦虑,多数由于恋爱受挫而引发自我否定,认为自己不具备爱人与被爱的能力,因而过度担心。

(4) 新生适应焦虑,即由于生活环境的变化、学习方式的改变及社会活动的变化,对新环境难以较快适应而引起的焦虑。

(5) 对生活的焦虑。一些经济条件不好的学生为自己的学费、生活费担心,整天愁眉不展。这些焦虑常常没有太明显的指向性,但是会影响人的心境,给生活、学习带来负面影响,如果不能及时察觉并积极调整,严重时可能导致身心危害。

3. 抑郁

抑郁是指情绪低落,表现为闷闷不乐或悲痛欲绝。抑郁是大学生常见的情绪问题。大学是人生发展中比较重要的阶段,大学生从入学到毕业会经历适应大学生活、人际关系、学业、爱情、择业等方面的挑战。由于大学生的心智发展不成熟,情绪波动大、不稳定,在遇到这些问题时,如果对一些挫折不能及时处理和消化,极易导致抑郁情绪。

在遇到挫折时产生抑郁是正常的情绪反应,但是若抑郁情绪长期得不到调节,而是不断加强和持续,就会发展成抑郁障碍。抑郁障碍是一种以心境低落为主要特征的综合征,可从轻度的情绪不佳到严重的抑郁,有别于正常的情绪低落。美国著名心理学家马丁·塞利曼将其称之为"情绪感冒"。如果发现和治疗不及时,在抑郁心境的影响下,人们极易发生自杀、自残等恶性行为。

导致抑郁情绪的原因是多方面的,有学生自身的原因,如性格内向、考虑问题喜欢走极端等;也有外部环境的原因,如失恋、家庭出现变故等负性事件。

4. 自卑

▶ 大学生心理健康

自卑是一种因过多的自我否定而产生的自惭形秽的情绪体验,导致大学生产生自卑情绪的原因有很多:①现实中确实存在着令人不满意的因素;②自身的认识和评价有偏差,不能反映自己的实际情况;③自我期望过高,不符合自己的实际;④个体经历中有比较多的失败和挫折;⑤对家长和教师的教育方式不适应等。这类学生常常对自己的能力、品质等做出偏低的评价,总认为自己比别人差因而悲观失望,丧失信心。

5. 愤怒

愤怒是人的基本情绪反应,是一种暂时的情绪状态。愤怒产生的原因包括人们感到自尊心受挫、人格受侮辱、人身安全受威胁、遇事处理不公、个人目的受阻等。愤怒本身不是什么问题,但如果表达不当则容易出问题,如大学生常因为一些小事而冷战、互相大骂甚至动手伤人。

6. 嫉妒

嫉妒是一种负性情绪,是指自己的才能、名誉、地位或境遇被他人超越时产生的一种冷漠、贬低、排斥或者敌视的情绪状态,在大学生中普遍存在。嫉妒是一种情绪障碍,它扭曲着人的心灵,妨碍人与人之间正常真诚的交往,最终还会损伤自身。地位相似、年龄相仿、经历相近的人之间容易发生嫉妒。

三、大学生情绪管理策略

1. 正确理解积极情绪与消极情绪

情绪是人与环境之间的一种适应方式,情绪本身没有好坏之分。但是,它对人有好的影响,也有坏的影响。一般而言,情绪可以简单地分为正向情绪和负向情绪,即喜悦、高兴的反面是难过、沮丧等。然而,有些人过度夸大负面情绪的影响,使人们对负面情绪全盘否定,力求避免负面情绪的产生。其实,每种情绪都有它独特的价值,如果一味地否认、压抑或控制负面情绪,我们就无法完整地体验生活,我们将会失去适当地反映真实情绪的能力,也将无法真实感受到兴奋、快乐等正面情绪,而变成一个单调而无情绪的人。负面情绪也是情绪体验的重要组成部分,任何情绪都有其积极意义。

2. 客观接纳自己的情绪

学会接纳自己的情绪,与情绪同行,就是要学着体验、接受、感觉、表达和完善自己的情绪。情绪有个特点:越是压抑克制它,它越强烈;越是接纳理解它,它消退得越快。理解接纳自己负面情绪的过程就是深深地爱自己的过程。

那么,如何客观接纳自己的情绪,使其成为我们成长的动力而非阻力呢?

(1) 对情绪有正确的认识。明确情绪没有好坏之分,看到负面情绪的积极意义。当情绪过度时,学着去调节而非控制,去引导而非压抑。学习接纳情绪,允许自己有情绪,不要一直压抑情绪,如果情绪积累到一定程度并以破坏性方式爆发,会对身心健康造成较大影响。

(2) 客观地觉察自己的情绪。觉察情绪,即个体让自己静下来,给自己一个安静的空间，用3~5 min的时间，静静地体会自己心里的感觉：我体会到了什么样的情绪？这种情绪是何时何地发生的？这种情绪产生的原因是什么？它产生的表层原因是什么？深层原因又有哪些？这种情绪的发生与谁有关？

（3）客观地接纳自己的情绪。接纳自己的情绪就是当个体意识到自己有负面情绪体验的时候，能够接纳自己的消极情绪，不要急着驱赶它，而是要理解这个情绪，允许这个情绪的存在，陪伴在这个情绪里的自己待一会，安慰自己。

3. 正确表达自己的情绪

情绪表达指的是个体用来表现情绪的各种方式。作为一个社会人，情绪表达要以不伤害他人、不伤害自己为前提，要以符合社会规范的方式表现出来。学习符合规范的疏解情绪的方式，是人类在社会化过程中逐渐习得的能力。

情绪的合理表达对大学生的学习工作、身心健康和人际关系等的良好发展具有重要意义。正确表达情绪要注意以下4点。

（1）适时表达情绪。了解自己的情绪感受，在适当的时候准确地将其表达出来是很重要的。当对方无暇顾及或聆听时，最好的办法就是换个时间来讨论自己的情绪问题。如果他人没有心情、没有时间关注你的情绪，而你自己又没有意识到这点时，沟通可能会受阻，你的情绪可能得不到理解或正确的解读。可见，时机是否恰当对情绪表达的效果有很大的影响。

（2）适地表达情绪。在适当的地点表达情绪很重要。有时在娱乐、休闲、工作等公共场所，会看到一些人由于与他人发生矛盾或情绪突然失控而不顾形象地大吵大闹，甚至大打出手。曾有一位老人因不满公交车司机对自己不重视、没多加照顾而心生怨气，于是在车厢内"方便"。车内的乘客议论纷纷，表示无法理解，老人还振振有词"方便一下怎么了，又不犯法"。老人的行为在社会上引起不小的争议，可见，正确表达情绪需选择合适的地点。

（3）适对象表达情绪。如果在某一件事上，自己能够冷静地探讨问题，向引起自己不快的人平和地表达情绪，也能达到让对方理解自己感受的目的。但是，如果自己很难冷静下来，根本无法面对冲突环境，最好选择与此事无关的人来帮助自己从中立的角度看待问题。

（4）适度表达情绪。生活中，有些人会因心情不好"闹情绪"。例如，愤怒时，会大喊大叫发脾气；难过时，会沮丧悲伤，暗自垂泪。其实，适度表达自己的情绪，能使我们的情感处于更加平衡的状态。然而，我们不能为了平衡自己的情感，不顾及他人的感受，随心所欲地发泄，而影响了正常的生活、工作和交往。情绪的表达要适度，避免过犹不及，大怒伤肝，大喜伤心。范进中举、周瑜气绝身亡都是情绪表达过度的结果。适度的情绪宣泄是运用理性表达，把不良情绪释放出来，使心情趋于平静。

4. 有效调节情绪

情绪调节是个体管理和改变自己或他人情绪的过程。情绪调节在于学会保持愉悦情绪，维持良好的心境，学会克制不良情绪的表达。情绪无论是积极的还是消极的，都属于正常的心理现象。但是，消极情绪会对身心健康有不良影响，当消极情绪不断累积、无法释放的时候，就会升级为心理疾病。

大学生正处于青年成长的高峰期，情绪情感具有兴奋性高、稳定性低的特点，同时其自控能力远不及成年人，其情绪极易受到外界的影响。因此，大学生在了解自己情绪状态的基础上，应提高自我管理和调节负面情绪的能力。学做情绪的主人，对保持身心健康具有重要意义。有效情绪调控可以从认知、行为、人格三个方面入手。

1）从认知方面有效调节情绪

根据情绪 ABC 理论（见下文），可以通过改变认知来有效调控情绪。一旦发现有不合理信念，就要进行处理，防止它败坏我们的情绪。首先是对这些不合理信念进行驳斥，然后用合理信念来代替。

2）从行为方面有效调节情绪

掌握一些通过行为调节情绪的方式方法，可以有效调节情绪。行为调节的常见方法有：

（1）宣泄法。当情绪发作时，人体内会潜藏着一股能量，如果过分压抑情绪情感，可能使其愈加扩大。在遇到负面情绪时，进行适度宣泄，使压抑的心境得到缓解和改善，有利于身心健康。

眼泪宣泄。哭是人类的一种本能，是一种自我心理保护的措施。日常生活中，人们常把哭当作懦弱的表现，其实，爱哭的人不一定就是弱者，不哭的人也不一定就很坚强。人的一生会流下三种眼泪：一种是眨眼时出现，有润泽眼球的功能；第二种是反射性眼泪，即眼睛受到外界刺激时涌现的泪水；第三种是情感性泪水，即情绪波动时流出的泪水。眼泪宣泄可以有效缓解人们内心的紧张、忧愁和悲伤。据研究，在情感性泪水中，蛋白质的种类比反射性眼泪多 20% ~25%，钾含量更是后者的 4 倍而且锰浓度要比血清中的锰浓度高 30 倍。这种眼泪还富含激素，如肾上腺皮质激素和催乳素。科学家还发现，哭泣时流下的眼泪，能清除人体内过多的激素，而正是这些激素让我们产生了烦恼。因此，很多人在痛哭以后，会感觉轻松不少。

运动宣泄。运动不仅可以起到锻炼身体的效果，还能改善个体的心理状态。医学研究表明，运动可以促进大脑分泌激素多巴胺，使人的情绪得到振奋。运动有助于释放强烈、持久的不良情绪带来的能量，为积压的情绪提供一个公开合理的发泄渠道。当不良情绪困扰时，不妨试试以下运动：慢跑、快走、爬山、游泳、骑自行车、跳舞等，在运动中释放消极情绪带来的能量。

倾诉宣泄。每个人都体验过负面情绪。当遇到不愉快的事情时，不要把不良的情绪压抑在内心，而要学会倾诉。平时多交几个知心朋友，当产生不良情绪时，同学朋友聚一聚，相互倾吐一番，把自己积郁的消极情绪倾诉出来，能够得到他人的支持、开导和安慰。美国有关专家研究认为："一个人如果有朋友圈子，就能长寿 20 年。"可见，社会支持系统对个体身心健康的影响很大。不善交流、性格内向的同学,则可以通过写日记或给自己写封信的方式来宣泄情绪,把经历的感受写下来,清晰地描述造成消极情绪的事件,并分析其原因等,这也是缓解情绪压力的一种倾诉方式。

(2) 放松训练法。放松训练是指身体和精神由紧张状态朝向松弛状态转变的过程。放松训练是一种自我调整方法,是通过机体主动放松来增强自我控制的有效手段。一般需在安静环境中,按要求完成特定的动作程序,通过反复练习,使个体学会有意识地控制自身的心理、生理活动。

个体的心情包含着"情绪"和"躯体"两方面。如果能改变"躯体"的反应,"情绪"也会随之发生变化。在日常生活中,当人们心情紧张时,不仅"情绪"上紧张、恐惧、害怕,而且全身肌肉也会变得沉重僵硬;但当紧张情绪松弛后,沉重僵硬的肌肉也会松弛下来。基于以上原理,通过渐进性肌肉放松训练法,使个体能够随意放松全身肌肉,以达到随意控制全身肌肉的紧张程度,保持心情平静,缓解紧张、恐惧、焦虑等负面情绪的目的。

(3) 注意力转移法。注意力是指人的心理活动对某个事物的指向和集中。在短暂的某一刻,个体的注意力只能集中在某一事件上。因此,把注意力转向中性事件或愉快事件时,个体就可以从负面情绪中解脱出来。分散注意力,可以打破忧虑性思维的恶性循环,从而阻止负面情绪的不断升级。常用的注意力转移法有:

做自己感兴趣的事。找朋友逛逛街、下下棋、打打球,不把时间都用来独自"享受"忧郁;听听音乐、唱唱歌、玩玩游戏、看看电影,使自己能够从原有的思维中解脱出来,忘记不愉快。

转移话题。当双方意见不一致、产生冲突或冲突升级时,最好是在"怒发"尚未"冲冠"之际,巧妙地转移话题。

转换环境。离开现场,和引发不良情绪的事物或人保持距离。到大自然中去观赏景物,找个能让自己冷静下来的空间。

3) 从人格方面有效调节情绪

人格是个体在先天的生理基础与后天的社会环境交互作用下所形成的、独特而稳定的心理行为特征。具有外倾性人格倾向的人善于倾诉和排解情绪困扰;具有内倾性人格倾向的人遇事喜欢埋藏在心底,独自承受情绪压力。大学生应培养以下 6 种积极开朗、乐观向上的人格品质。

(1) 感恩生活,善待他人。善于发现生活中的美,怀抱感恩之心去对待身边的人或事,能够体谅他人、关心他人。

(2) 自我激励,树立自信。看到自己的优点和长处,树立自信;面对挫折,不要退缩,激励自己,勇往直前。

(3) 三思后行,积极应对。做事之前,制订计划和安排,遇到突发事件要沉着面对,保持平和心态,坚信办法总比困难多。

（4）挥手昨天，活在当下。如果你觉得昨天的成绩很了不起，只能证明你今天做得不够好；如果你觉得昨天做得不够好，请把握当下，充实今天。

（5）自我暗示，积极乐观。积极的自我暗示，令我们保持乐观、愉悦的情绪，从而调动内在因素，发挥主观能动性。

（6）学会幽默，营造轻松氛围。通过风趣诙谐的语言或行为应对困境、化解尴尬。留心观察生活，发现消极事件的积极意义，对不如意一笑而过。

心理科普

一、情绪 ABC 理论

情绪 ABC 理论由美国心理学家艾利斯提出，其主要观点为：个体的情绪和行为并非是由外部事件本身引起的，而是由个体对事件的评价和解释造成的。人们的不合理信念是导致情绪障碍和神经征的主要原因。

在 ABC 理论中，A 代表诱发事件；B 代表信念，即个体对这一事件的看法、解释及评价；C 代表继这一事件后，个体的情绪反应和行为结果。一般情况下，人们都认为是外部诱发事件 A 直接引起了情绪和行为反应的结果 C，即 A→C。但 ABC 理论认为 A 并非引起 C 的直接原因，最多只是个间接原因，而人们对诱发性事件所持的信念、看法和解释才是引起情绪的直接原因，即 A→B→C。

举例：两个秀才结伴赴京赶考，路遇出殡队伍。看到棺材，一名秀才想：赶考遇棺材不吉利。他的心情一落千丈，硬着头皮走进考场，结果文思枯竭，名落孙山。另一名秀才则想：棺材不是有"官"又有"财"吗？看来我今年鸿运当头。他心里十分高兴，情绪高涨地走进考场，文思泉涌，一举高中。

从两个秀才的案例中看出，两种不同的想法就会导致两种不同的情绪和行为反应。第一个秀才对棺材有消极的看法，导致消极的情绪，结果落榜。第二个秀才对棺材有积极的看法，导致情绪高涨，结果高中。从这个简单的例子可以看出，人的情绪及行为反应与人们对事物的看法有直接关系。在这些想法和看法背后，有着人们对一类事物的公共看法，这就是信念。

合理的信念会引起人们对事物适当、适度的情绪和行为反应；而不合理的信念往往会导致不适当的情绪和行为反应。当人们坚持某些不合理的信念，长期处于不良的情绪状态之中，将会导致情绪障碍。

二、负面情绪的积极意义

积极情绪带给我们开心和快乐，但生活总是起起伏伏，负面情绪也总是伴随我们左右。我们常常想赶走给我们带来麻烦的情绪，使好的心情陪伴我们，但每个负面情绪都有其正面的价值和意义，有的给我们增添力量，有的带领我们走向更加美好的方向，有些甚至两者兼备。一切情绪皆有其存在的价值,我们要让其自然地流淌。下面总结一些负面情绪的积极意义。

愤怒:给我们力量去改变一个不能接受的情况。内心力量不足的人,往往需要生活在愤怒里,以维持更多的力量去面对人生。运用愤怒带来的力量可以去改变他人和事物,甚至有助于促使个体改变自身,我们需要学会有条理地表达愤怒,把握轻重缓急,找到突破的方向。

痛苦:痛苦是对自身的一种保护。痛苦可以指引我们去寻找一个摆脱的方向。从这种意义上讲,痛苦具有对个体自身的一种保护作用,而且能够帮助我们去寻找,去改变。逐步摆脱痛苦的过程,也是我们逐渐开朗的过程。

焦虑:我需要明晰自己的身份与定位。焦虑提醒我们,"感到焦虑"的这个事情很重要,需要额外地专注和照顾。并且,焦虑往往也从潜意识系统告诉我们,自己已拥有的资料和能力不足够,须添加一些额外的能力。

恐惧:我还有其他选择的可能性。恐惧的心理意义是不愿付出以为需要付出的代价。恐惧指引我们去寻找我们认为需要付出的代价是什么,并用多元思维的方式看到解决一个问题的更多可能性。有时候有勇气并不是不感到恐惧,真正的勇气是,虽然感到恐惧,但还能继续走下去。

适度的消极情绪能提高判断力和强化记忆,使人不易上当受骗。这是澳大利亚新南威尔士大学的研究人员多次试验得出的结果。研究人员还发现,他们在试验中通过电影和回忆高兴或悲伤的往事,使试验对象产生积极或消极的情绪,随后他们要求试验对象判断流言的真实性。结果显示,与那些心情愉快的人相比,情绪低落的人不易冲动,也不容易轻信流言。研究还发现,相比那些有积极情绪的人,情绪不好的人在回忆他们亲眼看见的事件时不太容易出错,且更善于陈述自己的情况。

研究人员表示,积极情绪能激发人的创造力、适应能力和自信心等,但消极情绪会让人精力集中、冷静思考、更加谨慎。因此,在面对困难时,适度的消极情绪反而有利于综合处理各种信息。

三、合理情绪疗法

合理情绪疗法(Rational-Emotive Therapy,RET)是美国心理学家艾里斯在20世纪50年代创立并逐步发展成熟的一种新的心理疗法,它以认知理论为基石,并综合了行为疗法的某些技术,与后来发展起来的认知行为疗法有相似之处。

根据RET,心理治疗学家的任务就是采用积极的、说教的、指导性的语言,指出患者认知系统中的非理性成分,促使患者放弃原有的"自我说",达到治愈消极情绪的目标。RET的治疗原则是认知纠正。

在合理情绪的治疗过程中,最常用的技术就是与不合理的信念辩论的技术。该方法对当事者来说主要是围绕以下问题进行反复的自我辩论。

(1) 我打算与哪个不合理的信念辩论并放弃这一信念?
(2) 这个信念是否正确?
(3) 有什么证据能使我得出这个信念是错误的结论呢?
(4) 假如我没能做到自己认为必须要做到的事情,可能产生的最坏结果是什么?
(5) 假如我没能做到自己认为必须要做到的事情,可能产生的最好的结果是什么?

这种反复辩论,可使当事者真正意识到自己的不合理信念确实不合逻辑、不符合现实,从而建立起相应的理性信念。

心理自助

一、拓展阅读

最美的景色是心情

生活中别忘了时时享受快乐,拥有了快乐就拥有了幸福,从每个清晨到黄昏,让我们时时寻找快乐,时时拥有快乐。

人人都听过"金钱买不到快乐"的说法,但研究结果显示,相信这一说法的人并不多。除了相信财富增加也不会有额外乐趣的富人之外,多数的人都说多一两成的钱能使他们更加快活。

社会心理学教授发现,这类期望是错误的。一旦人们丰衣足食,拥有食物、衣服、房屋之类的基本需要,就会发现快乐的源泉在于有意义的活动和丰富的人际关系等因素,而这大体上都与金钱无关。

无形的财富比有形的财富更重要。快乐并不是拥有更多,而是懂得享受你已经拥有的。跟金钱一样,年龄、性别、种族和教育都不是快乐的关键。

下面几种方法可以改善你的生活质量。

(1) 设法喜欢自己。怡然自得的人更能承受人生中不可避免的挫折和斗争。对人生的最大满足感,不是对家庭生活、友谊或收入的满足,而是对自己的满足。喜欢自己似乎很容易,但如何培养真正健全的自尊心呢?自尊心源自合乎实际的目标。对多数人来说,愿望和目标之间总是有差距的,这一差距常常使人灰心。只要使愿望更符合实际,就更能得到满足。此外,避免与相貌、收入、工作成就、运动技巧等方面比你高出两级的人比较,不失为良策。

(2) 控制自己的命运。在认为能够控制自己生活和对自己满意的人当中,有15%的人感到很快乐。

(3) 对人生充满希望。快乐的人生充满希望,无论是在顺境和逆境中都抱着积极的态度。一般来说,积极的人更健康,更少病痛。乐观的人即使生病,复原也快。

(4) 培养外向性格。快乐的人往往是性格外向的人,伊利诺斯大学在学生毕业4年后进行的调查显示，外向的人比内向的人结婚的机会多，工作上更有成就。

（5）装成快乐。对着镜子，咧嘴而笑，再来几遍。装成快乐经常有效。你最初也许会觉得那是失真的，只要多练习，失真的感觉自然会消失。你不能坐在那里，等待快乐的感觉出现，反之，你应该站起来，开始学习快乐的人的动作和谈吐。假装快乐不能在30天中把一个内向的人变成一个开心外向的人，但却是迈向快乐的关键一步。

（6）考虑换工作：胜任愉快的工作能带来更大的快乐，花费过多时间或是从事艰难的工作只会引起焦虑和紧张。敬业乐业是快乐的因素之一。适当的工作能产生满足感。

（7）睡眠要足够：失眠的人不会是快乐的人。只有充足的睡眠才有利于身心健康，提高工作效率。

（8）重视人际关系：与别人关系良好有利于健康。良好的友谊有助于倾诉内心的痛苦。没有知心朋友是很糟糕的。芬兰的一项调查显示，丧偶者在第一个星期内的死亡率倍增。密切的关系能够提高快乐的层次。

（9）结婚：成家的人比单身者更快乐。美满的婚姻可以建立起持久密切的关系，而这种关系能产生一种快乐感。是快乐带来婚姻还是婚姻带来快乐？两者具有交互作用。快乐的人在社交上比忧郁的人更有吸引力，因此更容易成家。

二、心理测试

大学生情绪状态自我测试

指导语：下面几组自测题，从情绪稳定度、精力充沛度、情绪控制度三个方面各提出15个问题，请你放松，不要深思熟虑、不要欺骗自己，真诚而坦率地作答，符合你的情况的打"√"，不符合的打"×"。

1. 情绪稳定度

（1）不论发生什么事，都可以毫不在乎地思考别的事情。　　　（　）
（2）不计小事，经常保持坦率诚恳的态度。　　　　　　　　　（　）
（3）有担心的事情，经常写在纸上进行整理。　　　　　　　　（　）
（4）做事时，通常给自己定一个比较实际的目标。　　　　　　（　）
（5）失败时，认真反省原因，不会愁眉不展。　　　　　　　　（　）
（6）具有许多自娱自乐的爱好。　　　　　　　　　　　　　　（　）
（7）出现问题时，能倾听别人的意见或劝告。　　　　　　　　（　）
（8）工作与学习都有明确的计划。　　　　　　　　　　　　　（　）
（9）尽管别人优于自己，仍然我行我素。　　　　　　　　　　（　）
（10）无路可走时，能改变生活的形式和节奏。　　　　　　　（　）
（11）经常满足于一点微小的进步。　　　　　　　　　　　　（　）
（12）乐于一点一滴地积累优异的东西。　　　　　　　　　　（　）

（13）很少感情用事。 （　　）
（14）尽管很想做某一件事，但自己估计不可能实现时就会打消念头。 （　　）
（15）抓住主要方面考虑问题，不拘泥于细节。 （　　）

2. 精力充沛度

（1）在工作和学习上抱有超过别人的愿望。 （　　）
（2）具有积极进取的豪情。 （　　）
（3）不满足于普通的生活方式。 （　　）
（4）喜欢听取各种人的意见。 （　　）
（5）竞争性强，但也有逍遥自在的时候。 （　　）
（6）敢于向超过自己能力的目标挑战。 （　　）
（7）无论做什么，时间观念都很强。 （　　）
（8）能够接受别人的批评。 （　　）
（9）经常在脑海里描绘要做的事情。 （　　）
（10）一时办不到的事，以后总会想办法做到。 （　　）
（11）做事不管有没有计划，都能井然有序。 （　　）
（12）胸襟开阔，从不与人计较小事。 （　　）
（13）做事情时，每每感觉心中感情激荡。 （　　）
（14）不顺心时，常常休闲地度过一段时间。 （　　）
（15）喜欢与不同类型的人合作。 （　　）

3. 情绪控制度

（1）起床后会进行半小时的自我锻炼。 （　　）
（2）每天集体早餐时间充裕，气氛活跃。 （　　）
（3）吟诗唱歌时，往往放开嗓子尽情歌唱。 （　　）
（4）睡前说些鼓励自己的话语。 （　　）
（5）不纠结于不愉快的事情。 （　　）
（6）与其心事重重，不如马上着手解决。 （　　）
（7）精神上有压力时，通过体育锻炼来缓解压力。 （　　）
（8）做重要的事情能全力以赴，不顾及其他事情。 （　　）
（9）不管和谁都不说不文明的话。 （　　）
（10）喜欢阅读伟人的传记激励自己。 （　　）
（11）善于细心洞察，冷静判断问题的症结。 （　　）
（12）坚信无论什么事情都能成功。 （　　）
（13）每天总结完当日的事情，心情宽松地入睡。 （　　）
（14）常常按规定的时间上厕所。 （　　）
（15）有计划地安排闲暇时间。 （　　）

评分标准：每个选择打"√"记1分，打"×"不计分。然后把各题得分相加，算出总分。

情绪状况判定：

情绪稳定度：0~5分情绪稳定度低；6~12分情绪稳定度一般；11~15分情绪稳定度高。

精力充沛度：0~7分精力充沛度低；8~12分精力充沛度一般；13~15分精力充沛度高。

精神控制度：0~6分精神控制度低；7~11分精神控制度一般；12~15分精神控制度高。

测试结果分析：

（1）情绪稳定度为一般以下者大多患得患失，不能很好地生活，常常拘泥于小事，忙忙碌碌，耗费心力。应多学一些有关情绪情感自我调适的知识和方法，尽量避免为一点小事或一次失败而愁眉不展。

情绪稳定度为一般以上者大多擅长积极地处理事情，在各种困难面前不动摇，但有时会自作聪明而忽略重要问题，应提高综合分析能力，做出精密的调查和审慎的决定。

（2）精力充沛度为一般以下者性格懦弱，缺乏与社会竞争的勇气，是典型的好好先生（女士）。做事没有干劲，也没有什么雄心壮志，安分守己。应锻炼精神，振奋身心，敢于向人生挑战。

精力充沛度为一般以上者无论做什么事情都干劲十足，对工作满腔热情，以充沛的精力对待每一件事，相信必定能接连不断地取得成功。应善于调节内心的能量，不要使自己陷入狂热状态。

（3）精神控制度为一般以下者不善于处理情绪上的转换和松弛，容易精神疲惫，缺乏集中力，工作效率不高，还容易生病。应有意识地实行精神上的自我管理，以适应社会的变化，努力保持爽朗松弛的心情和清醒理智的头脑。

精神控制度为一般以上者善于转换和控制情绪，不拘小节，踏实肯干，遇到困难会积极解决，以实际行动取代烦恼，经常保持轻松的心情，努力通过自我暗示来消除心中的阴影。应注意，与不同的人共事时态度须有所改善，积极合作。

三、心理故事

费斯汀格法则的启示

费斯汀格法则是指美国社会心理学家费斯汀格的一个很出名的判断：生活中的10%是由发生在你身上的事情组成，而另外的90%则是由你对所发生的事情如何反应所决定。换言之，生活中有10%的事情是我们无法掌控的，而另外的90%却是我们能掌控的。费斯汀格举了这样一个例子：

▶ 大学生心理健康

卡斯丁早上起床后洗漱时,随手将自己的高档手表放在洗漱台边,妻子怕手表被水淋湿了,就随手拿过去放在餐桌上。儿子起床后到餐桌上拿面包时,不小心将手表碰到地上摔坏了。

卡斯丁疼爱手表,就照儿子的屁股揍了一顿,然后又黑着脸骂了妻子。妻子不服气,说是怕水把手表打湿。卡斯丁说他的手表是防水的。于是二人猛烈地吵了起来。一气之下,卡斯丁早餐也没有吃,直接开车去了公司,快到公司时突然记起忘了拿公文包,又立刻转回家。可是家中没人,妻子上班去了,儿子上学去了。卡斯丁钥匙留在公文包里,他进不了门,只好打电话向妻子要钥匙。

妻子慌慌张张地往家赶时,撞翻了路边水果摊,摊主拉住她不让她走,要她赔偿,她不得不赔了一笔钱才摆脱。

待拿到公文包后,卡斯丁已迟到了 15 min,挨了上司一顿严厉批评,卡斯丁的心情坏到了极点,下班前又因一件小事,跟同事吵了一架。

妻子也因早退被扣除当月全勤奖,儿子这天参加棒球赛,原本夺冠有望,却因心情不好发挥不佳,第一局就被淘汰了。

在这个事例中,手表摔坏是其中的 10%,后面一系列事情就是另外的 90%,由于当事人没有很好地掌控那 90%,才导致了这一天成为"闹心的一天"。

试想,卡斯丁在那 10% 产生后,假如换一种反应。比如,他抚慰儿子:"不要紧,儿子,手表摔坏了没事,我拿去修修就好了。"这样儿子高兴,妻子也高兴,他本身心情也好,那么随后的一切就不会发生了。

可见,你控制不了前面的 10%,但完全可以通过你的心态与行为决定剩余的 90%。

费斯汀格法则的启示:面对人生的各种处境,我们都有选择的能力。面对一件不幸的事件,人们可以大发雷霆、怨天尤人,甚至责备所有的人,但事情却不会因为这些而有丝毫改变。不幸的事件会伴随人们往后的生活,令其背负一生的痛苦。相反地,如果可以放下怨恨和惧怕,换一个角度看事情,那么情况也许就不会那么糟糕了。

在现实生活中,常听人抱怨:我怎么就这么不走运呢?每天总有一些倒霉的事缠着我,怎么就不让我消停一下,有个好心情呢?谁能帮帮我?这都是一个心态问题。其实能帮助自己的不是别人,而是自己。倘若了解并能熟练运用"费斯汀格法则"处事,一切问题就迎刃而解了。

四、心理探索

1. 渐进性肌肉放松训练

训练过程(以下为教师的引导语):

"我现在来教大家怎样使自己放松。为了做到这一点,我将让你先紧张,然后放松全身肌肉。紧张及放松的意义在于使你体验到放松的感觉,从而学会如何保持松弛的感觉。"

"下面我将使你全身的肌肉逐渐紧张和放松,从手部开始,依次是上肢、肩部、头部、胸部、腹部、臀部、下肢,直至双脚,依次对各组肌群进行先紧张后放松的练习,最后达到全身放松的目的。"

【第一步】

"深吸一口气,保持一会儿。"(停 10 s)

"好,请慢慢地把气呼出来,慢慢地把气呼出来。"(停 5 s)

"现在我们再做一次。请你深吸一口气,保持一会儿,保持一会儿。"(停 10 s)

"好,请慢慢把气呼出来,慢慢把气呼出来。"

【第二步】

"现在,请伸出你的前臂,握紧拳头,用力握紧,体验你手上紧张的感觉。"(停 10 s)

"好,请放松,尽力放松双手,体验放松后的感觉。你可能感到沉重、轻松、温暖,这些都是放松的感觉,请你体验这种感觉。"(停 5 s)

"我们现在再做一次。"

【第三步】

"现在弯曲你的双臂,用力绷紧双臂的肌肉,保持一会儿,体验双臂肌肉紧张的感觉。"(停 10 s)

"好,现在放松,彻底放松你的双臂,体验放松后的感觉。"(停 5 s)

"我们现在再做一次。"

【第四步】

"现在,开始练习如何放松双脚。"(停 5 s)

"好,紧张你的双脚,脚趾用力绷紧,用力绷紧,保持一会儿。"(停 10 s)

"好,放松,彻底放松你的双脚。"

"我们现在再做一次。"

【第五步】

"现在开始放松小腿部肌肉。"(停 5 s)

"请将脚尖用力向上翘,脚跟向下、向后紧压,绷紧小腿部肌肉,保持一会儿,保持一会儿。"(停 10 s)

"好,放松,彻底放松。"(停 5 s)

"我们现在再做一次。"

【第六步】

"现在开始放松大腿部肌肉。"

"请用脚跟向前、向下紧压,绷紧大腿肌肉,保持一会儿,保持一会儿。"(停 10 s)

"好,放松,彻底放松。"(停 5 s)

"我们现在再做一次。"

【第七步】

"现在开始注意头部肌肉。"

"请皱紧额部的肌肉,皱紧,保持一会儿,保持一会儿。"(停 10 s)

"好,放松,彻底放松。"(停 5 s)

"现在,请紧闭双眼,用力紧闭,保持一会儿,保持一会儿。"(停 10 s)

"好,放松,彻底放松。"(停 5 s)

"现在,转动你的眼球,从上,到左,到下,到右,加快速度;好,现在从相反方向转动你的眼球,加快速度;好,停下来,放松,彻底放松。"(停 10 s)

"现在,咬紧你的牙齿,用力咬紧,保持一会儿,保持一会儿。"(停 10 s)

"好,放松,彻底放松。"(停 5 s)

"现在,用舌头使劲顶住上颚,保持一会儿,保持一会儿。"(停 10 s)

"好,放松,彻底放松。"(停 5 s)

"现在,请用力将头向后压,用力,保持一会儿,保持一会儿。"(停 10 s)

"好,放松,彻底放松。"(停 5 s)

"现在,收紧你的下巴,用颈向内收紧,保持一会儿,保持一会儿。"(停 10 s)

"好,放松,彻底放松。"(停 5 s)

"我们现在再做一次。"

【第八步】

"现在,请注意躯干部肌肉。"(停 5 s)

"好,请往后扩展你的双肩,用力往后扩展,保持一会儿,保持一会儿。"(停 10 s)

"放松,彻底放松。"(停 5 s)

"我们现在再做一次。"

【第九步】

"现在上提你的双肩,尽可能使双肩接近你的耳垂,用力上提,保持一会儿,保持一会儿。"(停 10 s)

"好,放松,彻底放松。"(停 5 s)

"我们现在再做一次。"

【第十步】

"现在向内收紧你的双肩,用力内收,保持一会儿,保持一会儿。"(停 10 s)

"好,放松,彻底放松。"(停 5 s)

"我们现在再做一次。"

【第十一步】

"现在,请向上抬起你的双腿(先左后右或是先右后左均可),用力上抬,弯曲你的腰,用力弯曲,保持一会儿,保持一会儿。"(停 10 s)

"好,放松,彻底放松。"(停 5 s)

"我们现在再做一次。"

【第十二步】

"现在,请紧张臀部的肌肉,会阴部用力上提,用力,保持一会儿,保持一会儿。"(停 10 s)

"好,放松,彻底放松。"(停 5 s)

"我们现在再做一次。"

【结束语】

"这就是整个渐进性肌肉放松训练过程。现在,请感受你身上的肌群,从下向上,全身每一组肌肉都处于放松状态。"(停 10 s)

"请进一步注意放松后的感觉,此时你有一种温暖、愉快、舒适的感觉,并将这种感觉尽量保持 1~2 min。"(停 1 min)

上面是渐进性肌肉放松训练的程序,在掌握这个程序之后,可以从网上下载引导语音频,课后自行练习,每日进行 1~2 次,每次 15 min,持之以恒,循序渐进,坚持训练,能够取得较好效果。

2. 心理探索

(1) 遇到以下情景,你准备怎样改变认知,进而改变自己的情绪。

情景一:你正在做计算机作业,你的同桌却在一旁大声地朗读一篇散文。

情景二:早上起床晚了,你急忙穿上衣服,冲到自行车前,却发现车胎没气了。

(2) 交流讨论:遇到令人生气或愤怒的事情时,你是怎样控制情绪的?

项目五　大学生意志品质培养与挫折教育

人生在世，每个人都不可能一帆风顺，总会面对各种有形无形的压力，也总会遇到坎坷。面对挫折与失败，一个人能否始终不渝地坚持目标，战胜困难，关键在于其有没有坚强的意志品质。大学生自迈入大学校门之日起，便真正开始尝试从对父母和家庭的依赖中摆脱出来而独立生活，新的环境、新的起点、新的需要迫使他们必须靠自己去独立思考及解决问题，由此，不可避免地遇到一些压力和挫折。只有养成果断坚毅、坚定不移、持之以恒的意志品质，才能战胜困难和挫折，实现自己的人生理想和奋斗目标。

任务一　意志与心理健康

【任务目标】
(1) 认识意志的概念与功能。
(2) 了解意志品质的特征和不良意志品质的具体表现。
(3) 了解大学生意志品质发展的特点，掌握培养良好意志品质的方法和途径。
(4) 学习与意志品质相关的心理学理论知识。

【任务描述】
本任务主要学习了解意志品质与心理健康的相关知识，引导学生认识良好的意志品质在心理健康以及个体成长成才方面的作用，积极培养良好的意志品质。

【任务知识】

心理课堂

一、意志的概念

人生犹如一段逆水行舟的艰苦旅程，如果没有一种搏击风浪的大无畏精神，就只能被击垮、被淹没。人，总是要有一点精神的，这就是人的意志。

意志是人自觉地确定目标，并根据目标调节、支配自己的行动，克服困难，实现预定目标的心理过程。

人在认识客观世界的过程中，不仅通过内外环境的刺激作用产生认识和情绪情感，而且还要采取行动反作用于客观世界。个体根据其自身对客观事物的认识，先在头脑中确定未来行动的目的，然后根据这个目的支配自己的行动，并力求实现此目的，这种心理活动就是意志。例如，学生在考试前为了获得好的成绩，不看电视、不出去玩、努力学习；运动员为了在参加竞赛中比出好的成绩，平时坚持不懈地训练等。

意志是人所特有的心理现象。人在认识客观事物并感到有一定需要的时候，就会组织自己的行动去改变客观现实，以满足自己的需要。就是说，人在活动之前，活动的目的和结果就已经存在于人的头脑之中，并以此为前提，拟订计划，选择方法，调节行动，使之服从于预定目的。意志是在人类认识世界和改造世界的需要中产生的，也是在人类不断深入地认识世界和更有效地改造世界的过程中得到发展的。所以，意志的实质表现在对行动的调节上。

二、意志的功能

意志对人的行为具有发动、坚持、抑制、改变等方面的作用，能够使人主动地预见和克服困难。

意志对行动的调节作用表现在对人的行为的发动和抑制两个方面。发动表现为推动人去从事为达到预定目的的行动。例如，为了完成某项工作任务，意志推动人去寻找设备、查阅资料、请教师傅等。抑制表现为制止与预定目的相矛盾的愿望和行动。例如，约束自己以战胜外界的诱惑和干扰，不做与目的相违背的事情。

意志不仅调节人的外部动作，还可以调节其心理状态。当学生在专心致志地听课时，就存在着排除干扰的意志对注意、记忆和思维等认识活动的调节。当运动员在重大比赛中向自己提出"不要恐慌、稳定发挥"的要求时，实际上是意志促使其镇定，由此表现出意志对情绪状态的调节。

三、意志品质的特征

意志行动在不同的人身上表现不同。有人能独立地采取决定，而有人则易受暗示；有人处事果断，有人则优柔寡断等。因此，构成一个人行为特点的稳定因素的总和是意志品质，主要包括自觉性、果断性、坚韧性和自制力。

1. 自觉性

自觉性是指一个人在行动中具有明确的目的，能认识行动的社会意义，并使自己的行动服从于社会的要求的意志品质。有自觉性的人有坚定的立场和信念，相信自己的目的是正确的，在行动中能够投入自己的热情和力量，千方百计克服困难，充分发挥自己的主观能动性。同时，在行动中既不轻易接受外界的影响而改变自己的目的、计划和方法，也不拒绝一切有益的意见和建议，在思想和行动上表现出既有原则性又有灵活性。

2. 果断性

果断性是指一种善于明辨是非、抓住时机、迅速而合理地采取决定，并实现所做决定的意志品质。具有果断性意志品质的人能全面而深刻地考虑行动的目的以及达到目的的计划和方法，虽然也有复杂的、剧烈的内心冲突，但在动机斗争时，没有多余的疑虑，在需要行动时能当机立断，但在不需要立即行动或者是在情况有所变化时，又能立即停止或改变已经执行的决定。处在复杂情境中所表现出来的高水平的果断性并不是每个人都具备的。果断性意志品质必须以正确的认识为前提，以大胆无畏和深思熟虑为条件。

3. 坚韧性

坚韧性是指对行动目的的坚持性，并能在行动中保持充沛的精力和毅力的意志品质。具有坚韧性意志品质的人，一方面善于克服和抵制不符合行动目的的主、客观诱因的干扰，做到目标专一，矢志不渝，直到实现目的；另一方面能在行动中做到锲而不舍，百折不挠，勇于克服各种困难。坚韧性是人的重要的意志品质，一切有成就的人都具有不屈不挠地向既定目的前进的坚韧性意志品质。

4. 自制力

自制力是指在意志行动中能够自觉、灵活地控制自己的情绪，约束自己的动作和言语方面的意志品质。自制力反映着意志的抑制功能。具有自制力意志品质的人，一方面善于控制自己去执行所采取的决定，一般具有较强的组织性和纪律性；另一方面又善于控制自己的情绪和冲动，表现出较强的忍耐性。其主要特征是情绪稳定、注意力高度集中、记忆力强和思维敏捷。

四、不良意志品质

意志品质是人在意志行动中表现出的稳定而鲜明的心理特征，主要表现在自觉性、果断性、坚韧性与自制力四个方面。其中哪一方面的属性太强或太弱都将表现为不良的意志品质。

1. 受暗示性和独断性

与自觉性意志品质相反的是受暗示性和独断性。受暗示性是指容易接受别人的影响，不加分析地接受别人的思想和行为，轻易改变或放弃自己的决定，表现为盲目行动。独断性是指对自己的决定自信不疑，一概拒绝他人的意见或建议。独断性的人表面上似乎是独立地采取决定，执行决定，但实际上是缺乏自觉性的表现。这类人坚持己见，以自己的意愿替代客观事物发展的规律，当客观环境发生变化时，他们也不肯更改自己的目的和计划，经常毫无理由地拒绝或考虑他人的意见。

2. 优柔寡断和草率决定

与果断性意志品质相反的是优柔寡断和草率决定。优柔寡断是指在做决定时顾虑重重、犹豫不决，一直处于动机斗争状态而迟迟做不出决定。其主要特征是思想分散，情感矛盾，在各种动机、目的、方法之间摇摆不定，时常对自己已作决定的正确性有怀疑。当要其必须做出抉择时，又会任意选择而无信心去完成。草率决定是指对任何事情总是不假思考，既不考虑主、客观条件，也不考虑行动后果，选择的目的只是想尽快摆脱由此带来的不愉快的心理状态。草率决定的主要特征是赖于思考而轻举妄动。

3. 动摇和顽固执拗

与坚韧性意志品质相反的是动摇和顽固执拗。动摇是指立志无常、见异思迁，尽管有行动目的，但虎头蛇尾，遇到困难即放弃对预定目标的追求。顽固执拗是指只承认自己的意见或论据，当实践证明其行动是错误时仍固执己见，一意孤行，因而往往受到客观规律的惩罚。

动摇性和顽固性虽然表现形式不同，其实质都是不能正确对待行动中的困难，都属于消极的意志品质。

4. 冲动性

与自制力意志品质相反的是冲动性。冲动性是指不能控制自己的情绪，对自己的动作和言语约束较差的品质。其主要表现为思想容易开小差，易受外界的引诱和干扰而不能律己，有时甚至会产生违反纪律的行为。

不良意志品质是意志发展的不良倾向。虽然不像意志障碍那样严重干扰人正常的心理机能和行为，但会在一定程度上使个体合理、健康的生活受到损害，导致其社会适应不良，既会阻碍事业的成功，也会遭受更多的挫折。长期的挫折感又会使个体意志更为消沉，久而久之，就会形成一种意志品质不良与心理健康不佳之间的恶性循环，严重影响个体的工作、学习和社会交往。因此，对各种不良意志品质必须及时加以矫正和改变。

五、大学生意志品质发展的特点

大学生正处于青年后期阶段，生理已经达到完全成熟，心理上趋于相对平稳，逐渐进入到精神上和情绪上的稳健阶段。但是，生理和心理上的成熟并不意味着社会性的成熟。大学生在社会角色上还处于"边缘人"阶段，他们虽被赋予了成人的角色，却又不能胜任这个角色，暂时不能完全履行成人的责任和义务。这种"心理延缓偿付期"导致他们产生矛盾心理，使他们的抱负水平不确定。大学生的意志品质在生理成熟、心理发展相对成熟和社会性发展相对滞后的身心发展背景下，会产生诸多方面的不平衡性。

1. 大学生意志品质具有不稳定性

随着心理独立性、社会性的发展和自我意识的增强，大学生意志的独立性、果断性、坚韧性和自制力等都得到了迅速的提高。多数大学生已经能够自觉地树立明确的行为目标，制订科学的学习生活计划，能够排除干扰、克服困难，为实现自己的目标而努力。然而，有时候他们在处理关键问题、需要采取重要行动或做出重大决定的时候，又表现出犹豫不决、盲目跟从或轻率、武断等特点。由此可见，大学生的意志发展虽已趋向成熟，但尚需磨炼。他们虽然在意志品质上体现出较高的水平，但仍具有不稳定的特点。

2. 大学生意志品质发展具有不平衡性

大学生行为的目的性、自觉性有了明显的提高，但坚持性较差、惰性明显、缺乏恒心；大学生的自制力和理智性显著增强，但容易受暗示，在很大程度上还受情绪和心境的影响；大学生的独立性和果断性有了很大发展，但明显具有冲动性、固执性、依赖性和逆反性；大学生具有勇敢精神，勇往直前，敢说敢做，但在意志行动中容易鲁莽、草率、感情用事，常不考虑方式方法；大学生自我意识及思维的独立性、批判性的增强，促进了他们意志品质的进一步发展，但大学生思维的发展还不够深刻、全面和辩证，情绪情感仍有不稳定的一面，在辨别是非和自我控制能力上还有待进一步提高。

3. 大学生的意志水平还体现出较大的个体差异

不同的性格特征和生活经历，使大学生在日常生活中表现出不同的意志特点：有的大学生意志相对成熟，能够应对生活中的压力，承受挫折。有的大学生意志相对脆弱，不能正视困难，常回避困难或夸大困难给自己带来的不良后果。

在不同的活动中，大学生的意志水平表现也不同：有的大学生在专业学习活动中表现出较强的恒心和毅力，有的大学生在自身道德修养方面有较高的自我约束力，而有的大学生则在自己感兴趣的课外活动上表现出持续的热情。

4. 挫折承受能力和应对能力普遍较弱

处于青年后期的大学生具有充沛的精力和体力，思维活跃，有强烈的表现欲和发展欲，需求广泛而执着，个人的理想抱负水平普遍较高。同时，在大学生活中团体活动较多，学业竞争激烈，人际交往密切而宽泛。因此，大学生遭遇挫折是必然的，也是普遍的。

由于大学生多数在基础教育阶段发展顺利，遇到挫折的机会不多，加上很多大学生都是初次离开家庭过集体生活，生活经验少，社会阅历不足，人格发展尚不成熟，导致他们的挫折承受能力和应对能力普遍较弱，其对生活中的挫折没有充分的心理准备，缺乏对挫折的正确认识和应对经验，甚至存在认识上的误区以至于采取错误的应对方式。

由于承受挫折的能力普遍较差，大学生在遇到挫折后的应激反应一般较为强烈，有的情绪过度低落，有的情绪异常激动，有的行为退化，有的行为过激，有的固执冷漠，有的自暴自弃，有的出现异常心理和行为，有的产生心理疾病。但挫折对人的意志力的培养也具有积极的一面，挫折的双重性决定了挫折能够磨炼人的意志，使人更加成熟、自信和坚强。

5. 意志品质的锻炼和培养明显不足

大学生涉世不深，经验不足，经受的挫折不多，意志品质的锻炼和培养普遍缺乏，存在着心理承受能力弱、生活自理能力差、依赖性强、吃苦耐劳精神缺乏等特点。当出现与朋友闹矛盾、恋爱不成功、生活习惯与同学不协调、活动中表现失败等情况时，都可能使他们控制不住自己的情绪，容易感情用事，采用偏激的言行去应对，或者以自我为中心，不考虑环境的变化，拒绝别人的建设性意见，或者固执己见、一意孤行，对事情的发展不做细致的分析而匆忙做出决定，表现出意志的独断性。

六、大学生良好意志品质的培养

良好的意志品质是发展智力、克服困难、应对压力和挫折、完成各种实践活动的重要条件，也是塑造坚强性格和优良品质、保持心理健康的重要心理因素，对人的自我修养也具有重要的意义。意志不是生来就有的，而是在后天的生活与实践中，在教育的作用下，通过自己的努力而逐步发展起来的。培养大学生良好的意志品质，可以从以下 7 个方面入手。

1. 树立高尚的理想，确立恰当的目标

人的意志行动是为了实现预定的目的。培养优良的意志品质，首先就要树立正确而高尚的行动目的。只有具有高尚的目的、远大的理想，才会在行动中克服内部和外部的各种艰难险阻。有研究表明，一个人的目标越明确、越具体，就越容易达成。远大的理想和坚定的目标是培养坚强意志的前提，只有胸怀大志的人才敢于面对挫折，勇于克服困难。有明确目标的人能心无旁骛，坚定意志，勇往直前。大学生应树立符合国家利益、集体荣誉和有利于实现自身价值的理想，这样才能得到社会的认可和环境的支持，才能一步一步地去实现既定目标。

2. 提高对意志品质的认识，树立正确的挫折观

人的心理过程是知、情、意、行的统一。对于任何一种心理过程来说，认知都是基础，情感都是动力，意志都是保障，行为都是实践。意志与克服困难密切相连，大学生要对生活中的困难和挫折有正确的认识，并做好应对困难和挫折的心理准备。挫折是普遍存在的，它甚至是生活中不可缺少的组成部分，但挫折又是可以战胜的，它能够成为推动人形成坚强意志的强大动力。

3. 积极参加各种实践活动，积累经验和磨炼意志

增强意志品质，可以适当地用理论来指导，但其关键还是在实践活动中培养。实践是最好的课堂，实践也是最好的老师。优秀的意志品质正是在大量的实践中磨炼出来的。大学生实践活动的内容广泛而丰富，社会考察、参观访问、军训、实习、演出、兼职以及郊游、爬山、野炊等，都可以积累大量的实践经验，并磨炼意志。实践活动过程中会遇到各种阻碍和困难，需要克服胆怯、懒惰、懦弱等心理，锻炼果断、坚决、持之以恒的意志品质。参加活动也能减少对他人的依赖，更多地依靠自己的能力，根据自己的价值体系去判断和选择，并付诸实践。同时，也有助于对家庭、单位和社会承担更多的责任。

4. 利用集体生活锻炼意志力

大学生除了要有相当的独立性，更重要的是要能融入所处的群体。在集体生活和学习活动中，不仅可以培养学生的集体观、荣誉观、组织性、纪律性，还可以锻炼人的组织能力、协调能力、沟通能力、领导能力和分享精神、合作精神。在困难面前，集体的支持和鼓励是意志行动的精神动力，集体的安慰和关怀是重整旗鼓的力量源泉，集体的智慧和力量是战胜困难的有力武器。应充分利用大学这个大环境，积极地融入集体生活，参加各种集体活动，学会学习，学会生活，学会做人，有意识地提高自己行为的主动性、自觉性和自控性。

5. 通过体育锻炼增强意志力

参加体育锻炼是增强意志品质的好方法。长跑、跳绳、打羽毛球、打网球、打篮球、

踢足球、游泳、武术、舞蹈、健身等，都是深受大学生喜爱的运动方式。体育锻炼不仅可以提高人的身体素质、改善情绪，还可以使一个人的意志力得以提高，使弱者变成强者。参加团体项目，还可以培养机智、勇敢、公正、团结、互助等意志品质。

6. 加强自我训练培养意志品质

在意志品质形成的过程中，自我培养和训练也起着很重要的作用。在个体发展中，自我意识和自觉行动会使一个人排除干扰，按照个人的方式，去完成虽然自己不感兴趣，但对自身有重要意义的任务。大学生在自我训练中，可以针对自己意志的薄弱方面有意识地进行培养，从小事上锻炼自己，完成一些有一定难度而又力所能及的任务。另外，大学生还可以根据自身性格特点和身体素质设计训练方案，学习和掌握一些自我心理调适的方法，努力提高自己的意志品质。

7. 运用榜样的力量提高意志品质

榜样对人的心理和行为的影响和对人的意志行为的精神感召作用是其他方式不能替代的。大学生的意志品质不仅可以通过自我训练与培养获得提高，还可以通过对榜样的学习和模仿得到强化和巩固。此外，父母、教师、同学和朋友的意志努力和意志行动都可以成为学习的榜样。

心理科普

一、意志控制

意志控制是指个人能左右事件的进程和结果，使之与期望的目的相一致的过程。

意志的控制作用表现在两个方面：一方面是外向的，即按照主体的期望和目的来改变自然环境和社会环境，如我们改造贫瘠土地使之成肥沃良田，我们采取改革措施使濒临破产的企业起死回生等；另一方面是内向的，即按照主体的期望和目的来改变或塑造自身的生理素质和心理素质，如我们坚持科学的锻炼方法提高身体素质，我们按照内化了的社会期望把自己培养成有理想、有道德、有文化、有纪律的人等。

意志对环境的控制和对自身的控制是密切联系的。这种控制作用是通过对行动的激励和克制来实现的。激励表现为推动人为达到目的而积极行动起来。例如，为了掌握外语，意志推动着大学生去听外语广播、背单词、寻找资料、从事翻译等。克制则表现为制止与预定的目的相矛盾的行动。例如，为了掌握外语，意志促进大学生克制一些不良的生活习惯（喜欢睡懒觉）或放弃某些妨碍他/她学习的活动（下棋、打牌等）。因此，在具体的活动中，意志对行动控制的激励和克制是相互联系的。为达到预定的目的所采取的行动愈有力，就愈能克制与预定的目的相矛盾的行动；反之，愈能克制与预定的目的相矛盾的行动，为达到预定目的而采取的行动就愈有力。正是通过这种激励与克制的作用，意志实现着人对自身、对环境的控制作用。

人们的意志控制能力有很大的个别差异。有些人能控制自己的行为和情绪反应，在外界压力面前能坚持自己的意见,朝着确定的目标前进,他们倾向于承担生活中重大事件的责任,而不把责任归咎于环境或命运。有些人不能控制自己的行为和情绪冲动,在实际行动中经常摇摆不定,倾向于把责任归咎于环境或命运,而不愿自己来承担责任。在行为结果的归因方面,人与人之间有稳定的差异,可以把人们分为内在控制型和外在控制型,即相信能够控制环境的人(内控型)和相信被环境所控制的人(外控型)。外控型表现突出的人,通常把责任归咎于环境或命运,很少能看到自己的能力或努力与行为后果之间的联系;而内控型的人,自信心强,倾向于自己承担责任,经常感受到自己的能力或努力与行为后果之间的联系。

二、常见的意志障碍

意志在人的生活、学习、工作中占有非常重要的地位,因此,意志是否健全也就成为衡量人心理健康程度的一个标准。意志健全即意志能够调节行动,克服困难,达到预定目标。意志不健全即意志不能完成应有的心理功能,出现了不符合正常心理状态的异常情况。常见的意志障碍有意志过强、意志减退、意志缺乏等。

意志过强是指在意志活动中表现出反常的积极与执着,对一切事物都感兴趣,并不断改变目的或集中一切力量做正常人认为无意义、无价值的事情。

意志减退指意志消沉,意志活动明显减少且不能持久,思维迟缓,情绪低落,生活懒散,不修边幅,对工作、学习缺乏主动性和进取心,得过且过。

意志缺乏指对任何活动都没有动机和兴趣,思维贫乏,感情淡漠,没有行动目的,没有决断能力,生活极端懒散甚至不能自理。具有意志障碍的人,其生活质量会受到严重影响。

心理自助

一、拓展阅读

棉花糖实验

心理学史上最有名的意志力实验,大概属于20世纪60年代斯坦福大学沃尔特·米歇尔教授所做的延迟满足实验,也叫"棉花糖实验"。

做这个实验时,教授的女儿正好也读幼儿园。于是他和同事们找来一些女儿的小同学,带他们到一个单独的小房间,在他们面前摆一颗他们爱吃的棉花糖。教授告诉这些孩子,他们可以选择马上吃掉这颗棉花糖,也可以选择等实验员回来再吃。如果他们能等到实验员回来,那么他们将能额外再得到一颗棉花糖。

这可真难为这些孩子了。一些孩子还没等实验员走开,就已经把棉花糖塞到嘴里了。另一些孩子稍好一些,最初他们告诉自己,我不吃,我只是舔舔。慢慢地,舔舔变成了咬

▶ 大学生心理健康

一小口,咬一小口又变成了咬半边,最后,既然半边都没了,再留半边有什么意义呢?于是棉花糖也下肚了。

还有一些孩子,在吃和不吃之间苦苦挣扎。有些孩子蒙上了自己的眼睛,眼不见为净;有些孩子开始踢桌子来转移注意;另外一些孩子甚至揪起了自己的小辫,通过疼痛来转移诱惑。最后,约有 1/3 的孩子成功抵御住了棉花糖的诱惑,获得了额外的一颗棉花糖。

这个实验先后在 600 多名四岁儿童的身上进行。实验的最初目的是研究为什么有人可以"延迟满足",而有人却轻易放弃。后来,教授女儿上高中时,偶尔说起高中同学的学习和生活时,教授忽然如被电光照过一般,顿悟了棉花糖实验和他们现在的学习生活的联系。于是实验重新开始。教授调查了这批人的学习、生活、心理健康、人际关系等方面的表现,从高中一直到步入中年。

后来的研究数据统计发现,那些选择了等待并成功的孩子总体来说学习成绩更为优秀,做事也更有计划。

为什么小小的棉花糖实验会有这么大的预测力?这是因为棉花糖实验制造了一种典型的诱惑。它所测得的延迟满足能力,就是我们为未来更大的利益抵御当前较小的诱惑的能力,是意志力的本质,也是幸福的基石。

二、心理测试

大学生意志力测试

测试说明:请仔细阅读以下每一项描述,并根据自己的实际情况逐一加以判断,在对应的选择上打"√"。

1. 我很喜欢长跑、长途旅行、爬山等体育活动,但并不是因为我的身体条件符合这些项目,而是因为它们能锻炼我的意志力。( )

　　A. 非常同意　　　　B. 比较同意　　　　C. 可否之间
　　D. 不大同意　　　　E. 不同意

2. 我给自己订的计划常常因为主观原因不能如期完成。( )

　　A. 总是这样　　　　B. 较多情况　　　　C. 不多不少
　　D. 较少这样　　　　E. 没有这样

3. 如果没有特殊原因,我要每天按时起床,不睡懒觉。( )

　　A. 非常同意　　　　B. 比较同意　　　　C. 可否之间
　　D. 不大同意　　　　E. 不同意

4. 我制订的计划应有一定的灵活性,如果完成计划有困难,我随时可以改变或撤销它。( )

　　A. 非常同意　　　　B. 比较同意　　　　C. 无所谓

D. 不大同意　　　　　　　E. 不同意

5. 在学习和娱乐发生冲突时,哪怕这种娱乐很有吸引力,我也会马上去学习。(　　)

A. 经常如此　　　　　　B. 较为经常　　　　　C. 时有时无

D. 较少这样　　　　　　E. 没有这样

6. 在学习或工作中遇到困难时,最好的办法是立即向师长、同事或同学求助。(　　)

A. 非常同意　　　　　　B. 比较同意　　　　　C. 无所谓

D. 不大同意　　　　　　E. 反对

7. 在练习长跑中产生生理反应,觉得跑不动时,我常常咬紧牙关,坚持到底。(　　)

A. 经常如此　　　　　　B. 较为经常　　　　　C. 时有时无

D. 较少这样　　　　　　E. 没有这样

8. 我常常因读一本引人入胜的小说而不能按时睡觉。(　　)

A. 经常如此　　　　　　B. 较为经常　　　　　C. 时有时无

D. 较少这样　　　　　　E. 没有这样

9. 我在做一件应该做的事情之前,常能想到做与不做的不同结果而有目的地去做。(　　)

A. 经常如此　　　　　　B. 较为经常　　　　　C. 时有时无

D. 较少这样　　　　　　E. 没有这样

10. 如果对一件事情不感兴趣,那么不管它是什么,我的积极性都不高。(　　)

A. 经常如此　　　　　　B. 较为经常　　　　　C. 时有时无

D. 较少这样　　　　　　E. 没有这样

11. 当我同时面临一件该做的事情和一件不该做却吸引我的事情时,我常常经过激烈的思想斗争,让前者占上风。(　　)

A. 总是这样　　　　　　B. 有时是　　　　　　C. 不确定

D. 很少这样　　　　　　E. 不是

12. 有时我躺在床上,下定决心第二天要做一件重要的事情,但到了第二天这种劲头又消失了。(　　)

A. 经常有　　　　　　　B. 较常有　　　　　　C. 时有时无

D. 较少这样　　　　　　E. 没有这样

13. 我能长时间做一件重要但枯燥无味的事情。(　　)

A. 是这样　　　　　　　B. 有时是　　　　　　C. 不确定

D. 很少这样　　　　　　E. 不是

14. 生活中遇到复杂情况时,我常常优柔寡断,举棋不定。(　　)

▶ 大学生心理健康

A. 经常这样　　　　　B. 较常有　　　　　C. 时有时无
D. 较少这样　　　　　E. 没有这样

15. 做一件事情之前，我首先想的是它的重要性，其次才想我是否对它感兴趣。
（　　）

A. 是这样　　　　　B. 有时是　　　　　C. 不确定
D. 很少这样　　　　E. 不是

16. 在遇到困难情况时，我常常希望别人帮我拿主意。（　　）

A. 是这样　　　　　B. 有时是　　　　　C. 不确定
D. 很少这样　　　　E. 不是

17. 我决定做一件事情时，常常说干就干，决不拖延或让它落空。（　　）

A. 是这样　　　　　B. 有时是　　　　　C. 不确定
D. 很少这样　　　　E. 不是

18. 在和别人争吵时，虽然明知不对，我却忍不住说一些过激的话，甚至会骂对方几句。（　　）

A. 经常这样　　　　　B. 较为经常　　　　C. 时有时无
D. 较少这样　　　　　E. 没有这样

19. 我希望做一个坚强的、有意志力的人，因为我深信"有志者事竟成"。（　　）

A. 是这样　　　　　B. 有时是　　　　　C. 不确定
D. 很少这样　　　　E. 不是

20. 我相信机遇，好多事实证明，机遇的作用有时大大超过个人的努力。（　　）

A. 是这样　　　　　B. 有时是　　　　　C. 不确定
D. 很少这样　　　　E. 不是

评分规则：以上题目中，单数题号的五种答案，从第一个到第五个依次记5、4、3、2、1分；双数题号记分则相反，依次为1、2、3、4、5，全部20道题得分相加则为总分。

总分为80~100分，意志很坚强；
总分为61~80分，意志较坚强；
总分为41~60分，意志品质一般；
总分为21~40分，意志较薄弱；
总分为0~20分，意志很薄弱。

三、心理故事

猴子与椰子

有一个人经过一棵椰子树，一只猴子从上面丢了一个椰子下来，打中他的头。这人摸了摸肿起来的头，然后把椰子捡起来，喝了椰子汁，吃了果肉，最后还用外壳做了一个碗。

点评：遇到挫折，不要哭泣，不要愤怒，要去解决。

废墟上的鲜花

第二次世界大战刚刚结束的时候，德国到处是废墟。有两个美国人访问了一家住在地下室的德国居民。离开那里之后，两人在路上谈起观感。

甲问道："你看他们能重建家园吗？"

乙说："一定能。"

甲又问："为什么回答这么肯定呢？"

乙反问道："你看到他们在黑暗的地下室的桌子上放着什么吗？"

甲说："一瓶鲜花。"

乙于是说："任何一个民族，处于这样困苦艰难的境地，还没有忘记鲜花，那他们一定能够在这片废墟上重建家园。"

点评：一个人在遭遇困难之时，只有斗志不落，保持开朗乐观的精神状态，才能尽快走出低谷。积极的态度是快乐的源泉，也是希望降临的曙光。

四、心理探索

1. 考察一下你的意志力：选择一件自己一直想要完成的事情，先写出计划，然后按计划执行，并记录执行计划的情况（以10天为周期）。

2. 讨论分析：日常生活中我们还存在哪些意志力不坚强的表现？

任务二　压力与挫折

【任务目标】

（1）了解压力的概念与种类，认识压力的表现与危害。

（2）了解挫折的概念与产生原因，科学认识挫折的积极作用和消极作用。

（3）学习与压力挫折相关的心理学理论知识。

【任务描述】

本任务主要学习与压力和挫折相关的理论知识，引导学生科学认识学习生活中压力和挫折产生的原因及其对人的影响，以客观的态度应对压力与挫折。

【任务知识】

心理课堂

一、压力的概念

压力也叫应激。这一概念最早在1936年由加拿大著名内分泌专家汉斯·薛利博士提出，因此薛利博士被称为"压力之父"或"应激理论之父"。

目前国内比较公认的压力的定义是：由刺激引起的、伴有躯体机能以及心理活动改变的一种身心紧张状态，即压力是人在环境中受到种种刺激因素的影响而产生的紧张情绪。

引发压力产生的刺激叫作压力源（应激源）。压力源可分为躯体性压力源、心理性压力源、社会性压力源和文化性压力源。

对于压力这个概念，可以从以下3个层面去理解：

第一是指那些使人感到紧张的事件或环境刺激。如有一份"压力很大的工作"，即把可能带来紧张的事物本身当作压力。

第二是指一种身心反应的状态。如有人说"我就要去参加学生干部竞选了，我觉得压力好大"，这里他就用压力来指代他的紧张状态，压力是他对竞选这一事件的反应。这种反应包括两个成分：一是心理成分，包括个人的行为、思维以及情绪等主观体验，也就是所谓的"觉得紧张"；另一个是生理成分，包括心跳加速、口干舌燥、胃部紧缩、手心出汗等身体反应。

第三是由引起压力的刺激、压力状态以及情境（人与环境相互影响的关系）构成的一个过程。根据这种说法，压力不只是刺激或反应，而是一个过程，在这个过程里，个人是能够通过行为、认知、情绪的策略来改变刺激物带来的冲击的主动行动者。面对同样的事件，每个人经历到的压力状态和程度却各有不同，就是因为个人对事件的解释不同，应对方式也不同。

二、面对压力时人的身心反应

当人们面临压力时会产生一系列心理、生理、行为的反应。这些反应在一定程度上是机体主动适应环境变化的需要，它能够唤起和发挥机体的潜能，增强抵御和抗病能力。但是，如果反应过于强烈或持久，超过了机体自身调节和控制的能力，就可能导致心理、生理功能的紊乱，进而产生身心疾病。

（1）心理反应。压力引起的心理反应有警觉、注意力集中、思维敏捷、情绪的适度唤起，这是适度的反应，有助于个体应对环境。过度的心理反应如过分烦躁、抑郁、焦虑、激动不安、愤怒、沮丧、消沉等长时间的负面情绪。过度的心理反应可以使人自我评价降低、自信心减弱，消极被动，形成习得性无助，也可使人表现为骄横无礼、破罐子破摔等。

（2）生理反应。在压力状态下，机体必然伴有不同程度的生理反应，主要表现在内分泌系统和免疫系统等方面。例如，导致心率加快、心肌收缩力增强、血压升高、呼吸急促、各种激素分泌增加、消化道蠕动和分泌减少、出汗等。这些生理反应调动了机体的潜在能量，提高了机体对外界刺激的感受及适应能力，从而使机体能够更为有效地应对外界环境条件的变化。但过度的压力会使人口干、腹泻、呕吐、头痛、出现口吃等。

（3）行为反应。压力状态下的行为反应可分为直接反应与间接反应。直接的行为反应是指在直接面临紧张刺激时，为了消除刺激而做出的反应。间接的行为反应是指为了减少或暂时消除与压力体验有关的苦恼而做出的反应，如借烟、酒等使自己暂时缓解紧张状态。

三、压力的危害

一个人的压力过度时，会造成以下6种后果。

（1）过度压力对身体功能的损害。当人体面临压力危机时，一些器官的功能会加强，消耗的能量增加；而另外一些器官的功能被抑制，能量消耗减少。在压力状态下，人体首先会关闭消化系统，消化系统关闭时间过长，会导致胃病和消化功能紊乱。

（2）过度压力对心理功能的损害。由于生理和心理作用密切相关，在生理上越感到衰竭，我们对压力的心理反应便会越明显。当然，有些人可能会对压力做较长的抵抗，但最终也会因为生理的衰竭而造成心理功能的失调，甚至崩溃。

（3）过度的压力会造成认知功能下降。长期处在过度压力状态下，可以使个体的反应速度下降，记忆力减退，使其对非常熟悉的事物的记忆和辨别能力下降。让人难以进入聚精会神的状态，经常遗忘正在思考和谈论的事情，出现中途"思维短路"的现象。

（4）过度压力对人的情感和性格也会产生非常消极的影响。长期的过度压力会使人的精神萎靡不振，无能力、无价值的消极自我评价油然而生。已经存在的一些弱点，如焦虑、忧郁、神经过敏会更加恶化。更严重的是，过度的压力可能使人的性格发生根本性的改变。

（5）过度压力会让人产生挫折感。人在压力之下，一般都会自然地产生针对压力的抵抗力，如果抵抗奏效，不安或者焦虑就会减弱。如果抵抗没有发生作用，就会让人产生挫折感，在挫折情绪的支配下，个体就会出现一系列消极行为：已有的爱好和兴趣，乃至人生的目标完全丧失。

（6）压力会影响睡眠。在生活中遇到压力事件时，无论是急性的或慢性的，情绪处于紧张状态，首先受影响的就是睡眠。当承受的压力较大时，常常躺在床上辗转反侧、终不成眠，压力反应一再被激起，生理活动一直停留在相当高的水平，神经系统的兴奋一直没有落在睡眠所需要的界限，使人筋疲力尽。

四、挫折的概念

挫折是指人们在某种动机的推动下，在实现目标的活动过程中，遇到了无法克服或自以为无法克服的障碍和干扰，使其动机不能实现、需要不能满足时所产生的紧张状态和情绪反应。挫折情境、挫折认知和挫折反应是挫折的三要素。

（1）挫折情境。挫折情境是指人们在有目的的活动中，需要不能获得满足的内外障碍或干扰等情境状态，也称挫折源，分为实际挫折情境与想象挫折情境。

（2）挫折认知。挫折认知是对挫折情境的知觉、认识和评价。挫折认知既可以是对实

▶ 大学生心理健康

际的挫折情境的认知，也可以是对想象的挫折情境的认知。由于不同个体的认知能力和水平不同，其对相同的挫折情境所产生的挫折认知也是不尽相同的。

（3）挫折反应。挫折反应是指主体伴随着挫折认知，对于自己的需要不能得到满足而产生的情绪和行为反应。

在挫折的三要素中，挫折认知是最重要的因素，挫折情境是否能够引起挫折反应及引起的挫折反应的强弱主要由挫折认知来调节。

当挫折情境、挫折认知和挫折反应同时存在时，便构成典型的心理挫折。

五、挫折的产生及性质

1. 挫折的产生过程

人有需要就会产生满足需要的动机。需要和动机就会促使人行动。在行动过程中如果出现使需要不能获得满足或目标不能实现的挫折情境时，如果能够顺利解决，就能实现目标；如果不能很好地解决，就会产生挫折认知；如果挫折情境和挫折认知能够被克服，就会顺利实现目标；当挫折情境和挫折认知无法克服、无法调整时，就会出现挫折反应。而当挫折情境和挫折认知无法被克服时，试着调整目标，也能够实现新目标。

在上述过程中，挫折认知是产生挫折最重要的因素。因为只有在挫折情境被知觉后，人们才会产生挫折感。否则，即使挫折情境实际存在，只要不被知觉，人们也不会有挫折感。因此，挫折感的实质是当事人的一种主观感受，是否有挫折感和挫折反应的强弱，主要取决于当事人对挫折情境以及对自己的动机、目标与结果之间关系的知觉、认识和评价。对不同的人来说，需要和动机的强度、对实现目标的评价标准、对自我的预期以及对挫折的归因等都不尽相同。因此，即使面对同样的挫折情境，不同的人也会产生不同的挫折反应。

例如：同样是考试不及格，有的学生痛不欲生，有的学生懊悔不已，有的学生则不以为意，这就是由他们对考试不及格这一挫折情境的认知不同造成。

由于对挫折及其意义的认识和评价受个体的信念、判断、价值观念等认知因素的影响，个体在以往社会生活中所形成的固有的认知结构对挫折的产生以及挫折反应的强度具有重要作用，特别是在人们的认知结构中常常存在一些不合理的信念，这会导致不适当、不适度的情绪和行为反应。

2. 挫折的性质及其转化

从挫折产生的基础和过程看，挫折是不可避免、随时随地都可能发生的，所以，挫折具有必然性和普遍性。

挫折还具有两面性。一方面是挫折的消极性。挫折可以使人失望、痛苦、沮丧，或引起粗暴的消极对抗行为，甚至导致攻击侵犯行为，或失去对生活的追求，给自己和他人造成严重损失。另一方面是挫折的积极性。挫折可以使人认识错误，接受教训，磨炼意志，使人更加成熟、坚强，在逆境中奋起，从而获得进一步的发展。

挫折的消极性和积极性是相对的,也是可以转化的。挫折的转化是指当个体遇到挫折时,以积极的态度面对挫折,能认识到挫折给自身带来转机与成长,将挫折变为动力,以顽强的毅力继续奋斗;或者个体重新调整目标,纠正自身存在的不合理信念,从而使需要或动机获得新的满足。挫折的转化即减少挫折的消极因素,积极寻找挫折积极的一面,促使挫折产生的消极因素向积极方面转化的过程。

心理科普

一、布朗斯坦的压力源分类

人类所遭遇的压力源广泛地分布于我们的生活环境中。心理学家布朗斯坦将这些压力源分成4类。

(1) 躯体性压力源,指作用于人的肉体、直接产生刺激作用的刺激物,包括各种理化和生物学刺激物。例如:高温、低温、损伤、震动、辐射、强烈的噪声、微生物和疾病等。这些刺激物不仅引起生理的压力反应,而且也可以间接引起心理的压力反应。

(2) 社会性压力源,指那些造成人的生活风格上的变化、并要求对其适应和应对的社会生活情境和事件。能够改变人的生活风格或生活方式的压力源主要有社会动荡、战争、灾荒、社会经济制度的重大变化等;日常生活中发生的种种变故,如考试、就业、结婚或离婚、亲人患病或死亡等。近些年来的研究发现,日常生活琐事同样可以导致应激反应。例如,每天挤车上下班,频繁接待陌生人,处理各种家庭事务,为孩子的学习操心等,都可归入社会性压力源。

(3) 文化性压力源,指要求人们适应和应对的文化生活环境。当一个人由一个民族聚居区(或一个国度、一种语言环境)迁移到另一个民族聚居区(或另一个国度、另一种语言环境)时,就会面临着生疏的文化环境的挑战,从而产生适应和应对的需要和压力以及压力反应。

(4) 心理性压力源,指一个人头脑中不切实际的预测、凶事预感、工作压力以及心理冲突和挫折的情境等。

上述社会性、文化性和心理性应激源在性质上均属于心理社会性质的刺激物,因此也可合称为心理社会性压力源。

二、适度压力与过度压力对人的影响

1. 适度压力是个人成长的进阶石

过度压力可以影响人的健康,但适度压力会提高人的心理生理反应的强度及其对压力的耐受力。

心理学家耶克斯和多德森的研究表明,各种活动都存在一个最佳的动机水平。动机不足或过分强烈,都会使工作效率下降。研究还发现,动机的最佳水平随任务性质的不同而不同。在比较容易的任务中，工作效率随动机的提高而上升；随着任务难度的增加，动机最佳水平有逐渐下降的趋势。也就是说，在难度较大的任务中，较低的动机水平有利于任务的完成。这就是著名的耶克斯—多德森定律。

（1）适度压力是高效学习的动力。适度的心理压力对人的健康和功能活动有促进作用，这类压力被称为"良性压力"。适度压力是维持人正常功能活动的必要条件，比如期末考试、评比、检查和比赛等，是引起适度心理压力以促进学习的常用手段。大学生学习中的一个普遍现象——期末考试周的强化复习，正说明适度压力是高效学习的动力。

（2）适度压力是个体成长的助力。让人处在适度压力的环境下，可培养人的心理承受能力。人在工作学习中付出了时间和精力，最终克服了压力，实现了最初的目标，或者克服了自我障碍，他的抗压能力也得到提高，处事应变更加游刃有余，心理也更加成熟。

假如一个人是在父母百依百顺或是过度呵护的教养下成长起来的，并且从未经历过挫折和压力，那么，当面对突如其来的压力时，其脆弱的心理承受力可能会让他在压力面前落荒而逃。但是，压力不可避免，没有压力的个体无法提升自我效能，无法充分挖掘自我潜力，无法实现心理的成熟和自我的成长。

（3）适度压力给挑战自我提供了机会。常言说："有压力才有动力""化压力为动力"，其实都是在说适度的压力可以让个体有挑战感。适度的压力可以促使个体形成积极的动机，向自己以往的能力发出新的挑战。在一些竞技比赛中，设定一个比过去目标高的新的目标，就是给了竞赛团队一个预期的压力。利用这种压力让团队产生动力，提高团队成员的兴奋度，让他们更有信心地迎接挑战，实现目标。组织行为学认为，最佳的目标应当是比个体的能力高一点点的目标，这样的目标设定既不会因其太过容易而令人乏味，也不会因目标过高而让人失去挑战的兴趣。

2. 过度压力对人身心健康的不良影响

心理压力超出个体心理承受能力范围，会引起个体神经、血压、心率等一系列生理活动的急剧变化，进而导致个体出现一系列的身心不良反应：

（1）过度压力导致焦虑、抑郁与愤怒。当一个人面临生活中出现的突发事件，或有长期惹人厌烦的日常琐事时，大脑就会把这种刺激认知为压力，比如自我要求、安全威胁、他人要求、自尊威胁等，人就会出现情绪反应，如紧张、恐惧、抑郁。事实上，压力引起的心理反应还有警觉、注意力集中、思维敏捷、精神振奋，这是适度的心理反应，有助于个体应对环境。例如，学生在学习过程中、运动员在参赛过程中，一定压力下的竞争更容易出成绩。但是，过度的压力会带来负面反应，出现消极的情绪，如忧虑、焦躁、愤怒、沮丧、悲观失望、抑郁等。

（2）过度压力导致注意力分散、记忆力下降。人的大脑一般有四种波存在，人在不同的状态下大脑内的脑波各不相同。当人处于 α 波状态时，心情很平静，注意力集中，记忆力非常好，想象力非常丰富，这对于人工作或者学习来说是非常好的。而长期压力会使人少有 α 波状态，出现思维狭窄、注意力分散、记忆力下降，表现出消极被动的状态。

(3) 过度压力导致意识域狭窄。意识域是指人们在短时间内对客观事物所能察觉到的范围。人的意识域的大小由执行的任务所决定,并且同注意的广度、注意的分配、注意的集中有关,人可以通过对注意力的训练、培养来扩大意识域。

心理学研究表明,过度的压力会使人的意识域变得狭窄,从而妨碍人们在压力下的反应。如考试焦虑的人在考场上会出现什么都想不起来、什么题目都陌生的现象。课堂上被老师提问时,因压力大,本来会的知识却一点都想不起来。当坐下来平静后,那些知识又回到脑海里。

遇到突发事件时,人们表现出不当的行为而且自己毫不知情,也是意识域变得狭窄的表现。有经验的选手都知道,在奥运会赛场上,选手们实力相当,其实拼的是临场心理状态。每次奥运会总有选手因为紧张而与冠军擦肩而过,也总有选手因为心理素质过硬而在关键时刻力挽狂澜。

(4) 过度压力导致出现"自我设障"的行为。一般而言,轻度的压力会促发或增强一些正向的行为反应,如寻求他人支持,学习处理压力的技巧。然而,压力过大过久,会引发不良适应的行为反应,如说话结巴、动作刻板、过度饮食、出现攻击行为、失眠等。在大学生中,最常见的是"自我设障"的现象。所谓"自我设障",就是面临被评价的威胁时,为了维护自尊而做出的对成功不利的行为或言辞,这就好比给成功预先设置了一个障碍。

自我设障的本质是害怕失败。由于自我设障行为的存在,人可以把失败归咎于这个行为,而不用归咎于自己的能力。例如,有的学生"忘记"了期末考试时间,事实上是学业困难不想去面对期末考试;有的学生尽管很喜欢与异性交往,但并不注意外表整洁,事实上是给自己交不到异性朋友找理由;有的学生迷恋网络游戏甚至达到退学的程度却不思悔改,事实上是给自己学业困难找借口。

心理自助

一、拓展阅读

挫折的积极作用和消极作用

1. 挫折的积极作用

巴尔扎克说过:"世上的事情,永远不是绝对的,结果完全因人而异。苦难对于一个天才是一块垫脚石,对于能干的人是一笔财富,对于弱者却是万丈深渊。"若能正确认识挫折,积极面对挫折,化解挫折,挫折就可以丰富人生经验,开阔胸襟,磨炼意志,激发聪明才智。积极应对挫折,可以使生命更加充实,理想更加实际,思想更加明晰,人格更加丰满,处世更加老练,认识更加深刻。

挫折具有成长功能,使人学会做人。人的一生是适应社会要求的过程,如果适应得好，就会心平气和；如果不适应，就会别扭失意。适应就是要学会调整自己的动机、追求和行为。一个原本乳臭未干的孩子，根本不知道什么是对、什么是错，正是通过成人的鼓励、制止、允许、反对、奖励、处罚、引导、劝说，才习得举止行为的适应和得当，能够在不同环境、不同时间、不同对象、不同规范条件下调整行为。相反，一个从小无法无天的孩子，一旦开始独立生活，就会到处制造矛盾冲突。

挫折具有锻炼功能，可以增强人的意志力。"不幸是一所最好的大学"。生活中的挫折和磨难，能使人受到考验，变得坚强起来。挫折在给人以打击、带来损失和痛苦的同时，能使人奋起、成熟，并从中得到锻炼。挫折就像意志力的"运动场"，当你大汗淋漓地跑完了全程，克服了生活的挫折，就会获得愉快的体验。只有尝到饥饿挫折的人，才能吃出食品的美味。心理学家把轻度的挫折比作"精神补品"，因为每战胜一次挫折，都强化了自身的力量，为下一次应对挫折提供了"精神力量"。

挫折具有发展功能，可以提高人的能力。挫折提供了转败为胜的契机，正所谓"吃一堑，长一智"，你会从中学到很多人生智慧，提高分析问题和解决问题的能力，提高自我认知和评价的能力，确定合理的抱负和期望值，避免评价不当所引起的自满与自负两种现象，维护心理健康。

2. 挫折的消极作用

无论是弱者还是强者，都不希望自己遇到挫折。因为挫折使人生发展遇到困难和障碍，使人陷入某种难以摆脱的困境和危机，甚至影响到人的生活质量和未来的发展。主观上，挫折易使人陷入痛苦、悲观、伤感，甚至绝望之中。体验生活带给自己的苦涩，不仅会使自己的身心健康受伤害，还有可能殃及他人。倘若屡遭不幸，超出了人的承受极限，还会导致精神崩溃甚至轻生。这些都是人们所不希望发生的。

当然，挫折对于不同的人来说，是不幸还是挑战，是压力还是动力，有积极作用还是消极影响，一方面取决于挫折强度及其对个体的意义的大小，另一方面还取决于个体对挫折的承受力的大小。

二、心理测试

精神压力测试与应对

请仔细回答下列各项问题，除了自行作答外，最好也请你的亲朋好友填上他们觉得你应得的分数，以作比较。这些问题可以帮助你认识自己精神压力的来源。

选择适用的分数：经常（2分）；有时（1分）；不曾（0分）。

甲组：

1. 发觉手上工作太多，应付不来。　　　　　　　　　　　　　　　　（　　）
2. 觉得没有时间消遣，老是记挂工作。　　　　　　　　　　　　　　（　　）
3. 时常分秒必争，例如恨不得要闯红灯。　　　　　　　　　　　　　（　　）

乙组
1. 工作太多，未能做到尽善尽美。   （   ）
2. 输了比赛，例如棋局、麻将或娱乐运动等，就感到愤怒。   （   ）
3. 觉得上司/家人并不欣赏自己的工作。   （   ）
4. 为别人对自己及工作表现的看法而忧虑。   （   ）
5. 为自己目前的经济状况忧虑。   （   ）

丙组
1. 常有头痛/颈痛/背痛/胃痛。   （   ）
2. 借助吸烟/饮酒/吃零食来抑制不安的情绪。   （   ）
3. 要服用安眠药才能入睡。   （   ）

丁组
1. 一些家人/朋友/同事时常能令你乱发脾气。   （   ）
2. 谈话时，常常打断别人的话题。   （   ）
3. 临睡前思绪起伏，被诸多忧虑缠绕，周末也是这样。   （   ）

戊组
1. 为自己随意做事而内疚。   （   ）
2. 在闲暇时轻松一下也有内疚感。   （   ）
3. 常觉得自己不应该享乐。   （   ）

满分为34分　你的总分为（　　　）

测试结果分析：

得分为28～34分：精神压力很高。

得分为16～27分：精神压力较高。

得分为11～15分：精神压力平均。

得分为6～10分：精神压力较低。

得分为0～5分：精神压力甚低。

如果亲朋好友给你的分数高于你自测的得分，可能是因为你不肯接受自己有精神压力这一事实，或者他/她并不了解你。

现在请分析一下你的答案，每一组问题代表不同的精神压力来源，如果其中一组或以上的分数较高，请参考其应对方法。

甲组：你对时间观念过分重视。

应对方法：退后一步，看清楚问题。好好地计划一下较为长远的目标。做事应按部就班，避免在同一段时间内做太多事情。尽量分配充足的时间去做，而且要专心工作，并从中获得乐趣。

乙组：你过分忧虑成败得失，因此忽略了自己生活的节奏及享受。

应对方法：不要将别人对你的看法及期望看得过重，应发展自己的潜能，培养自信心,并且多注意闲暇时的人生享受。

丙组和丁组:说明了你在压力中的身体及精神症状。

应对方法:坐在直背椅上,做深呼吸,并且将精神集中,慢慢吸入与呼出,同时让自己松弛——由四肢开始,渐渐伸展至身躯、颈部及脑部——闭上眼睛,将一切琐事忘记,幻想恬静和美丽的景物。开始时每天做 5 min,以后渐渐延长时间,而且可以在任何地方做。要多听别人的意见,不要打断人家的话题,让别人多有表现的机会。

戊组:你已成为自己工作或家庭的奴隶,因而丧失了生活的乐趣。

应对方法:与亲朋好友增加接触,检视自己对他人的要求是否过高,让别人分担一些你的工作,合力解决问题。

三、心理故事

火上的萝卜鸡蛋和咖啡豆

放三碗水在火上烧热。第一个碗里放入萝卜,第二个碗里放入鸡蛋,第三个碗里放入已经被磨成粉的咖啡豆。煮 15 min,将里面的材料取出。

萝卜本来是硬的,但现在变软了。

鸡蛋的里面本来是软的,但现在变硬了。

咖啡的粉末不见了,但是水的颜色变了而且有香醇的味道。

萝卜、鸡蛋和咖啡豆的启示:从面对挫折的角度考虑,我们把开水比作挫折,比较三样东西水煮前后的性质变化。

我们可以像萝卜:萝卜代表原来是健康强壮的心态,面对挫折后变得软弱、自卑。一开始,我们强而有力;结束时,我们沮丧且虚弱。

我们可以像鸡蛋:鸡蛋代表原来是内心善良、敏感的人,然而面对挫折后变得麻木、冷漠。一开始,我们有柔软且敏感的心,结束时,我们没了知觉,失去同情。

我们可以像咖啡豆:咖啡豆溶入水中,代表碰到挫折时,能够坦然、从容面对挫折。改变水的颜色,代表积极改变挫折的人。

水并不会改变咖啡的粉末,而是咖啡的粉末改变了水。

雄鹰的重生

鹰是鸟类中寿命最长的,可以活到 70 岁。可是很少有人知道,要活这么长的寿命,在其生命的中期会遇到巨大挫折,必须做出艰难却重要的决定。因为鹰活到 40 岁的时候,就会遭遇到中年危机,它的爪子开始老化,无法有效地抓住猎物;它的喙变得又长又弯,翅膀也越加沉重,飞翔十分吃力。这时,它只有两种选择:一是等待死亡,二是重整后再生。

选择重整后再生的鹰,要经过一个痛苦更新的过程。

它首先要努力地飞到山顶,在悬崖筑巢,在那里度过漫长而又痛苦的 150 天。在第一个 50 天里,它用喙击打着岩石,在剧烈的疼痛中接受生命的洗礼,在痛苦的呼喊中接受新的开始,经过反复而痛苦的击打后,旧的喙脱落了。接下来是漫长的等待,50 天后,一个新尖喙长出来了。

接下来鹰又一点一点拔下自己的爪子,在痛苦中鲜血淋漓。接下来又是 50 天的等待,新的爪子长出来了。

紧接着,鹰又把自己的羽毛一根一根拔下来,岩石上留下的是曾经的飞翔见证和为了明天的飞翔付出的滴滴鲜血。又是一个 50 天的等待,待新的羽毛长出后,鹰又可以翱翔于广阔的天空,继续自己今后 30 年的飞翔。

四、心理探索

1. 思考讨论:读完雄鹰重生的故事,想一想,当你们面对挫折的时候是怎样处理的?有没有像鹰一样,让自己重获新生呢?

2. 肯定句训练

美国心理学家雪莉·珊贝利提出,自我通过肯定句训练(英语的一种句法),可以提高人们在各方面的素质,增强挫折应对能力。

肯定句是以现在时来叙述的句子,把希望带进自己的生活中。肯定句的运用,可以代替否定的自我谈话,使自己的自我谈话、自己的态度和期望变得更为积极。

对自己说这些新句子时,要有一种意念,即你所说的这些句子是事实。具体如下。

(1)我感谢我的双眼、鼻子、嘴巴和双耳为我的生活增添了满足感。

(2)我尊重我自己的身体,相信我自己的身体,爱我的身体,我要给它最好的环境让它尽可能健康、充满活力。

(3)我相信我可以拥有自己选择的身体。

(4)我的身体有很多话要告诉我,我愿意专心倾听。

(5)因为我爱我的身体,我只做对我身体最有利的事。

(6)我正在体验充满活力的使命。

(7)我每天都以各种方式培养健康意识。

(8)我清楚身体里所有的情绪障碍和消极能量。

(9)我放开所有的负担,清除所有障碍。

(10)我愿意拥有健康的情感关系。

(11)我忘掉旧的伤害,敢于直面人生。

(12)我现在吸引健康、充满爱的感情关系进入我的生活。

(13)我允许自己体验充满爱意、支持的友谊。

(14)在任何感情关系中,我仍然是我。

(15)爱的感觉来自内心,我可以感觉到爱意和被爱。

(16）我喜欢得到赞美，而且我会经常称赞自己和别人。

(17）我很高兴以活力和热忱来取代沮丧和困倦。

(18）我很感激引导我至此的生活经验。

(19）我知道每件事情的发生都是有原因的。

(20）我的目标明确，而且可以达成。

(21）我以优先顺序安排自己的目标。

(22）我会专心致力于自己想完成的事情上。

(23）我花时间专心倾听别人的需要。

(24）每天我都会按照带领我迈向目标的步骤行动。

(25）我的心有无限的潜能。我清晰地想象自己是我想要成为的人。

任务三　大学生压力管理与挫折应对

【任务目标】

(1) 了解大学生学习生活中常见的压力、挫折及其产生原因。

(2) 掌握大学生压力管理策略及提高挫折承受能力的方法，学会应对生活中出现的压力与挫折。

(3) 学习与大学生压力管理与挫折应对相关的心理学理论知识。

【任务描述】

本任务主要学习大学生压力管理与挫折应对方面的知识，引导大学生认识自己学习生活中常见的压力与挫折是如何产生的，充分认识压力与挫折的积极影响与消极影响，掌握压力管理与挫折应对的技巧和方法，形成良好的抗压抗挫能力。

【任务知识】

心理课堂

一、大学生常见的压力与挫折

大学生常见的压力包括：学习压力、就业压力、交往压力、恋爱压力和经济压力。

大学生常见的挫折包括：生活挫折、学习挫折、交往挫折、情感挫折、择业挫折和社会认知挫折。

二、大学生压力与挫折的产生

一般来说，大学生所遇到的任何变动或习惯改变都可称为压力，痛苦会带来压力，快乐也会带来压力，愉快与不愉快的事情都会造成压力，只是不愉快的事件产生的压力程度通常比愉快事件产生的压力要高一些。人生在世，每个人都不可能一帆风顺，总会遇到许多坎坷挫折，大学生也一样。他们在实现目标的活动过程中，遇到无法克服或自以为无法克服的障碍和干扰，使其动机不能实现、需要不能满足时，就会产生强烈的挫折感。一般来说，大学生的压力与挫折来自大学环境的挑战和自我内心冲突两个方面。

1. 大学环境的挑战

大学生的年龄一般在18～24岁，这个年龄正是人们要做好准备去承担文化所赋予的成人的角色和责任的时期。他们面临的人生课题是适应大学的学习，完成职前教育的最后一个环节，开始恋爱婚姻，与他人良好合作，再次了解和探索自己，发现自己的职业兴趣，为进入社会做好准备。因此，在适应大学环境和学习、与他人合作、建立恋爱关系、寻找职业兴趣与就业中遇到的困难，便成为大学生在大学环境中主要的挑战。

（1）大学适应困难。对于即将进入大学的新生来说，大学生活充满了新鲜和美好，不少同学会在头脑中主动编织一幅大学生活的美好画面：环境优雅、集体温暖、学习高效、课外活动丰富多彩，社会实践意义重大，社会交往朝气蓬勃，有的同学会把大学想象为"理想的天堂"和"生活的乐园"。很多同学上大学是第一次离开家乡，第一次离开亲人，第一次住集体宿舍。他们面临的是新的生活环境的适应，学习上新的竞争，培养大学的学习习惯，建立新的人际关系，还要学会独立思考。这对于尚未完全成熟的他们来说确实是一种挑战，也是大学生们常见的压力源。

（2）重大生活变故。重大变故往往是那些严重的、不可逆转的生活改变。在大学生活中发生的能够引起大学生较为强烈的心理反应的生活变化，通常急性发生、短期结束。例如，"升入大学或开始读研""重大考试失败""转系"和"结婚"等。生活的重大转型会引起焦虑，很有可能对个体造成很大的心理创伤。而这些重大变故基本上都集中于与个体关系最紧密的人中，如自己、父母和亲人等。据调查，对大学生心理影响强度列于前10位的项目依次是"亲密的家庭成员死亡""家庭暴力""父母离婚""结婚""妊娠""家庭成员患重病""性虐待""个人就业困难""家庭不和睦"和"与好友关系破裂"。

（3）学习困难。大学生的专业化学习程度较高，职业的定向性较强，这就要求大学生必须进行复杂的智力活动，获得比中学时期更为复杂的知识结构：大学的课程体系繁杂，需要学生自主进行选择；大学是职前教育，为学生进入某一职业工作做准备，所以需要学生有较强的实践能力；大学知识离学科前沿很近，很多知识没有定论，这要求大学生有自主学习能力，自己去思考问题，培养学习和科学研究的积极性。因此，大学的学习要求有自觉性、自主性、批判性、开放性及创造性等特点，也因此大学生的学习内容、学习策略、学习方法、学习目的与中学都有很大不同。这可能给那些只适应中学学习、在父母和老师严格管理下成长起来的学生带来很大的冲击。

（4）人际冲突。人是社会存在物，人的生存一刻也离不开集体和他人。与人交往使人保持身心健康，使大学生完成社会化进程，获得自我认识。大学生的交往追求相互平等，体现独立人格。大学生在人际交往中，会因不被别人接受而有压力，如被迫参加高消费的聚会，没有知心的朋友，被人误解或错怪；会因受挫而感到人际压力，如被老师当众批评，被宿舍同学排斥；会因不会"说话"而受到同学们的冷落；会因自己表现不够优秀而自卑；会因地域文化、出身特点、经济条件、行为习惯不同，与同学发生矛盾；会因无法达到他人对自己的期望而遭受挫折；会在人群中感到紧张，如当被要求在陌生人面前发言的时候，压力值就会骤然上升。这些紧张和冲突会给大学生带来压力和挫折感，影响大学生的身心健康。

（5）情感挫折。进入大学，爱情渐渐成为生活中的高频词，大学生们不再被禁止恋爱和结婚。美好的爱情可以给人们带来快乐、幸福和无穷的创造力。但是，爱情犹如一把双刃剑，有时也会带给人们痛苦、不安与烦恼。进入恋爱阶段的人有强烈的爱与被爱的需要，也饱受爱情的痛苦。这些痛苦有时是苦苦暗恋，不知如何表达；有时是屡追屡败，十分挫败；有时是争吵不断，不知如何化解恋爱中的冲突。甜蜜并痛苦着，这是许多大学生的情感体验。

（6）就业及发展。什么样的工作是自己一生的梦想，人生之路将如何前行，相信大部分大学生在大四时仍不能明确。事实上，了解自己、发展自己也不是一蹴而就的事情。每年数以百万计的大学毕业生同时找工作，就业压力巨大。此外，很多学生面对多种职业选择，会出现各式各样的困惑，在各种选择中纠结徘徊却又感到无所适从。

2. 内在自我的冲突

如果说源自大学环境的诸多挑战是导致大学生心理压力的外因和条件，那么，大学生内在自我的冲突则是导致其心理压力的内因。大学生的内在自我冲突包括过高的期待、不良人格特点、盲目比较的思维、动机冲突等。

（1）期望超越现实。期望是人们为之努力、奋斗的目标，是人朝思暮想希望达到的。现实是人们不想承认却又不得不承认的一种结果，是人们想要改变却又常常苦于无法改变的一种生存状态。大学生所处的生命阶段决定了他们会比其他人产生更多的期望和现实之间的冲突。他们处于青年后期和成年初期，未来还有很多的不确定因素，而正是这种不确定性让他们可以对未来抱有很多美好的设想。但是，大学生又不得不面对现实中的多重因素，如恋爱被拒、求职无门、大城市情愫等。当理想撞上了现实，是一往无前还是放手妥协，是大学生四年中会不断涉及的话题。在期望和现实中生存的大学生，会承受较大的心理压力。

（2）完美主义人格的束缚。长期以来，一些研究者一直把塑造完美人格作为心理健康的标准之一。然而，当个体过度追求高标准而不顾严重的消极后果时，就出现了"适应不良"完美主义，这会导致情绪抑郁、社会隔离、身体不适、认知损伤或行为反复等方面的心理问题，对塑造健康人格十分不利。临床研究发现，完美主义与心理病理学密切相关，是厌食症和贪食症发展的特定风险因子，也是强迫型人格障碍的核心成分。

完美主义者往往比一般人更认真、更负责、更细心，并因此成就了他们。然而，完美主义者若过度追求高标准，不但表现在对自己的过高期望、过分苛求上，也表现在对他人和环境的过高期望和过分挑剔上，习惯用完美的尺度去衡量自己、衡量他人、衡量周围环境、衡量生活中的一切。然而，无论是自己还是这个世界都是不完美的，他们终究要因为不能接受现实而陷入失望与痛苦中。由于追求完美，这样的人还会过分关注消极面，过分在意别人的评价，害怕失败，容易有嫉妒、敌视心理。长期的完美要求，会使他们整天生活在挫折、失败、碌碌无为和愤怒的心情之中而无法自拔。

（3）盲目比较的思维模式。人在发现自己比别人强的时候充满力量，但盲目比较会让人们盲目自信，让人们感受到人格的不平等，感到自卑。

（4）动机冲突。动机冲突是指同时产生了两个或两个以上的动机，但由于条件限制，二者不可兼得。如果动机只有一个，人们就直接去行动了。如一个人想"我要好好学习，取得好成绩"，动机就直接驱动他去行动。但是，如果这个人既有想好好学习的动机，又有想好好玩乐的热情，而且他/她自己又不能将两者整合，动机之间就出现冲突了。有了冲突就会带来压力，使人产生不适感。如"鱼与熊掌不可兼得"的冲突、"前怕狼后怕虎"的冲突、"进退两难"的冲突等。如果这种心理矛盾持续太久、太激烈，或是其中一个动机得到满足，而其他动机受到阻碍，这时便会造成挫折。

三、大学生应对挫折与压力的不当对策

（1）寻求刺激或采取破坏性行为。有些大学生遇到挫折与压力而产生消极情绪时，不懂得以合适的方式去宣泄，只是一味地寻求刺激或者采取破坏性行为，有的时候会对他人、对自己造成严重的伤害，这种方式是不可取的。

（2）借助药物、酒精或烟草。有些大学生遇到挫折与压力时，往往借助药物、酒精或烟草麻醉自己，特别是男生。这是一种逃避现实的方法，你可以逃避一时，但无法逃避一世。

（3）暴饮暴食。有些大学生遇到挫折与压力时，就暴饮暴食。这是一种不良的习惯，有害身体健康，也不利于问题的解决。面对挫折时，我们首先要保持头脑清醒，然后分析问题，找到解决问题的办法。

（4）疯狂购物。有些大学生在遇到挫折与压力时，喜欢疯狂购物。疯狂购物虽然可以宣泄一时的不良情绪，但是也会产生新的问题。在非理智思维的刺激下，有些大学生往往把生活费花在一些不必要的用品上，造成浪费，甚至是超前消费，使生活紧张，导致新问题的产生，使自己处于更加不利的位置。

四、大学生的压力管理策略

大学生处在特殊的生活环境和特殊的年龄阶段，承担着特殊使命和社会角色。在日趋激烈的竞争环境下，大学生要面对多方面的挑战和困难，如果不能正确地面对这些问题带来的压力，其心理健康就会受到极大的威胁，产生不利影响甚至严重后果。

管理压力的关键在某种程度上依赖于人的可塑性，即人们能够在多大范围内改变自己以及自己的生活。

▶ **大学生心理健康**

1. 正确认识压力

压力对大学生的影响，按程度可分为三个层次：轻度压力、中度压力及高度压力。在轻度压力下，大学生会觉得放松、平静。但是，如果长时间如此，他们可能会变得懒散、没有斗志。适度的压力会让大学生觉得舒适。在适当的压力范围内，大学生能更有活力、更加积极地参与生活，并能整合自己的感觉、思想与行为。在高度压力之下，大学生无法发挥平常应有的功能，继而导致情绪或行为疾患症状出现。

随着社会生活节奏的加快，现代人像陀螺一样越转越快，没有压力仿佛成了很遥远的事情。为了完成年年递增的工作学习目标，为了不让自己落后于时代的步伐，现代人不断地给自己充电，每天通过各种途径接受大量的信息和知识，并要对这些信息进行认真而深刻的分析、归类和判断；同时还要小心谨慎地处理着同周围人的关系。可以说过度的压力已经成为这个时代的一个特征。

实际上，人们所感受的压力大小，并不源于生活事件本身，而是源于自己怎样看待它。压力是个体主观认知评估的结果，并非决定于压力源。大学生对压力要有明确的认识和接受态度，充分认识压力及其可能导致的后果。当我们认识到现实生活中充满竞争、心理压力是无法消除时，就可能对已出现的和将要出现的压力做一定准备。大学生还应当清楚，认识环境的方式比环境本身重要得多，正是因为对环境的观察使人们产生了反应，而人们的不同反应正是应对压力的关键所在。

2. 构建自己的社会支持系统

构建自己的社会支持系统，需要从以下3个方面着手。

（1）学会尊重他人。其中包括你的同学和老师，因为，只有尊重他人的人才能获得他人的友谊，从而获得帮助。

（2）扩大社会交往面，结识更多的朋友。首先，让你的同学成为你最亲密的朋友；其次，你需要一位人生导师，可以在你遇到困难时客观地分析和提供有益的观点。

（3）你需要向亲人、朋友和老师敞开你的心扉。你可能基于自尊或面子的考虑而拒绝他人的帮助。但是在你感到确实无法解决问题的时候，将你面临的压力说给他们听，让他们帮助你分析并提供建议。请相信这样做不会招致嘲笑，只会让他们感到你对他们的信任，因此你也能得到最大可能的帮助。

3. 觉知和调整自己的生理状态

生理状态是压力最直接的指标。要想有效管理压力，首先要有压力意识，要能觉察压力的信号。人在应激状态下，本能会驱动机体的防御机制，这是自发生的。现在，我们要进入自觉反应状态。有效的压力管理，需要我们建立一个对付压力，尤其是那些慢性压力的预警机制。首先，要有意识地觉知自身的紧张、焦虑等情绪状态。当自己处于应激状态时，生理和情绪上会有什么样的不适反应，记录自己的这些压力反应，然后锁定这些反应指标，以后每当产生这些不适反应时，便对自己发出警告。你的压力预警，就像雷达一样，让你保持必要的警惕。其次，学会控制自己的不良生理指标。当自己的压力知觉性提高时,也需要提高生理指标控制力,比如心跳、呼吸、血压等。这实际上是生物反馈过程,当然,提供反馈的不是机器而是你自己的觉知能力。

4. 提升自信心

自信心是一种积极有效地表达自我价值、自我尊重、自我理解的意识特征和心理状态。高自信心的人通常有高活力,维持适当的体重,有均衡健全的营养,并且对自己的容貌满意。当学习压力变大时,提高自信心,坚持"我一定做得到"的想法是必要的。事实上,即使有了实力但缺乏自信,极易产生"我不行""我做不到"的想法,从而增大自己的压力。因此,培养和提高自信心,是大学生保持快乐并抵御学习生活压力的一个重要因素。

5. 有效管理时间

我们日常学习、生活和工作中的许多压力,都来源于事情和任务本身。其中,时间压力通常是现代人最大的压力。消除时间压力和有效管理时间,是大学生围绕学习生活事务,对大学学习生活时间采用科学手段,进行有计划、有系统的控制、调节,最终达到有效利用时间来实现自我发展的管理活动。

(1) 学会运用 ABC 时间管理法。这个方法最初由美国管理学家莱金提出,他建议为了提高时间利用率,每个人确定今后 5 年、今后半年及现阶段要达到的目标。人们应该将其各阶段目标分为 A、B、C 3 个等级,A 级为最重要且必须完成的目标,B 级为较重要、很想完成的目标,C 级为不太重要、可以暂时搁置的目标。具体操作为:①列出"日学习清单",对学习目标进行分类;②按照重要性和紧急程度确定 A、B、C 顺序;③确定工作日程及时间分配;④实施计划;⑤记录花费的时间;⑥总结经验。

(2) 记录统计法。通过记录和总结每日的时间消耗情况,以判断时间耗费的整体情况,分析时间浪费的原因,采取适当的措施节约时间。

6. 学会放松自己

放松是指身体或精神由紧张状态朝向松弛状态的过程。当压力事件不断出现时,紧张不断积累,压力体验逐渐增强,此时持续数分钟的放松往往比一小时睡眠的效果还好。比较常用的放松方法有游泳、做操、散步、听音乐等。此外,还可以学习放松训练的应对压力技术,它是机体主动地放松来增强自我控制能力的方法。通过放松,有意识地控制自身的心理和生理活动,可以降低机体唤醒水平,增强适应能力,调节因压力反应而造成的心理、生理功能紊乱。放松的方式有很多,如全部放松、渐进放松、直接放松、想象放松、静坐放松、呼吸放松、肌肉控制放松等。

7. 坚持体育锻炼

体育锻炼可以明显地减轻压力,一方面,因为体育锻炼使身体健壮,精力充沛,应对能力增强;另一方面,用以锻炼的时间减少了暴露于压力情境的时间,某些锻炼如散步、慢跑等也提供了一个"空闲"调整的机会,可以对问题加以反思,寻求解决问题的策略。体育锻炼要有规律和持之以恒,以适量和娱乐性为原则,过量或竞争性强的运动不但不能减轻压力，其本身也是压力的潜在来源。

五、大学生提高挫折承受力的方法

人生的征途不可能是一帆风顺的，压力、挫折时有发生。因此，每一个人都应当自觉地与困难做斗争来锻炼自己的挫折承受能力，使自己成为生活的强者。大学生提高挫折承受力的方法有以下9种。

1. 正确认识自我和评价自我

社会环境总是非常复杂的，面对激烈的竞争压力，大学生却又缺乏迎接挫折与困难的心理准备，在挫折面前常因信心不足而迷惘无措，情绪敏感、脆弱。因此，大学生必须正确认识自我和评价自我，根据自己的学习要求、成长要求，恰当地分析自身的长处和不足，对自身的不足之处要有充分的理解，这样才能扬长避短、取长补短，实现自我价值。根据自己外部条件和内部条件的变化及时调整自己的期望水平、抱负水平，避免一些无谓的"碰壁""撞墙"。

2. 确定适度的自我抱负水平

自我抱负水平是指个人对未来可能达到的成功标准的心理需求。如果一个人对自己规定的标准高，那么他/她的自我抱负水平就高；如果其对自己规定的标准低，那么他/她的自我抱负水平就低。可见，自我抱负水平是自定的标准，是个人愿望，与个人的实际成就不一定相符。一般而言，自我抱负水平直接影响个人的学习和生活，一个抱负水平较高的人，往往对自己的要求也较高，因而其学习、工作的效率也就较好；一个抱负水平低的人，对自己的要求也较低，缺乏积极性、主动性，因而其学习、工作的效果也就较差。个人的自我抱负水平必须建立在对自己的实际能力有正确认识的基础之上，如果一个人的自我抱负水平总是高于自己的实际能力，那就很难达到预期的目标，很容易遭受挫折。所以，遇到挫折时，应审视一下自己的目标水平，看它设置得是否得当，得当的目标应当是具有较大的把握能够实现，又需要经过一定的努力才会实现的。

3. 确立合理的自我归因

在生活中，人们对行为的成功与失败进行归因是一件很平常的事，然而在这一过程中形成的归因倾向对人的心理承受力有着很大的影响。心理学家研究表明，在归因中，有些人倾向于情境归因，认为外部复杂且难以预料的力量是主宰行为的原因。例如，一个学生认为自己成绩不好主要是由于教师教学水平或是考卷难度太大的原因造成的。有些人倾向于本性归因，即认为自身的努力、能力是影响事情的发展与行为结果的主要原因。例如，一个学生认为自己成绩不好是由于学习不够努力造成的。一般来说，进行本性归因的学生对自己的行为与学习有更多的自我责任定向与积极态度，但是从对失败的归因方面来看，由于他们倾向于把原因归于主观因素，就容易自我埋怨、自我责备。如果这种自责、悔恨过多，就会给他们带来挫折感和心理损伤。因此，大学生首先要学会多方面收集关于事件的信息，了解困难的原因所在；其次，要学会合理归因，避免归因的片面性，学会实事求是地承担责任，克服过分承担或完全推诿责任的倾向，避免过多自责带来的挫折感；再者，要采取积极措施主动改变挫折情境因素，从而有效地应对挫折。

正确运用归因理论，善于从自身找原因，分析自身能力和目标之间的关系。如果是你的努力不够，下次再努力，如果是你尽力了，你可以对自己说"凡事我必力争，成败不必在我"。

例如，在学习过程中发现最近学习效率不高，通过原因分析之后，在解决内在问题的同时，可以尝试改变学习地点、学习时间，或改变学习科目的顺序、学习结构等，从而避免学习效率不高给自己带来的压力和困扰。

4. 增强挫折认知水平

心理研究表明，个人越是能够获得与挫折事件相关的信息，就越能够有效地处理它，越是参加到其所害怕面对的挫折情境中去，就越能够有效地应对这种情境。可见，个体对挫折的反应和承受能力不仅取决于挫折情境本身，更重要的是取决于其对挫折的认知。挫折是社会生活的组成部分，是不可避免的人生经历，大学生应正确地认识挫折、战胜挫折，并把挫折作为成功的阶梯。

5. 建立和谐的人际关系

心理学研究表明，一个人与他人一起处在挫折压力中时，可以降低消极情绪的体验。因此，大学生在面对挫折时，除了积极改变自我之外，还应学会交往，与他人建立良好的人际关系，这对压力的缓解也是很有帮助的。交往是人们为了交流思想和感情而彼此间相互作用的过程，它使人们在关系互动的过程中相互了解、相互依赖，形成稳定的心理联系，满足人们的情感需要。同时，由交往形成的人际关系又可以满足人的归属、情谊、认可等社会性需要。因此，学会交往，建立良好的人际关系是提高大学生应对挫折能力的有效手段。

友情是一种来自心底的力量，别人的认同和友善也是一种肯定力量。俗话说："一个篱笆三个桩，一个好汉三个帮"。要克服挫折，增强对挫折的适应能力，离不开和谐的人际关系。当一个人在遭遇挫折之际，得到朋友和周围人的同情、理解、关心、鼓励和支持时，就会减轻其对挫折反应的强度，增强其对挫折的承受力和适应性。因此，大学生应学会与人交往，努力拓展自己的交往空间，建立广泛而和谐的人际关系，这既是大学生心理健康的基本要求，也是增强其挫折承受力的重要途径。

6. 淡化动机冲突

强烈的动机冲突往往会导致挫折心理的产生，因此，淡化动机冲突同样是避免和减轻挫折心理的重要条件。承认矛盾、正视挫折是有效解决冲突的前提条件，回避冲突则会使人失去理智而做出错误的选择。在承认矛盾的基础上，还必须要重新衡量各种限制动机满足的主、客观条件，权衡利弊，选择适当的满足动机或需要的方式；根据实际情况调整目标以彼此兼顾或扬长避短，并在原来目标的基础上建立新的目标，进而在新目标的实现过程中重新获得心理平衡，淡化冲突带来的负面影响。

7. 创造应对挫折的情境，增强耐挫训练

引导大学生积极参加社会实践，有针对性地加强耐挫折心理训练，这是培养耐挫折能力的基本途径。西方教育和心理卫生专家认为，良好的耐挫心态是人们在童年和青少年时不断受挫和解决困难中形成的。通过社会实践，可以培养青年大学生的韧性、耐挫力及受挫的恢复力，克服畏难心理、自负心理、自卑心理和依赖心理。如果大学生有更多的机会参加各种有益的社会实践活动，其耐挫力将会得到增强。

8. 适当运用心理防御机制

人在遭受挫折后，挫折情境对人心理上的压力，会使人产生紧张、焦虑、不愉快的情绪体验，并导致心理、生理活动的不平衡状态，影响人的正常行为和活动能力。在实际生活中，每个人难免碰到或大或小的阻碍、损伤、痛苦，以及困窘难堪的场面，因而不时感到挫折、冲突、焦虑。事实上，由于自我具有防御机制，所以个人在可预见或已面临威胁时，总会采取某些自我防御措施，以抵御外来伤害，减轻内在压力，而不至于引起太大的痛苦和不安。任何心理健全的个人都会或多或少地运用一些心理防御机制。

心理防御机制通常有积极和消极之分，一般来说，积极的心理防御机制常常表现为一种自信、愉快、进取的倾向，有助于个体战胜挫折，如前面所提到的升华、认同、幽默等。而消极的心理防御机制大多表现为退缩、逃避、自我安慰、自欺欺人，这些虽然也能起到暂时平衡心理的作用，但不能真正解决问题，常常会阻碍个体发展，而且降低其适应能力，如前面所提到的冷漠、逃避、压抑等。但适当地运用心理防御机制也能起到一定的效果。比如，当个体遭受挫折后，为了维护自尊、避免难堪、减轻痛苦和焦虑，用幽默、风趣的语言或人人皆知的一些道理为自己找一个合理借口，可以把原来困难的情况转变一下，成功地摆脱窘境，从而驱除生活中的不快，缓解矛盾和冲突，赢得他人的信赖，建立起和谐的人际关系。又如，当个体遭受到较大的挫折时，为解除内心的不安与焦虑，不妨用一下否定、幻想等方式或途径，暂时回避一下自己所面临的挫折情境，经过一段时间后，将会恢复心理上的平静或消除心灵上的创伤。当然，现实生活中的既成事实我们是无法否认的，掩耳盗铃只是一种自欺欺人的做法，但是我们却可借否认某个不幸事件的重要性来减轻痛苦。

9. 学会正确处理挫折的方法

面对挫折，除了应有的正确认识和态度外，还应学习克服挫折心理的方法。

(1) 代偿迁移法。当一个人不能达到确定目标而受到挫折时，可以用另一种目标来代替，通过另一种活动来弥补心理的创伤，驱散内心的忧愁和痛苦，增强前进的信心和勇气。可以说，正是挫折给我们提供反思的机会，使我们重新认识自己，评价自己，从不利中看到自己的有利因素，扬长避短，走向成功。居里夫人在丈夫不幸去世后，她想到的是丈夫生前说过的话："无论发生什么事情，人总得工作。"于是她克制住内心的悲痛，更加发奋工作，终于成为两次获得诺贝尔奖的伟大科学家。

(2) 疏导宣泄法。人们在挫折面前由于激烈的情绪反应，会导致不理智的攻击行为，

因此会造成新的问题,或造成不和谐的人际关系。如果强压心里的悲愤,长时期地压抑自己的情绪则会憋出病来,造成不良后果。因此,只有让紧张的情绪释放出来,才能使心理达到平衡。合理的情绪宣泄也是缓解大学生受挫后心理紧张和焦虑,保持其身心健康的有效途径。

(3) 注意转移法。当遭到挫折而使紧张情绪无法排解时,可以暂时离开挫折情境,转移自己的注意力,散步游玩,听听音乐,看看电影,聊聊天或从事体育活动等,都会使消极的挫折心理逐渐消除或缓解。

(4) 意志激励法。具有"挫折心理"的大学生往往也存在严重的意志障碍,表现为干什么都缺乏意志力,犹豫不决,对一切都抱"无所谓"的态度,情感冷漠,无所向往和追求。如同挫折承受力一样,坚强的意志力也是在后天的生活实践中,在教育的影响下形成的。

(5) 改变氛围法。有些大学生遭受挫折后,是向着积极乐观的心理反应还是向着消极不良的心理反应转化,同其所在群体的人际关系以及环境气氛关系极大。如果群体中充满互相关心、爱护、体贴和帮助的气氛,受挫者就会从中获得战胜挫折的力量;相反,如果一个群体中相互关系疏远、冷漠,则会降低受挫者战胜挫折的勇气。因此,创设一个良好的群体环境,营造一个良好的氛围,从而增强战胜挫折的勇气,这一点非常重要。

心理科普

一、社会支持系统

心理学上的支持系统通常是指个人的"社会支持系统",即个人在自己的社会关系网络中所能获得的、来自他人的物质和精神上的帮助和支援。从性质上可以分为两类:一是客观的、可见的或实际的支持,包括物质上的直接援助和社会网络、团体关系的存在和参与,这类支持独立于个体的感受,是客观存在的现实。二是主观的、体验到的情感上的支持,即个体在社会中受尊重、被支持、理解的情感体验和满意程度,与个体的主观感受密切相关。

一个完备的支持系统包括亲人、朋友、同学、同事、邻里、老师、上下级、合作伙伴等,当然,还应当包括由陌生人组成的各种社会服务机构。每一种系统都承担着不同功能:亲人给我们物质和精神上的帮助,朋友较多承担着情感支持,而同事及合作伙伴则与我们进行业务交流。

表面上看,每个人的社会关系网络都差不多,无非是父母手足、同学同乡、朋友同事,但深入观察,每个人从中获得的支持却有很大的差异:有人在个人支持系统中与他人共享生活,充满幸福感,遇到困难时总能获得及时而又有力的帮助;而有些人则不然,他们虽然和别人一样也拥有客观存在的关系网络,却与其中的人相处得很糟糕,在陷入困境的同时,也迅速陷入孤立无援的状态。

▶ 大学生心理健康

依据社会支持理论的观点，一个人所拥有的社会支持网络越强大，就能够越好地应对各种来自环境的挑战。社会支持系统包含 3 个层次：

使个体相信他/她被关心和爱的信息；

使个体相信他/她有尊严和价值的信息；

使个体相信他/她属于团体成员的信息。

社会支持作为个体对其人际关系密切程度及质量的一种认知评价，是人们适应各种人际环境的重要影响因素，是个体经历被爱、有价值感和他人所需要的一种信息，是一种在社会环境中促进人类发展的力量或因素。

二、挫折承受力

挫折承受力指个体遭受挫折后，能够适应、抵抗和应对挫折的能力，是个体在遇到挫折情境、经受挫折打击和面对各种压力时，摆脱和排除困境而使自己避免心理与行为失常的一种耐受能力。这种能力是后天习得的。生理条件、以往的挫折经验、对挫折的认知判断、个性特征、个体所意识到的社会支持都是影响个体挫折承受能力的因素。

（1）生理条件。一般来说，身体健康、发育正常的人的挫折承受力比疾病缠身、有生理缺陷的人要强。比如，前者不怕偶尔的饥寒交迫，可以熬夜，也可以长时间地工作而不感到疲劳，经受更大的挫折。但挫折会引起人的情绪及生理反应，给人的心理带来压力及紧张感。对体弱多病者而言，挫折会加重身体的虚弱，甚至发生意外。国外研究发现，体弱多病者与身体健康者在丧偶后一年内前者比后者发病率高 78%。

（2）以往的挫折经验。国外有人做过一个运动实验：对一组幼小的白鼠给予电击及其他挫折情境，使其产生紧张状态，然后让它们正常发育。长大以后，这组白鼠就能很好地应对挫折引起的紧张状态；而另一组没有受到这类挫折刺激的白鼠，长大后遭受电击等痛苦刺激就表现出懦弱和行为异常。对人来说也是如此：在婴幼儿期所受的刺激，可使成年期的行为更富于适应性和多变性。相反，从小很少遇到挫折，一贯顺利、总受赞扬的人，就没有足够的机会学习和积累对待挫折的经验，他们的自尊心往往过于强烈，对挫折的承受力较差。当然，任何事情都应有个"度"。如果青少年期遭遇的挫折太多、太大，也会影响以后的发展，可能形成自卑、怯懦等特征，缺乏克服挫折的勇气。

（3）对挫折的认知判断。由于认知不同，同样的挫折情境，对每个人造成的打击和心理压力是不同的。一般认为，虚荣心重的人对挫折的知觉敏感性高，承受力低。虚荣心重的人常常将名利作为支配自己行为的内在动力，一旦受挫，目标没达到，就会因为虚荣心没得到满足而难以承受。

（4）个性特征。一个人的需要、动机、兴趣、性格、能力等个性特征都对挫折承受力有重要影响。性格开朗、乐观、坚强、自信的人，挫折承受力强；性格孤僻、懦弱、内向、心胸狭窄的人，挫折承受力弱。诺贝尔在研究炸药的过程中，多次发生爆炸事故，弟弟炸死，父亲重伤，自己也有几次生命危险，但他经过一再努力，终获成功。可见，个人意志也是应对挫折不可忽视的因素。

（5）个体所意识到的社会支持。人们常说"一个痛苦两人分担，痛苦就减轻了一半"。当一个人感到有可以信赖的人在关心爱护和尊重自己时，就会减轻挫折反应的强度，增强挫折的承受力。

心理自助

一、拓展阅读

教你十招在压力中拯救自己

你有没有感到来自学习的、工作的、家庭的压力让你喘不过气来？那么在压力威胁到你的健康之前，想想办法，拯救自己吧！

1. 一次只担心一件事情

女性的焦虑往往超过男性。哈佛大学的研究人员发现，因为女性更爱方方面面地考虑问题，所以女性比男性更经常感到压力。她会考虑自己的工作、体重，还有每个家庭成员的健康等。

2. 每天集中精力几分钟

比如现在的任务就是把这份阅读做好，其他事情一概抛在脑后，暂时不去想。在这间隙，你可以花上 20 min 的时间放松一下，单纯是散步，而不考虑你所承受的压力，仅仅专注于你周围的一切，比如你看见什么，听见什么，闻见什么，感觉到什么等。

3. 说出或写出你的担忧

记日记或与朋友谈心，至少你不会感觉孤独无助。美国的医学专家曾经对一些患有关节炎或气喘的人进行分组，一组人员用敷衍塞责的方式记录他们每天做的事情。另外的一组人员被要求每天认真地写日记，包括他们的恐惧和疼痛。结果研究人员发现：后者很少因为自己的病而感到担忧和焦虑。

4. 不管多忙碌一定要锻炼

研究人员发现在经过 30 min 的蹬脚踏车锻炼后，被测试者的压力水平下 25%。上健身房，快走 30 min，或者在起床时进行一些伸展练习都可以。

5. 享受身体管理的乐趣

身体管理不只是传统的全身按摩，还包括足底按摩、修剪指甲或美容，这些都能让你的精神松弛下来。

6. 放慢说话的速度

也许你要应付形形色色的人，说各种各样的话。那么你应当尽量保持乐观的态度，放慢你的说话速度。

7. 不要太严肃

▶ 大学生心理健康

不妨跟朋友一起讲个小笑话，大家哈哈一笑，气氛活跃了，自己也放松了。事实上，笑不仅能减轻紧张，还有增进人体免疫力的功能。

8. 不要让否定的声音围绕自己而把自己逼疯

也许会有人说你这不行那不行，实际上自己也是有着许多优点的，只是他们暂时没发现而已。

9. 让自己彻底放松一天

读一篇小说，唱歌，饮茶，或者干脆什么也不干，坐在窗前发呆。这时候关键是你内心的体会，体会一种宁静、一种放松。

10. 至少记住今天发生的一件好事情

不管你今天多辛苦、多不高兴，都应该把今天的一件好事情同家人、室友或朋友分享。

二、心理测试

挫折心理测试

请根据自己的情况对下面的描述做出选择，符合自己的选"是"，与自己不吻合的选"否"。

1. 胜利就是一切。	是	否
2. 我基本上算是一个幸运儿。	是	否
3. 白天工作不顺利，会影响我整个晚上的心情。	是	否
4. 一个连续两年都排名最后的球队，应该退出比赛。	是	否
5. 我喜欢雨天，因为雨后空气清新，阳光普照。	是	否
6. 如果某人擅自移动我的东西，我会很生气。	是	否
7. 汽车经过时溅了我一身泥水，我气一会儿就算了。	是	否
8. 只要我继续努力，我就会得到回报。	是	否
9. 如果有流感，我常常会被感染。	是	否
10. 如果不是因为几次霉运，我一定比现在好得多。	是	否
11. 失败并不可耻。	是	否
12. 我是很有自信的人。	是	否
13. 做事拖拉，落在最后，常叫人提不起劲头。	是	否
14. 我喜欢冒险。	是	否
15. 假期过后，我常常不能马上进入学习或工作状态。	是	否
16. 我遭遇到的每一次否定都会使我更接近肯定。	是	否
17. 我想我一定受不了被解雇的羞辱。	是	否
18. 如果向我所爱的人求婚被拒绝，我一定会崩溃。	是	否

19. 过去的错误，我总是难以忘怀。	是	否
20. 在我的生活中，常常有些令人沮丧气馁的日子。	是	否
21. 负债累累，让我心焦。	是	否
22. 我觉得要建立新的人际关系非常容易。	是	否
23. 我星期一很难专心工作。	是	否
24. 在我的生命中已经有过失败的教训。	是	否
25. 我对别人的轻视很敏感。	是	否
26. 如果应聘失败，我会继续尝试。	是	否
27. 丢了东西，我会整个星期感到不安。	是	否
28. 我已经达到能够不再介意大多数事情的境界。	是	否
29. 想到可能没按时完成某项重要任务，会让我寝食难安。	是	否
30. 我很少为昨天发生的事情而烦恼。	是	否
31. 我很少心灰意冷。	是	否
32. 必须要有50%以上的把握，我才会做某件事情。	是	否
33. 命运对我不公平。	是	否
34. 我对他人的恨意会持续很久。	是	否
35. 聪明的人知道什么时候该放弃。	是	否
36. 偶尔做个失败者，我也能接受。	是	否
37. 新闻报道中的大灾难，会让我心神不宁。	是	否
38. 任何否定和阻碍，都会让我生出报复之心。	是	否

评定方法：凡是奇数项题目（1，3，5…）选"是"计0分，选"否"计1分；偶数项题目（2，4，6…）选"是"计1分，选"否"计0分。得分越高，表示应对挫折压力的能力越强。

得分为0～18分，说明你需要好好地加强自己的挫折承受力。

得分为19～29分，说明你已经具备了一定的挫折承受力，但尚不足以应对大的挫折打击，还要加油。

得分超过30分，说明你已经对挫折做好了心理准备，那么还等什么，赶快行动吧，去迎接生活的挑战。

三、心理故事

当挫折是动力

20世纪前半叶，美国密歇根州比犹拉县的农场里有一棵大榆树，农场主将家里的一头公牛拴在榆树上，公牛常常拖着沉重的铁链绕着榆树一圈一圈地踱步，天长日久，就在离地 1 m 的榆树皮上蹭出了一道凹痕。过了些日子，主人卖掉了农场，并砍断铁链牵走了公牛，一截铁链就留在榆树身上，后来榆树越长越大，铁链就整个嵌进了树的树干中，树干上仅能看见一圈疤痕。

数年过去了，荷兰榆树病横扫了密歇根州，农场周边的榆树几乎死光，仅剩下那棵腰缠铁链的榆树，人们以为它肯定活不长了。可它不但未死，而且长得一年比一年茂盛，使人称奇。

密歇根州立大学植物病理学家在研究后得出结论：这棵榆树是从锈蚀的铁链上吸收了大量的铁元素，才对致命的荷兰榆树病真菌产生了免疫力。这正好验证了海明威所说的："生活使每个人遍体鳞伤，但过后，许多人却在那些伤损之处表现得更为刚强。"

现在这棵传奇的榆树已经成为比犹拉县的一景，它那郁郁葱葱的树干左右伸展达 20 m，树干周长也有 4 m。

这棵榆树的故事告诉我们一个道理，损伤、挫折也可能成为其生存所必需的条件。虽然我们不能形而上学地认为只有在每一棵树身上都绑根铁链子，它们才能茁壮成长，但从中能得到一点启发也就足够了。若把这种感悟融会到自己的人生道路中，或许就是一种动力。

人如果不是天生而来的"参天大树"，就当自己是一棵铁索缠身的榆树好了，将经历的每次挫折都当成生活养料，人自然就会坚强许多。

四、心理探索

寻找美好的一面

事物的发展是前进性与曲折性的统一。逆境可以向顺境转化，顺境同样也可以转化为逆境。挫折可以使人沉沦，也可以使人幡然醒悟和奋起直追，关键在于受到挫折时，能否从失败中吸取经验和教训，能否发现自己的优点和长处，从而振奋精神，自强自新。当你失望和沮丧时，如果能看到自身美好的一面，你就会突然发觉，天空原来是那么辽阔，阳光原来是那样明媚，自己并非一无是处，从而鼓起战胜挫折的勇气和信心，以此提高应对挫折的适应能力。你可以通过以下 5 项具体方法，寻找自己美好的一面，走出自己的小圈子。

1. 发现自己的优点

请你花点时间去发掘自己的优点，然后逐一用笔记下来。回忆和记录的内容有：个人有什么专长？曾经做过什么有益的、有建设性的事情？过去人们是如何称赞自己的？

通过回忆和记录，你一定会从中发现自己的许多优点，从而知道原来自己并不差。

2. 找出榜样人物

在认识或不认识的人中，找一个你最羡慕和敬仰的人，这个人可以是居里夫人、司马迁、毛泽东，也可以是你的老师或父母。不管是谁，他们一定有值得学习之处。找出他们所受的挫折，并与自己的挫折相比较，你就会发现，目前自己的一时失败与他们相比根本算不上什么。

3. 肯定自己的能力

每天找出三件自己做得成功的事。不要把"成功"看成像登上月球那么大的事，成功可以是顺利跟医生预约了治疗时间，可以是上班一路顺利，还可以是处理的文件档案没出一个错等。

4. 培养自己某方面的兴趣

在自己的优点、专长和兴趣中找出某一项，加以特别培养，使之发展成为自己的专长。培养的专长可以是很简单的事情，如做蛋糕、剪头发、游泳、讲笑话、记电影的中英文名称……什么都可以。有了专长，就有机会当主角。

5. 发挥自己的外在美

当自己情绪低落时，不妨穿得鲜艳明丽些，化一化妆或剪一个新发型，通过改变外表来分散注意力，间接地改变坏心情。

项目六　大学生人格与心理健康

人格是伴随人的一生不断成长的心理品质。人格的成熟意味着个体心理的成熟，人格的魅力展示着个体心灵的完善与否。人格是一个丰富而复杂的心理成分，它是凝聚着文化、社会、家庭、教育与先天遗传的个体心理面貌。

任务一　人　格　理　论

【任务目标】
（1）了解人格的概念、结构和健全人格的特征。
（2）了解气质与性格的关系。
（3）认识人格健全对个体发展及社会发展的积极意义，重视自身人格的培养。
（4）学习与人格健康相关的几个心理学概念。

【任务描述】
本任务主要学习人格理论的相关知识，引导大学生认识和理解人格的构成要素及特征，明晰人格健全对人生发展的重要意义，重视健全人格的培养。

【任务知识】

心理课堂

一、人格的概念

人格又称个性。人格一词源于拉丁语中的"Persona"，原指古希腊罗马时期戏剧演员在舞台上戴的面具，代表剧中人物的角色和身份，面具随人物角色的不同而变换，体现了角色的特点和人物性格，犹如我国戏剧中脸谱的作用。

现代心理学一般把人格定义为一个人的整体心理面貌，即个体在先天生物遗传素质基础上，通过与后天社会环境相互作用而形成的相对稳定和独特的心理行为模式。

二、人格的结构

人格的心理要素包括个性倾向性和个性心理特征两个方面。

人格的个性倾向性包括需要、动机、兴趣、价值观、理想等，主要在后天的社会化过程中形成，集中反映了人性独特的一面。人格的个性特征包括能力、气质、性格，这些个性特征在不同程度上受先天遗传因素的影响，相对比较稳定。只有当人的心理特征、心理倾向性在与环境相互作用过程中表现出独特的行为模式、思维方式和情绪反应，其人格才可能表现出来，成为可观察的、现实的人格。从这个角度来说，人格是个体在先天生物遗传素质的基础上，通过与后天社会环境的相互作用而逐渐形成起来的相对稳定和独特的认知、情感与行为模式。气质与性格是人格的重要方面。

人格的各种特征不是孤立存在的，而是有机结合成相互联系的整体，对人的行为进行调节和控制。如果各种成分之间的关系协调，人的行为就是正常的，也即拥有正常的人格；反之，如果个体的情绪反应、言行举止、态度、信仰体系和道德价值观等与周围的环境格格不入，人际关系紧张，就会造成人格分裂，产生不正常的行为。人格一经形成，就具有相对稳定的特点，因此，形成统一的、协调的人格和形成残缺的、失调的人格，其性质对心理发展和精神表现的影响是截然不同的。

三、人格的特征

人格是一个具有丰富内涵的概念，主要包括独特性、稳定性、整体性、功能性、自然性和社会性的统一等特征。

1. 人格的独特性

人格是在遗传、心智、环境和教育等先天、后天因素的交互作用下形成的，每个人都从父代继承了不同的遗传素质，又在不同的环境条件下发育成长起来，因而每个人都有自己独特的心理特点，两个独立的人是不会具有完全相同的人格的。"人心不同，各如其面"，这句话正说明了人格是千差万别、千姿百态的，这就是人格所具有的独特性。

心理学家着重于个别差异的研究，但也承认生活在同一社会群体中的人具有一些相同的人格特征，如东方人含蓄内向，西方人直率外向；德国人保守，法国人浪漫等。

2. 人格的稳定性

所谓"江山易改，本性难移"说的就是人格具有稳定性。由各种心理特征构成的人格结构是比较稳定的，它对人行为的影响是一贯的，不受时间和地点的限制，这就是人格的稳定性。那些在行为中偶然表现出来的、属于一时性的心理特性并不能称为人格特征。例如，性格内向的人因为喝了些酒比较兴奋，一时话多了点，并不表明这个人具有活泼好动的性格特点。人格的稳定性并不是说它不会发生变化，实际上随着社会生活条件和一个人的发育成熟，他的人格特点也会发生或多或少的变化。

3. 人格的整体性

人格是由多种成分构成的一个有机整体，包含在人格中的各种心理特征彼此交织，相互影响，构成了一个有机整体。它虽然不能被直接观察到，但却体现在行为中，让人的各种行为所表现出来的特征形成一个整体，体现其独特的精神风貌。

4. 人格的功能

人格对个人的行为具有调节的功能，即人格决定行为乃至命运。有一句古印度谚语是这样说的："播种行为，收获习惯；播种习惯，收获性格；播种性格，收获人生"。

5. 自然性和社会性的统一

人格是在一定的社会环境中形成的，一个人的人格必然会反映出他生活在其中的社会文化的特点以及他受到的教育的影响，这说明人格的社会制约性。但是，人的心理，包括他的人格，是大脑的机能，人格的形成必然要以神经系统的成熟为基础。因此，人格又是人的自然性和社会性的统一。

四、气质与性格

气质与性格是人格结构中的两个核心要素，二者之间既有区别，又有联系。

1. 性格与气质的区别

（1）气质的先天性和性格的社会性。由于性格更多受到后天环境的影响，具有较为明显的社会化特征。在不同社会文化条件下，人们的性格有较大的差异。而气质是人们心理活动和行为稳定的动力特点，受遗传因素影响较大，人们生来就存在气质上的差异而且不同人的气质差异比较明显。

（2）气质变化慢且困难，性格变化快且容易。性格与气质的生理基础有所区别。气质的生理基础是高级神经活动的类型特点，气质的特点也源于高级神经活动的类型特点。由于高级神经系统不受生活条件的影响，所以气质具有很大的稳定性。性格是在高级神经活动类型基础之上后天建立的条件反射系统，所以性格变化快且容易。

（3）气质无优劣，性格有好坏。气质本身并无优劣之分，任何一种气质都有其积极和消极的方面，气质也不能决定一个人活动的社会价值和成就的高低。性格具有社会评价的意义，反映了社会文化的内涵，有好坏之分。

2. 性格与气质的联系

（1）气质可以按照自己的动力方式影响性格的表现形式，即影响一个人对待事物的态度和行为风格，使性格具有某种气质的色彩。气质给性格特征全部"打上烙印，涂上色彩"。例如，同样是爱劳动的人，爱劳动这一性格特征相同，但不同气质类型的人在劳动中的表现则大不相同。胆汁质的人干起活来精力旺盛，热情很高，汗流浃背；多血质的人则总想找点窍门，少用力，效率高；黏液质的人则踏实苦干，操作精细；抑郁质的人则累得筋疲力尽还是追不上别人的工作效率。

（2）气质可以影响性格形成和发展的速度以及动态，对一定的性格特性起着促进或阻碍的作用。例如，胆汁质的人比黏液质、抑郁质的人更容易做出草率的决定，而黏液质的人则比多血质的人办事更稳重。胆汁质、多血质的人易于形成外向性格，黏液质、抑郁质的人则易于形成内向性格。

虽然气质对性格的形成与表现产生一定的影响，但它并不决定一个人最终形成什么样的性格。研究表明，气质不同的人形成相同的性格是可能的，而同一气质类型的人也可能形成不同性格。在气质基础上形成什么样的性格特征，在很大程度上取决于性格当中的意志特征。

(3) 基于后天经验的性格可以在一定程度上掩盖和改造气质，指导气质的发展，使之更加有利于个体适应周围的生活环境。譬如，从体质上和操作速度上来说，胆汁质和多血质的人适合当外科医生，但前者易轻率，后者缺乏耐心，在成为外科医生后，这两种不同气质特征都会经过意志努力而改正。

五、人格的发展

每个人的人格塑造都经历了不同的发展阶段，人格发展大体上分为以下3个时期。

1. 萌芽期

这个阶段是从人一出生到进入青春期之前。3~8个月大的婴儿便可区分"我"和"他"。成长到8个月至1岁时，对自我开始有些模糊的认识。两周岁时，开始确立作为个体的一些基础概念，如性别、年龄等。此后，在父母和老师的教育下，在生理上提高了动作的协调性和自控能力，能够逐渐比较自如地运用语言，在心理上形成初步的性格及情绪反应方式等。随着怀疑的产生，也会对周围的事情提出问题，并逐步发展到一定程度上对周围世界的观察与思考。在观念上因灌输等产生了朦胧、机械的道德观、价值观等。在这个时期，儿童以模仿为主，依赖性很强，自觉程度较低，缺乏个体的主动性。

2. 重建期

重建期是指从青春期开始到青年期结束。这是人格突变、重建和产生新质的时期，是人的生理和心理都处于显著变化的时期。身体的急剧发展和性的成熟，使青年在关心自己的身体和探索自己的内心世界的同时，也开始关心他人对自己的评价。学者们把这个时期称之为"断乳期"、"I"与"me"的分裂期、"感情上的暴风雨期"等。人在这个时期由过去的依附走向独立，由无忧无虑的儿童成为承担责任和义务的成年人。在心理方面，气质、性格、情感、态度等都开始由易变转向稳定，独立意识增强，学会用自己的眼睛去审视世界并加以判断，开始确立自己的世界观与人生观，人格在此阶段得到调整、修正和完善。

3. 成熟期

这个阶段是从成年期到老年期。随着自我意识的日趋成熟，人在社会中的位置和适应性得到强化，人格特性也逐步稳定，行为方式进一步稳固，社会角色得到确立，由过多的自我调节向积极参加社会生活迈进。人们开始专注于各自的事业，发挥才干，为社会谋利益，进一步实现人生价值。同时，会关注、维持家庭及教育子女，在事业和感情上会产生全面的体验和认识。心理上若遇到强烈刺激也会趋于平稳，观念上会把青年后期积淀下来的东西消化，有选择地由成熟走向坚定和开阔。

六、人格形成中的影响因素

影响人格形成和发展的因素，概括起来，主要有两个方面：一是遗传因素、二是环境

▶ 大学生心理健康

因素，具体包括生物遗传因素、社会文化因素、家庭环境因素、早期童年经验以及个体的社会实践活动和主观能动性等。二者交互作用，决定了人格的形成与发展。遗传主要决定着人格形成和发展的基础，如气质的形成，包括兴奋性强弱、主动或被动、反应速度快慢、活动水平高低、反应强度大小等。环境因素则决定了人格的后天发展，如自我概念、态度和价值观念、道德感、人际关系特征、习惯等的形成。

1. 影响人格形成的遗传因素

心理学家对"生物遗传因素对人格具有何种影响"的研究已经持续很久了。由于人格具有较强的稳定性，人格研究者也会注重遗传因素对人格的影响。心理学研究结果表明：遗传是人格不可缺少的影响因素，但遗传因素对人格的作用程度因人格特征的不同而不同。通常在智力、气质这些与生物因素关系紧密的特征上，遗传因素较为重要；而在价值观、信念、性格等与社会因素关系紧密的特征上，后天环境因素更重要。人格发展过程是遗传与环境交互作用的结果，遗传因素影响人格的发展方向及形成的难易。

2. 影响人格发展的环境因素

人既是一个生物个体，更是一个社会个体。人在出生后，各种环境因素的影响作用于人的一生。后天环境的因素是多种多样的，小到家庭因素，大到社会文化因素，而这些因素对大学生人格的发展尤为重要。

社会环境因素主要包括成长和生活的环境，如民族、文化、家庭和父母的抚养方式、学校、同伴、社会变迁和生活事件等因素。

（1）社会文化因素。人一出生，便置身于社会文化之中并受社会文化的熏陶与影响，文化对人格的影响伴随着人的终生。社会文化具有塑造人格的功能，不同文化的民族有其固有的民族性格，不同的地域也有着不同的文化传统，不同的文化发展时期更有着不同的文化认同。

例如，米德等人研究了新几内亚的三个民族的人格特征，结果表明：来自同一祖先的不同民族各具特色，鲜明地体现了社会文化对个体的影响力。居住在山丘地带的阿拉比修族，崇尚男女平等的生活原则，成员之间团结友爱、相互协作，没有恃强凌弱、没有争强好胜，呈现一派亲和的景象。居住在河川地带的孟都古姆族，生活以狩猎为主，男女间有权力与地位之争，对孩子处罚严厉。这个民族的成员表现出攻击性强、冷酷无情、嫉妒心强、妄自尊大、争强好胜等人格特征。居住在湖泊地带的张布里族，男女角色差异明显，女性是这个社会的主体，她们每日操作劳动，掌握着经济实权，男性则处于从属地位，其主要活动是艺术、工艺与祭祀等活动，并承担着孩子的养育责任。这种社会分工使女人表现出刚毅、支配、自主与快活的性格，男人则有明显的自卑感。

社会文化对人格的影响力一直为人们所认可，它对人格的形成与发育具有重要的作用，特别是后天形成的一些人格特征，如性格、价值观等。

社会文化因素决定了人格的共同特征，它使同一社会的人在人格上具有一定程度的相似性，如民族性格等。

（2）父母的教养方式。对同卵双生子的研究表明，在不同环境中成长的同卵双生子，气质特征非常相似，而性格却明显不同，而且随着他们年龄的增长，分开生活的时间越长，性格的差别也就越大。神经系统的遗传特性可以影响到一个人接受刺激的能力、动作反应的速度和灵活性，但不能决定一个人的性格特征。在一个家庭内，父母与子女之间，兄弟姐妹之间，可能有完全不同的生活道路，从而出现完全不同的性格，这显然不是由遗传因素决定的。

家庭是社会的基本单位和社会生活中各种道德观念的集合，也是儿童出生后最先接触并长期生活的场所，因此，家庭被称为"制造人类性格的工厂"。

家庭的教育态度和教育方式对儿童性格的形成与发展起着直接的影响作用。研究证明，父母教育方式不同会导致儿童形成不同的性格特征。

家庭生活气氛和父母的性格特征对儿童的性格也有明显的影响，如家庭成员互助互爱、民主团结、通情达理、和睦相处，有助于儿童良好性格特征的形成。反之，家庭生活气氛紧张，家庭成员经常争吵、打斗，则容易导致儿童不良性格特征的形成。

另外，家庭的政治经济地位、父母的文化素养、父母的为人处世方式、儿童出生顺序等因素也潜移默化地影响着儿童性格特征的形成与发展。

（3）其他因素。同伴关系、学校经验、生活事件、大众媒体、酒精依赖和药物滥用等因素，都会影响到人格的形成和发展。

同伴关系的影响。随着儿童的成长，其社会交往日趋扩大，除父母和家庭成员之外，与儿童交往最多的可能就是同伴，包括幼儿园的朋友、学校的同学、邻居家的孩童、团体中的成员等。同伴对儿童人格形成和发展有着多方面的影响。同伴可以是儿童学习和模仿的榜样，所谓"近朱者赤，近墨者黑"。例如，儿童经常与慷慨大方的同伴交往，经常看到他们这种大方行为和别人对这种行为的赞赏，那么儿童也会学习这种大方的行为，相处久了，不知不觉中也发展了大方的特征。同伴可以是儿童行为的强化之源。在与同伴交往的过程中，儿童的某些行为受到鼓励或赞赏，那么他倾向于保持这种行为；若某些行为遭受反对，那么这种行为可能消退。例如，在某个团体中，利己行为被人看不起，提倡团结互助，则儿童可能发展较多的合作和助人特点。

儿童从同伴那里接受信息，获得别人和社会对他的期望，以及别人对他的看法，于是进一步认识自己，促进自我意识或自我概念的发展。

与同伴相处还为儿童提供了一个发展人际交往能力的机会，他们学会了克制、忍让，学会了与人合作。当然，他还学会了竞争、攻击行为等。

在与同伴相处的过程中，儿童对父母的依赖逐渐减少，独立性日益增加。他在团体中参与不同的活动，扮演或学习不同角色，如主动者与被动者，领导者或被领导者，这些活动也影响着其人格的发展。

同伴关系的影响不仅限于儿童，即使是成人，旁人的影响也是不可忽视的。同事好友对人、对事和对人生的看法会影响其态度，他人的行为和榜样同样可以影响其行为。

▶ 大学生心理健康

　　学校经验的影响。学校生活是大多数人发展过程中的一个重要经历。人们不仅从学校获得文化知识，还获得了社会知识，促进了自我发展和社会发展。学校是一个小环境，有特定的氛围，学生在学校里学习知识、学习遵循规范、学习与人相处、学习社会规范、学习所处社会的文化传统，逐渐形成基本价值观和人生观，自我概念进一步发展，自我理想形成。

　　学生不仅从老师那里学习知识，而且学习怎样为人。他们观察和模仿老师的举止、言行、态度。老师的思想、信念，对事、对人的态度潜移默化地影响着学生人生观的形成。老师对学生行为的赞赏或批评，塑造着学生的行为特征。

　　生活事件的影响。生活中的重大变故常常可以改变一个人的生活，甚至影响其人格的形成。生活中的变故或生活事件的因素包括很多方面，如亲人去世、父母婚变、家庭不和睦、好友关系破裂、学业失败等。儿童长期缺乏母亲的照顾、父母的离异、家庭矛盾等因素也会在儿童心灵上蒙上阴影，造成自卑、内向等性格特征。此外，生理的问题如重大疾患或某些慢性疾病、生理残疾，同样会影响儿童人格的正常发展。

　　大众媒体的影响。大众传播媒体在现代社会非常普及，电影、电视、广播、网络和书刊到处可以看到和听到，这些媒体传播的内容会对我们的思想、信念乃至行为产生极大的影响，这方面最为典型的研究是关于暴力电影、电视内容对人们的影响。研究表明，反映暴力的影视内容确实可以引起人们的暴力行为，增加或对暴力行为的认可。当然，传播媒介也有其积极的一面，如英雄形象的宣传和对英雄的学习与模仿，便可促使人格向有利于社会、有利于他人的方向发展。

　　依赖酒精和药物滥用的影响。酒精依赖和药物滥用是社会问题，同时也是影响人格发展的一个重要因素。例如，依赖酒精者会表现出饮酒至上，置个人健康、家庭、事业、社会规范于不顾，人格改变，工作不负责任，家庭关系恶化，道德败坏等特征。如果停止饮酒或血内酒精浓度降低到一定水平以下时便出现戒断综合征，表现为四肢及躯干震颤、情绪激动、恶心、呕吐和出汗等症状，进一步发展可出现错觉、幻觉、癫痫发作、震颤性谵妄。

七、健全人格的特征

　　健全人格是指各种良好人格特征在个体身上的集中体现。健全人格的基本特征可以概括为以下3个方面。

　　(1) 和谐的人际关系。人格健全者的心胸往往比较开阔，善解人意，尊重别人。对不同的人际交往对象都表现出合适的态度，既不狂妄自大，也不妄自菲薄。其观点、行为和情绪反应与周围人协调一致，在人际交往中具有吸引力。

　　(2) 宁静的心境。人格健全者具有积极健康的人生态度和正确的价值观。需求合理，言行一致。自信并善于运用这种自信心，能自我控制、调节好内心世界与外部世界的关系，保持内心世界和谐一致，这是人格内在统一性的表现。

（3）高效地运用个人的能力。人格健全者对未来的成就充满希望。这种成就动机和能力相结合，能够引发出巨大的创造力。这种创造发现能给生活带来欢乐，激发兴趣、维持动机，从而形成良性循环。

> 心理科普

一、经典精神分析人格理论

在心理学界，存在各种不同的人格理论，不同理论流派和学者对人格的结构也持不同的看法。其中，经典精神分析理论属于心理动力学理论，由奥地利精神科医生弗洛伊德于19世纪末至20世纪初创立。精神分析理论是现代心理学的基石，它的影响不局限于临床心理学领域，而是对于整个心理科学乃至西方人文科学的各个领域均有深远的影响。弗洛伊德经典精神分析理论的内容有以下两大部分。

1. 意识层次理论

（1）意识是人能认识自己和环境的心理部分，在人的注意集中点上的心理过程是属于意识层面的。

（2）前意识是虽然此时此刻不能意识到，但可以在集中注意力、认真回忆或在没有干扰时可以回忆起来的经验。

（3）无意识（潜意识）是意识的深层部分，包括原始冲动和本能以及出生以后的各种欲望，由于与社会标准不相容而得不到满足，被压抑到无意识层面中。

2. 人格结构理论

弗洛伊德认为人格由三部分组成：本我、自我、超我。

（1）本我：原始力量的来源，通过遗传获得，完全处于无意识中。"本我"要求满足基本的生物需求，毫无掩盖与约束，寻求直接的肉体快乐；受快乐原则支配；是个体发展史上最古老的人格结构成分。

（2）自我：人格结构的表层成分，在个体与环境的接触过程中，由"本我"发展而来，是"本我"与环境关系的协调者，受现实原则支配。

（3）超我：人格的道德维护者，从儿童早期体验的奖赏和惩罚的内化模式中产生，由良知和自我理想两部分构成，受道德（唯善）原则支配。

二、性格缺陷影响身心健康

在心理健康者和心理疾病患者之间尚有一类为数不少的心理缺陷者。他们缺少心理健康者所具备的心理适应、调节、平衡能力，明显偏离心理健康的范围，但是尚未达到心理疾病的程度。造成其心理缺陷的心理机制是心理发育不健全和不成熟，而心理缺陷最常见的形式之一就是性格缺陷。

性格缺陷指一个人性格的某一方面呈现出不合理或者不积极的反应，和正常人不太一样，自己也不想和别人一样：别人这样做，自己偏偏要那样做的一种性格表现。性格缺陷会对个人产生以下影响。

1. 容易诱发多种心理疾病和心身疾病

在临床心理学的文献中，有这样一个用来测验和鉴别人们心理倾向与患病关系的故事：在一个美好、清新而宁静的早晨，你坐在公园的长凳上，沐浴着初升的阳光，欣赏着湖中的游鱼、聆听着树上的鸟鸣……这时，有一个与你同样年龄、同样身材、同样性别的陌生人向你走来。他或她走到你的面前，什么也没说，竟然踢了你一下。那么，在这种情境下，你会怎么办呢？你会做出什么样的反应呢？

经鉴别，通常人们的反应可归之为三种类型。第一种类型是"过分反应型"。以牙还牙，对于其挑衅性行为给予及时的报复。临床研究发现，这种类型的人容易患冠心病、慢性关节炎和胃溃疡等。第二种类型是"欠缺性反应型"，认为不必大惊小怪，可当作什么事情也没有发生。临床研究发现，这种类型的人容易得过敏性皮炎、风湿性关节炎和溃疡性肠炎等。第三种类型是"抑制性反应型"，虽然意识到了气愤或恐惧，但是不敢或很少表现出来。这种类型的人的典型反应是"我应该反击他"，但是由于自己的谨慎或胆怯，很少做出实际的表现。这种类型的人容易得哮喘、糖尿病、高血压以及周期性偏头痛等。

这个故事的测验和鉴定表明：人的个性与疾病有关。就人们感染疾病的原因而言，情感、个性行为等心理因素，起着不容忽视的重要作用，即所谓的"心理模式"的作用。

2. 影响学习和交往

不同类型的性格缺陷在不同程度上会影响学生正常的学习和交往，常见的影响学习和交往的性格缺陷有表演型人格障碍和偏执型人格障碍。

（1）表演型人格障碍。该障碍以人格不成熟，过度情绪化，行为夸张为特征。患有该障碍的人持续地寻求安慰、赞同、表扬，情绪变化无常，待人接物容易感情用事，遇事大惊小怪，缺乏良好的心境，特别追求时尚，自我感觉特别良好，总希望自己成为他人关注的中心，所以在日常学习、生活中，他们时常会以舞台上演戏的方式来表达自己。

陈某，大专一年级学生，独生子，在家备受宠爱。每次家里来客人，长辈们总要他表演几个节目，并不停地夸奖他，他由此感到非常骄傲，很喜欢这种备受瞩目的感觉。上高中后，其好胜及引人注目的欲望愈加强烈，常自我陶醉似的与同学侃侃而谈，人越多，他就表现得越是起劲。读大专后，更是热衷于炫耀自己，卖弄学识，自夸如何能干，同学们嘲笑他"自我感觉太好"，他也不以为意，认为是同学嫉妒他的表现。有时为了哗众取宠，不惜一切代价，穿奇装异服、在公众场合大肆喧哗、做惊险动作，甚至使用暴力等。他这些偏离常规的行为举止，使他不能有效地进行人际交往，给人矫揉造作的感觉，并遭到同学们的鄙视和离弃。

造成表演型人格障碍的原因是多方面的，主要原因是早期家庭生活的特殊影响。如上面案例中的陈某，父母在其儿时就采取以娇惯和顺从为主的教育方式，导致其从小就出现了表演型人格障碍苗头；次要原因是其从小受到父母的忽视、冷落、遗弃，因而希望引起大人的注意,于是长大后就过分补偿,形成表演型人格障碍。

(2) 偏执型人格障碍。偏执型人格障碍的特点是自我感觉良好,总会怀疑他人,把他人善意的行为理解成有敌意的行为。他们只关心个人需求,强调自己的感受,在人际交往中表现为目中无人,与同伴相聚时,会不分场合发脾气,全然不考虑他人的心情和感受。或不切实际地高估自己,在他人面前盛气凌人,自以为是,如果他们的看法、观点受到质疑,往往表现出与人争论、诡辩,甚至具有冲动性攻击的言行,他们通常会将自己的失败归因于外部原因。偏执性格缺陷者如不接受心理教育,纠正自己的心理缺陷,则有可能发展为偏执型精神分裂症。

性格缺陷的有效矫治方法是接受心理健康教育,及早发现并了解其可能产生的危害,及早接受心理咨询,进行心理训练。

心理自助

一、拓展阅读

不做性格偏激的关羽

性格和情绪上的偏激,是为人处世中一个不可小觑的缺陷。三国时期,那位汉寿亭侯关羽,过五关,斩六将,单刀赴会,水淹七军,是何等英雄气概。可是他致命的弱点就是刚愎自用,固执偏激。当他受刘备重托留守荆州时,诸葛亮再三叮嘱他要"北据曹操,南和孙权",可是,当吴主孙权派人来见关羽,为儿子求婚,关羽一听大怒,喝道:"吾虎女安肯嫁犬子乎?"总是看自己"一朵花",看人家"豆腐渣",说话办事不顾大局,不计后果,导致了吴蜀联盟的破裂。最后刀兵相见,关羽也落个败走麦城、被俘身亡的下场。旁人来求婚,同意不同意在你,怎能出口伤人、以自己的个人好恶和偏激情绪对待关系全局的大事呢?假若关羽少一点偏激,不意气用事,那么,吴蜀联盟大约不会遭到破坏,荆州的归属可能也不是另外一种局面。

关羽不但看不起对手,也不把同僚放在眼里,名将马超来降,刘备封其为平西将军,远在荆州的关羽大为不满,特地给诸葛亮去信,责问说:"马超能比得上谁?"老将黄忠被封为后将军,关羽又当众宣称:"大丈夫终不与老兵同列!"目空一切,气量狭小,盛气凌人,其他的人就更不在他眼里,一些受过他蔑视、侮辱的将领对他既怕又恨,以致当他陷入绝境时,众叛亲离,促使他迅速走向败亡。

现实生活中,凡是不能正确地对待他人的人,就一定不能正确地对待自己。见到他人做出成绩,出了名,就认为那有什么了不起,甚至想尽千方百计诋毁贬损他人;见到他人不如自己,又冷嘲热讽,借压低他人来抬高自己。处处要求他人尊重自己,而自己却不去尊重他人。在处理重大问题上,意气用事,我行我素,主观武断。像这样的人,干事业、搞工作,成事不足,败事有余,在社会上恐怕也很难与他人和睦相处。

▶ 大学生心理健康

偏激的人看问题总是戴着有色眼镜，以偏概全，固执己见，对旁人善意的规劝和平等商讨一概不听不理。偏激的人怨天尤人，牢骚太盛，成天抱怨生不逢时，怀才不遇，只问别人给他提供了什么，不问他为别人贡献了什么。偏激的人缺少朋友，人们交朋友喜欢"同声相应，意气相投"，都喜欢结交饱学而又谦和的人，老是以为自己比对方高明，开口就梗着脖子和人家抬杠，明明无理也要搅三分的人，谁愿同其来往？

因此，偏激的人大多人缘较差。性格和情绪上的偏激是一种心理疾病，它的产生源于知识上的极端贫乏、见识上的孤陋寡闻、社交上的自我封闭意识、思维上的主观唯心等。只有对症下药，丰富自己的知识，增长自己的阅历，多参加有益的社交活动，掌握正确的思想观点和思想方法，才能有效地克服这种"一叶障目，不见泰山"的偏激心理。

一个人有主见，有头脑，不随人俯仰，不与世沉浮，这无疑是值得称道的好品质。但是，还是要以不固执己见、不偏激执拗为前提，为人处世多些辩证思维。如果无法认真纠正这种"关羽遗风"，就很有可能会使自己误入人生的"麦城"而转不出身来。

只有解决了同什么人比、比什么这两个问题，我们才能走出不平衡的心理误区和不安分的人生败局。

习　惯

我不是你的影子，但我与你亲密无间。
我不是机器，但我全心全意听命于你。
对成功的人来说，我是功臣；
对失败的人来说，我是罪魁祸首；
成功和失败，对我毫无差异。
培训我，我会为你赢得全世界；
放纵我，我会毁掉你的终生，
我到底是谁？我平凡得让你惊奇。

二、心理测试

菲儿人格测试

1. 你何时感觉最好？_____
   A. 早晨　　　　　　B. 下午及傍晚　　　C. 夜里
2. 你走路时是_____。
   A. 大步地快走　　　　　　　　B. 小步地快走
   C. 不快，仰着头走　　　　　　D. 不快，低着头走
   E. 很慢地走
3. 和人说话时，你_____。

A. 手臂交叠站着 　　　　　　　　B. 双手紧握着
C. 一只手或两手放在臀部 　　　　D. 碰着或推着与你说话的人
E. 玩着你的耳朵、摸着你的下巴或用手整理头发。

4. 坐着休息时，你的_____。

A. 两膝盖并拢 　　　　　　　　　B. 双手紧握着
C. 两腿伸直 　　　　　　　　　　D. 一腿蜷在身下

5. 碰到你感到发笑的事时，你的反应是_____。

A. 一个欣赏的大笑 　　　　　　　B. 笑着，但不大声笑。
C. 轻声地咯咯地笑 　　　　　　　D. 羞怯地微笑

6. 当你去一个派对或社交场合时，你_____。

A. 很大声地入场以引起注意
B. 安静地入场，找你认识的人。
C. 非常安静地入场，尽量保持不被注意。

7. 当你专心工作时，有人打断你，你会_____。

A. 欢迎他 　　　B. 感到非常恼怒 　　C. 在上述两极端之间

8. 下列颜色中，你最喜欢哪一种颜色？

A. 红色或橘色 　　B. 黑色 　　　C. 黄色或浅蓝色 　　D. 绿色
E. 深蓝色或紫色 　F. 白色 　　　G. 棕色或灰色

9. 临睡前的几分钟，你在床上的姿势是_____。

A. 仰躺，伸直 　　B. 俯躺，伸直 　　C. 侧躺，微蜷
D. 头睡在一手臂上 　　　　　　　　E. 被子盖过头

10. 你经常梦到自己在_____。

A. 落下 　　　B. 打架或挣扎 　　C. 寻找东西或人 　　D. 飞或漂浮
E. 你平常不做梦 　　F. 你的梦都是愉快的

计分标准（选项—分值）：

1. A—2　B—4　C—6 　　　　　　2. A—6　B—4　C—7　D—2　E—1
3. A—4　B—2　C—5　D—7　E—6 　　4. A—4　B—6　C—2　D—1
5. A—6　B—4　C—3　D—5 　　　　6. A—6　B—4　C—2
7. A—6　B—2　C—4
8. A—6　B—7　C—5　D—4　E—3　F—2　G—1
9. A—7　B—6　C—4　D—2　E—1
10. A—4　B—2　C—3　D—5　E—6　F—1

结果分析：

得分低于 21 分：内向的悲观者。

人们认为你是害羞的、神经质的、优柔寡断的，需要有人照顾，永远要别人为你作决

定,不想与任何事或任何人有关。他们认为你是一个杞人忧天者,一个永远看到不存在的问题的人。有些人认为你令人乏味,只有那些对你有深入了解的人知道你不是这样的。

得分为21~30分:缺乏信心的挑剔者。

人们认为你勤勉刻苦、很挑剔。他们认为你是一个谨慎的、十分小心的人,一个缓慢而稳定辛勤工作的人。如果你做任何冲动的事或无准备的事,会令他们大吃一惊。他们认为你会从各个角度仔细地检查一切之后仍经常决定不做。他们认为你的这种反应一部分是因为你的小心的天性所引起的。

得分为31~40分:以牙还牙的自我保护者。

人们认为你是一个明智、谨慎、注重实效的人。他们还认为你是一个伶俐、有天赋有才干且谦虚的人。你不会很快、很容易地和人成为朋友,但你是一个对朋友非常忠诚的人,同时要求朋友对你也有忠诚的回报。那些真正有机会了解你的人会知道,要动摇你对朋友的信任是很难的。同样,一旦这信任被破坏,会使你很难面对。

得分为41~50分:平衡的中道。

人们认为你是一个新鲜的、有活力的、有魅力的、好玩的、讲究实际的而且永远有趣的人;经常是人群注意力的焦点,但是你是一个足够平衡的人,不至于因此而昏了头。他们也认为你亲切、和蔼、体贴、同理心强;是一个永远会使人高兴起来并会帮助别人的人。

三、心理故事

从"拾柴火"看个性模式

在心理学研究中,曾有人设计"拾柴火"的自然实验,实验对象是保育园的40名学生。实验是在冬天的晚上进行的。

实验者把湿柴放在附近的棚子里,而把干柴放在较远的山沟里,要求学生必须在晚上去拾柴生火取暖,自己则隐蔽在一旁观察孩子们的动静。冬天的黑夜是寒冷而可怕的,结果发现有的孩子是兴高采烈地到山沟里去了;有的则边走边发出怨言;有的不敢走远,只是到附近的棚子里去取湿柴。

由以上实验可以看出,孩子们对待冬天夜晚取柴以便烤火取暖这一相同的客观现实,各人所持的态度不一样。有的人不怕黑、不怕冷,高高兴兴地到山沟里去取干柴;有的人虽然也去山沟,却嘟嘟囔囔不愿意去;有的人怕黑又怕冷,为图方便就近取湿柴。可见每个孩子对待相同的事情会持不同的态度,因而采取的行为模式也不同。心理学将他们这些态度和行为称为人格特征。

看戏迟到的不同表现

有四个人,各属一种典型的气质类型,分别独自去田汉大剧院看一出歌剧。他们到剧院的时候已经迟到了,检票员按照规定要求他们等候幕间休息的时候进场,这时这四个人各有不同的反应。想一想：他们可能会有什么反应？

多血质的人知道检票员不会放他进入剧场，就通过没人注意的侧厅跑到了自己的座位上。

胆汁质的人跟检票员争执起来，急于想进入剧场。他辩解道："剧场的钟走得快了，他不会影响别人。"他打算推开检票员跑到自己的座位上去。

黏液质的人看到检票员不让他进场，就想："算了，第一场可能不太精彩。我还是去小卖部等一等，到幕间休息再进去吧。"

抑郁质的人想："我总是不走运，偶尔来一次剧场就这样倒霉。"接着就回家去了。

四、心理探索

自尊心训练

1. 审视自我形象，检查自己的自尊心

从言谈举止、习惯等行为看看自己在自爱、廉耻、自律、自强、独立等方面的表现。

总结一下你为自己树立了一个怎样的形象？比如出言不逊、说脏话、粗话、不拘小节、荣誉感、责任感等。

2. 请从以下几个方面，用文字描述一下你的自尊心

（1）是否愿意表现自己的才华？

（2）是否关注自己的形象？

（3）是否很看重别人对你的评价？

（4）是否能够自觉遵守社会公德和纪律？

（5）是否尊重他人？有无随意指责和辱骂他人的言行？

（6）如何评价自己？过高？适度？过低？

任务二　大学生的人格与心理健康

【任务目标】

（1）了解大学生人格发展的特点和大学生人格发展不足的常见表现。

（2）掌握大学生健康人格的特征和健康人格塑造的方法，积极培养健康人格。

（3）补充学习与大学生健康人格塑造相关的心理学理论知识。

【任务描述】

本任务主要学习大学生健康人格塑造的相关知识，引导大学生重视自身人格完善与定型的关键期，关注自己的人格发展，掌握健康人格塑造的方法，努力培养健全人格，走向心理成熟。

▶ 大学生心理健康

【任务知识】

心理课堂

一、大学生人格发展的特点

大学生是一群正在成长的青年,是一个极其敏感的群体。他们特殊的身心发展特点,决定了大学阶段是大学生人格不断发展和完善、最终形成健全人格的重要时期。一般来说,大学生正处在迅速走向成熟但又未完全成熟,世界观和人生观正在逐步形成的时期,他们不停地在思考、选择和探索,使大学生这一特殊群体形成了自身的人格发展特点。

1. 认知水平逐步提高,思维达到了较高程度

大学生随着学习的深入,知识的增多,社交面的扩大,认知水平迅速得到提高,思维也达到了较高的程度。他们开始摆脱中学时代的学习方式和思维方式,学习效率得到提高,思维方式也逐步从经验型转向理论型;他们思维的独立性、批判性和创造性都在增强,其分析问题和解决问题的能力得到提高,表现为有主见,不盲目服从,不人云亦云。他们往往能对在实践活动和日常生活中所发现的问题进行认真思索,并运用自己掌握的知识主动设法解决。他们的思维还具有较好的变通性和灵活性,对新事物容易理解和接受,对新环境也有较强的适应能力。

2. 能比较正确地认识评价自我,保持与环境的平衡

大学生能较为公正客观地认识世界,包括合理地认识和评价自我。大学是自我同一性进一步发展的关键时期,随着年级的增加,大学生开始能够科学合理地为自己定位,确立发展方向,不易在纷繁的世界中迷失自己,随波逐流;能够给自己恰如其分的评价,既不自视清高、盲目尊大,又不自轻自贱、妄自菲薄;能够认可、接纳自我,理解别人与自己在价值观与信念上存在的差别,根据事物的实际情况看待事物,从而形成较为积极的看法,在日常生活中调节自己的行为并使其与环境保持平衡。

3. 情绪情感丰富,容易出现一些消极情绪

大学生热情奔放,具有较强的好强、好胜、好冲动的心理,敏感好奇,追求时尚。他们独立、自尊、自信,有强烈的民族自豪感和爱国情操。他们大多嫉恶如仇、善恶分明、富有正义感,有一定的调节和克制自己情绪的能力,其情绪的表现具有文饰的、内隐的和曲折的特点,在大多数情况下能做到保持内心的平和,泰然自若地面对生活,有勇气和毅力去迎接生活的挑战。但由于大学生在生理、心理等方面的不成熟,使得他们的情绪和情感也同时具有不稳定因素,表现在情绪情感的波动性大、动荡多变、容易走极端等方面,易产生一些消极情绪,如自卑、过度焦虑、嫉妒等。

4. 富于理想,有时又脱离实际

大学生对自己的未来充满幻想,也开始尝试设计自己的未来。大学生富于理想,憧憬

自己美好的未来。但有的理想表现得过于现实化和功利化，讲究实惠的思想比较严重。有的理想又完全脱离实际，成为空想。多数大学生能够处理好个人理想和社会理想的关系，注重把两者有机结合起来，树立正确的理想。少数大学生则会出现偏差。总的来说，大学生理想信念的主流是积极的、健康的、奋发向上的。他们对祖国的前途十分关心，能够认识到个人的命运与国家的发展是紧密相连的，但也存在理想信念模糊、价值取向扭曲等问题。

5. 富有事业心，具有一定创造性和竞争意识

自进入大学起，大学生就尝试着对自己的未来进行规划，把学习与将来的就业联系在一起，将自己可能从事的事业看成生活的重要组成部分，在事业上有较强的进取心和责任感，努力学习相关的知识。由于大学与社会的紧密联系，社会上的竞争意识和行为渗透进大学，影响着大学生的心理和言行，使大学生具有较强的竞争意识，具有开放性的思想观念，喜欢创造，勇于创新，甘愿冒险，独立性强，富有幽默感，态度务实。

6. 知识较扎实，心智结构健全而合理

随着时间的推移和学习的深入，大学生掌握的科学文化知识更加丰富。大学生不仅能够根据大学开设的课程掌握学科基础知识、学科专业知识和通识知识，而且能充分利用网络、图书馆等途径，通过自学掌握发展性知识，从而奠定了较为扎实的知识基础。在知识获取和相关训练的过程中，大学生的观察力、记忆力、思维能力、注意力、想象力、创造力等得到发展，形成健全而合理的心智结构，各种认知能力能有机结合并发挥其应有的作用。

二、大学生人格发展不足的常见表现

大学时期是大学生人格发展的重要阶段。大学生的人格发展过程不是一帆风顺的，普遍存在不足，主要有以下 7 个方面的常见表现。

1. 无聊

一些大学生从中小学为升学而学习的紧张氛围中摆脱了出来，进入大学后突然失去了升学的压力，迷失了学习和发展的方向，整天无所事事，产生了无聊的心理。无聊心理的主要特点是空虚、幻想、被动，对自我存在的意义与人生价值缺乏认识，其核心在于没有确立合适的人生目标。无聊心理中的空虚，就是因为没有目标或目标太低，使生活失去动力，感觉生活百无聊赖；幻想是由于目标定位不准确或者目标太多而导致的心理负担，实质上是对责任的恐惧；被动是由于目标不是自己内心的渴望，未获得内心的认同，只是依据学校的课程设置为学习而学习，为考试而考试，疲于应付，在学习生活中缺乏主动性和创造性。

2. 害羞

害羞在大学生中并不鲜见。有不少大学生在大众场合不敢发表自己的意见，害怕与陌生人打交道，说话感到紧张等。害羞是一个人自我防御心理过强的表现。害羞的大学生常

常过于胆小被动,过于谨小慎微,过于关注自己,而自信心又不足。他们特别注意自己在别人心目中的形象,总觉得自己时时处在众目睽睽之下,于是敏感拘束,一句话要斟酌酝酿多次,一件事情总是要左思右想,把自己搞得神经紧张,坐立不安。害羞之心人皆有之,但过分的害羞则是有害的,它会导致压抑、孤独、焦虑等不良的心理状态,还会阻碍人际交往,影响才能的正常发挥。

3. 不良意志品质

不良意志品质是指意志发展产生了不良的倾向,主要表现为:生活缺乏正确的目标,随波逐流,无所事事,懒散倦怠;还有的表现为误解了意志品质,把刚愎自用、轻率当作果断,把犹豫、彷徨当作沉着冷静,把固执己见、执着一念当作顽强等。不良意志品质一旦形成,就会带来很多方面的性格缺陷,最后发展为人格缺陷。

4. 退缩

退缩是指在困难面前表现出怯懦与畏难的心理恐惧,选择逃避与后退。有些大学生的过去经历一帆风顺,因而特别害怕失败。退缩往往是"只许成功,不许失败"的非理性信念造成的。其主要表现为:在困难面前缺乏勇气和信心,不表明自己的态度,不敢承担责任,不敢冒险,不敢与坏人坏事做斗争,回避困难,逃避责任等。这样的人常常抱怨自身的不幸,却宁愿忍受痛苦而不主动寻找解除困境的途径。

5. 狭隘

受功利主义影响,当前大学生中的"狭隘"现象有增无减。有些大学生凡事斤斤计较、耿耿于怀,好嫉妒,好挑剔,容不得人等,这都是心胸狭隘的表现,即日常生活中所说的"气量小""小心眼"。心胸狭隘往往影响良好人际关系的建立,伤害他人的感情,也常给自己带来烦闷、苦恼,影响自己的情绪和在他人心目中的形象。因此,狭隘于人于己百害而无一利。狭隘的人格多见于内向者。狭隘不是与生俱来的,而是后天环境影响所致。

6. 虚荣

虚荣是指过分看重荣誉、他人的赞美,自以为是。虚荣心往往与自尊心、自卑感紧密相连。没有自尊心,就没有虚荣心和自卑感,也就不会用虚荣心来表现自尊心,虚荣心是自尊心和自卑感的混合物。虚荣心过强的大学生一般性格内向,情感脆弱,多愁善感,自尊敏感,虽然有些自卑,但又会担心别人伤害自己的尊严,过分介意别人的评论与批评,与人交往时防御性强,不允许有稍许侵犯,喜欢抬高自己的形象。他们捍卫的是虚假的、脆弱的自我。

7. 自我中心

随着自我意识的发展,大学生越来越感到自己内心世界的千变万化,越来越多地把关注的重心投向自我,尤其是那些有较强自信心、自尊心、优越感和独立感强的大学生,比较容易出现自我中心的倾向。当这种倾向与一些不健康的思想意识和心理特征结合时,就会表现出扭曲的自我中心,一切以自己为出发点,目中无人,自私自利,遇到冲突时,认为对的是自己而错的总是别人。

此外,悲观、抑郁、焦虑、冷漠、骄傲、环境适应不良等也是大学生常见的人格发展不足。只要大学生认识到它们的危害,主动积极地调整心态,增强自我调节的能力,就可以克服人格不足,形成健全的人格。

三、大学生健康人格的特征

健康人格是生物进化赋予人的本性在充分发展时所能达到的境界,是大学生应当追求的价值目标。健康人格应高于正常人格,也就是说,它不仅仅指摆脱了心理疾病,而且在表现出人格的完整性、统一性和稳定性等特点的基础上,在结构和动力上是向崇高人性发展的。具体来说,大学生健康人格应具有以下7个特征。

1. 具有正确的自我意识

人格健康的大学生首先要能够正确认识自己,充分了解自己的优缺点,并积极地接纳一切属于"我"的东西,懂得自身的存在价值,在学习生活中有效地控制自我、改造自我,使自身不断完善。

2. 具有和谐的人际关系

人格健康的大学生胸怀宽广,善解人意,尊重自己更尊重他人,对不同的人际交往对象表现出合适的态度,既不妄自菲薄,也不狂妄自大,人际关系融洽,深得大家的喜欢。

3. 具有积极的生活态度

人格健康的大学生能够经常看到生活中的"阳光",对未来充满信心和希望,对自己的学习、生活抱有浓厚的兴趣,并在其中发挥自身的智慧和能力,体验愉快和幸福。即使遇到困难,也无所畏惧,勇于拼搏,最终获得成就感。

4. 具有崇高的理想信念

人格健康的大学生能够坚定马克思主义信仰,对共产主义事业有执着而顽强的追求。他们在行动中不畏艰难,努力进取,形成奋发向上的人格风貌。

5. 具有高雅的审美情趣

人格健康的大学生具有健康、高尚的审美情趣,有正确的审美理想和审美态度。他们能够明辨是非、善恶、美丑,具备一定的美学修养和素质。同时对美有正确的追求,坚决抵制各种不良思想、低级趣味。

6. 具有良好的社会适应能力

人格健康的大学生能够正确地观察和了解社会,与社会保持密切、良好的接触,并以一种开放的态度关心社会、认识社会。与此同时,他们努力使自己的思想、行动跟得上时代发展的主流,与社会的要求相符合,对新环境具有较强的适应能力。

7. 具有良好的情绪调控能力

人格健康的大学生情绪反应适度,具有控制和调节情绪的能力,经常保持乐观、满意、开朗的心境,并富有幽默感。当不良情绪出现时能够合情合理地宣泄、积极地排解,有效地转移不良情绪并使之升华，保持相对稳定的心境。

四、大学生健康人格塑造的途径和方法

大学生处在青年期的中晚期，是人格完善与定型的关键期。大学生健康人格的培养与塑造是个体在一定的社会环境下，通过吸收一定的社会文化，经过自身的努力和社会、学校教育的影响，使其人格逐步健康化的过程，具体来说，可从以下6个方面进行。

1. 认识自我，优化人格整合

人格塑造是为了优化人格整合，以达到人格的健全。人格整合的基本含义是：随着个体心理的成熟，人格的各个方面逐渐由最初的互不相关，发展到和谐一致的状态的过程。优化人格整合，首先应当充分了解自己的人格状况，选择某些优良的人格特征作为自己努力的目标，如自信、勇敢、勤奋、坚毅、善良、正直等，针对自己人格上的缺点、弱点予以纠正，如自卑、胆怯、抑郁、冷漠、懒惰、任性、自我中心等。择优与汰劣需要同步进行。

2. 具备心理知识和人文素养

知识是人格塑造的必备条件，每一个健全的人都应当有自己的思想，能够进行独立思考。一个人要进行独立思考，就需要有广泛的知识，尤其是有关社会与人生方面的知识。学习知识、增长智慧的过程也是人格优化的过程。现实中，有不少人在人格上的缺陷是源于知识的贫乏，如无知容易粗鲁和自卑，而丰富的知识则容易使人自信、坚强、礼貌、谦和。具备一定的心理知识和人文素养，就等同于拥有了心理健康的"钥匙"，也即掌握了心理素质完善和人格健全的主动权。这样，当自己的情绪出现困扰时，就能够应用自己的知识和经验储备，进行自我分析、自我调节，实现自助自救，或者及时求助于心理咨询机构。

3. 积极参加实践活动，从小事做起

实践是人格发展的必由之路。无论是知识的获取、能力的形成，还是意志的磨炼都离不开实践。诸如勤奋、坚忍、乐观、细致等人格特征都是长期实践锻炼的结果。大学生应积极参加各种有益于身心健康的实践活动，近年来校园内兴起的青年志愿者活动对于大学生人格的发展与塑造就很有意义。

一个人的言行往往是其人格的外化，反过来，一个人日常言行的积淀成为习惯从而形成人格，如一个人有刷牙、梳头、洗手、勤换衣服、常剪指甲等习惯，就反映了他具有"清洁"这一人格特质。因此，要从眼前的小事做起，无数良好的小事可"聚沙成塔"，最终构建成优良的人格"大厦"。

4. 发展良好的人际关系，融入集体

人格发展、塑造的过程是个体实现社会化的过程，是个体与他人、集体、社会相互作用的过程。人格是在行为中表现的，健全的人格也只有在与人交往中才能体现出来。塑造健全的人格，必须发展良好的人际关系：尊重社会习俗，关心他人的需要，真诚地赞美，

不作无建设性的批评，多与他人沟通意见，保持自尊和独立等。

集体是人格塑造的土壤，通过集体交往，自己的某些人格品质或受到赞扬、鼓励，或受到压制、排斥，从而有助于作出有针对性的调整，同时个体在择优汰劣的过程中也能获得来自集体的帮助。

5. 锻炼身体，强健体魄

人格发展的过程是体质、心理因素与智力因素协同作用、相互促进的过程，健康的体质是人格健全发展的物质基础。一个体弱多病的人是难以发展健全人格的，拖拉、懒惰、急躁、怯懦等人格发展缺陷与不坚持体育锻炼具有显性相关。

6. 防止"过犹不及"

凡事都有度，人格的发展及其表现的度是十分重要的，人格塑造过程中应把握辩证法，掌握好度，否则就会"过犹不及"，适得其反。具体说来，应当是：自信而不自负，自谦而不自卑，勇敢而不鲁莽，果断而不冒失，稳重而不犹豫，谨慎而不怯懦，豪放而不粗俗，好强而不恃强，活泼而不轻浮，机敏而不多疑，忠厚而不愚昧，干练而不世故等。

人格度的把握还表现在不同的人格特质要协调发展，做到"刚柔兼济"，这样才能形成合理、和谐的人格结构。此外，还要因人、因时、因地地表现人格特征，有时表现"刚"比表现"柔"好，有时表现"柔"比表现"刚"好，有时应多表现自信，有时应多表现谦恭，即人格应具有韧性，有较强的应变、适应能力。

人格健全的过程，就是心理健康和心理成熟的过程。塑造健全人格，是一项系统的自我改造、自我实现的工程，要从小事做起，贵在坚持。

心理科普

大学生常见的人格障碍类型

人格障碍也称为病态人格，指人格特征显著偏离正常人而使患者形成了特有的行为模式，不能适应正常的社会生活，而又不伴有精神症状的人格适应缺陷。虽然在大学生人群中真正有人格障碍的人并不多见，但有人格障碍的学生一旦有事，绝非小事，应当引起高度重视。大学生常见的人格障碍类型有以下6种。

1. 偏执型人格障碍

偏执型人格障碍又称妄想型人格，其行为特点常常表现为：极度敏感，对侮辱和伤害耿耿于怀；思想行为固执死板，敏感多疑；心胸狭窄，爱嫉妒，对别人获得成就或荣誉感到不安；对自己过分关心，过高地估计自己的能力，无端夸大自己的重要性；自尊心极强却很自卑，总是过高过多地要求别人，又从来不信任别人的动机和愿望；出现问题容易从个人情感出发，主观片面性较大。这种人格的人，在家不能与家人和谐相处，在外不能与同事、朋友和睦共处，别人只好对其敬而远之。

2. 分裂型人格障碍

分裂型人格障碍是心理咨询门诊和日常生活中比较常见的人格障碍。它是一种以观念、外貌和行为奇特，以及人际关系有明显缺陷，且情感冷淡为主的人格障碍。其行为特点常常表现为：对人感情冷漠，多单独活动，人际关系不良，缺少知心朋友；无法顺应世俗，服饰奇特，行为古怪，常不修边幅；面部表情呆板，对别人的批评和赞扬无动于衷，情感体验匮乏；爱幻想，脱离现实，有奇异信念，如相信特异功能、第六感等。据调查显示，约有半数的精神分裂症患者在病前是分裂型人格。

3. 依赖型人格障碍

依赖型人格障碍是一种以过分依赖、被动服从为主要特点的人格障碍。依赖型人格障碍是日常生活中比较常见的人格障碍。其行为特点常常表现为：缺乏主见，在没有从他人那里得到大量的建议和保证之前，对日常事务不能做出决策；有很强的无助感，常期望并依赖别人为自己作大多数的重要决定，如在何处定居、选择何种职业等；有很强的被遗弃感，明知他人行为错误，仍随声附和，因为害怕被遗弃；缺乏独立性，很难单独开展自己的计划；过度容忍，为讨好他人，甘愿在关系中处于较低位置，为他人做自己不愿做的事；在独处时，有不适感和无助感，会想方设法逃避孤独；惧怕分离，当亲密的关系终止时感到无助或崩溃；经常被遭人遗弃的念头所折磨；很容易因没有得到别人的赞许或遭到了批评而受到伤害。

4. 自恋型人格障碍

自恋型人格障碍是一种"以自我为中心"作为主要特点的人格障碍。其行为特点常常表现为：对他人的评价非常敏感，若受到批评，其反应是愤怒、羞愧或耻辱（尽管不一定当即表露出来）；过分自高自大，对自己的才能夸大其词，希望受到别人的特别关注；喜欢指使他人，要他人为自己服务；坚信其关注的问题一定是世界上独一无二的，不能被某些特殊的人物所了解；渴望持久的关注和赞扬；有很强的嫉妒心，缺乏同情心；认为自己应享有他人没有的特权；对无限的权力、荣誉、成功、美丽或理想爱情有非分的幻想。

5. 回避型人格障碍

回避型人格障碍又称逃避型人格障碍，是一种以行为退缩、心理自卑，面对挑战多采取回避态度或不能应付为主要特点的人格障碍。其行为特点常常表现为：若他人对其进行批评或表示不赞同时，很容易受到伤害；除了至亲之外，没有好朋友或知心人；若非确信受欢迎，一般不愿卷入他人事务之中；行为退缩，对需要进行的人际交往活动或工作总是尽量逃避；心理自卑，在社交场合总是沉默无语，怕惹人笑话，怕回答不出问题；敏感羞涩，害怕在别人面前露出窘态；在做那些非常普通但不在自己日常行动之内的事时，总是夸大其潜在的困难、危险。

6. 强迫型人格障碍

强迫型人格障碍是一种以要求严格和完美为主要特点的人格障碍，其行为特点常常表现为：做任何事都要求完美无缺、按部就班、有条不紊，因而有时反会影响工作效率；不合理地要求别人严格按照他/她的方式做事，否则心里就会感到很不愉快，对别人做事很不放心；总是犹豫不决，常常推迟或避免做出决定；常有不安全感，总是反复考虑计划是否得当，反复核对检查，唯恐出现疏忽和差错；拘泥细节，甚至生活中的细节也要"程序化"，一旦不按照要求做就感到不安或是选择重新做；完成一件工作之后常常不会感到愉快和满足，相反却容易产生悔恨和内疚的情绪体验；常常过分节俭，甚至吝啬；对自己要求严格，过分沉溺于职责义务与道德规范，无业余爱好，缺少友谊往来。

心理自助

一、拓展阅读

性格与命运

古希腊哲人赫拉克利特说："一个人的性格就是他的命运。"

这句话包含两层意思：一是对于每一个人来说，性格是与生俱来、伴随终生的，永远不可摆脱；二是性格决定了一个人在此生此世的命运。

那么，能否由此得出结论，一个人命运的好坏是由天赋性格的好坏决定的呢？我认为不能，因为天性无所谓好坏，由此决定的命运也无所谓好坏。明确了这一点，可知赫拉克利特的名言的真正含义是：一个人应该认清自己的天性，过最适合于他的天性的生活，而对他而言这就是最好的生活。

赫拉克利特的名言也常被翻译成"一个人的性格就是他的守护神"。的确，一个人一旦认清了自己的天性，知道自己究竟是什么样的人，他也就知道自己究竟想要什么了，如同有神守护一样，不会在喧闹的人世间迷失方向。

马加爵事件的思考

2004年2月13—15日，云南大学生物技术专业大四学生马加爵先后将4名同学杀害，之后逃逸到海南。2004年3月15日晚8时许，马加爵在海南省三亚市落网。对于杀人的原因，马加爵的回答是："报复泄愤"。

马加爵和他的几位同学闲暇的时候经常在一起打牌，后来就传出马加爵打牌时经常作弊的传言，并说他的为人也不好，从牌风看人品等议论。这些传言与他自己想象的、他在同学心中的形象相去甚远，由此引发他对同学的恨，尤其更恨和他一起打牌的人。就这样，他的恨与日俱增，终于决定杀人泄愤。在三天时间里，他先后杀了四个人，并把尸首藏匿在寝室的衣柜里。在杀害最后一个同学后，他就踏上通往海南的火车，从此也踏上了他的逃亡之路。

其实马加爵事件的发生并不是偶然的，他之所以有这样的行为，完全是因为他心灵的空虚与人格的扭曲。

马加爵出生于广西一个贫困的农民家庭,家庭的贫困使他过早地出现了严重的自卑心理,他不愿与人交流与沟通。2000年,他以高出重点院校50分的成绩考入云南大学。当他怀着对未来的无限憧憬来到大学后,才发现自己孤僻内向的性格不能适应大学的集体生活。他努力和同学们交往,但结果却不尽如人意,反而使他更加失去了自信。后来,他变得神经质,脾气暴躁,总觉得同学在嘲笑他、瞧不起他,因此常和同学争吵、动怒。同学们都说他心理有问题,渐渐地都远离他。他从不参加任何社团活动,总是独来独往。

他与父母的沟通也几乎为零,只是在大一的时候给父母写过一封信。父母并不了解他的内心世界,不知道他内心的痛苦与煎熬。他在学校也没有可以与之谈心的人。最让他难以忍受的是别人对他自尊心的伤害和对他人格的侮辱,就这样在他难以承受外在的强大压力时,他失去了理智,接连杀死四个与他一起学习生活了四年的同学。

其实玩牌只是马加爵杀人的导火索,真正造成他杀人动机的是内心长期的孤独,这使他得不到他人的了解和帮助,使他看人做事的方式产生了扭曲,他的杀人行为是他曾经被忽视的性格缺陷的极致反映。

马加爵事件的发生给社会和学校提出了两个需要密切关注的问题:一是家庭、学校重视成绩而忽视素质教育,许多来自农村的学生有或轻或重的自卑心理,因见识多少、生活习惯等在学校里易受到城市同学的嘲笑,在心理上形成很大的扭曲,进而变得仇视别人;二是由于家庭、校园等成长环境灌输给学生的信息有失偏颇,导致学生对社会看法有失偏颇,直接影响其为人处世的方法。

二、心理测试

人格健康状况测试

1. 当你站立时,为了舒服,你总是爱把胳膊放在椅背上。
2. 你有咬手指或手指甲的习惯吗?
3. 当你与人交谈或倾听别人谈话时,你总是不停地用手指击打桌面吗?
4. 当你站立时,你喜欢双臂抱肩吗?
5. 开会时,你总是不断地改变姿势,以求坐得更舒服些吗?
6. 当你谈话时,你感到_____。
   A. 抑扬顿挫,眉飞色舞,手舞足蹈
   B. 有些紧张
   C. 你想把手轻轻地放在衣兜里。
7. 聚会时,不论你想不想吸烟,你总爱点上一支吗?
8. 参加宴会时,你总是把眼睛盯在一盘或附近几样菜上吗?

9. 看到别人把大拇指藏在手心、拳头紧握时，你会害怕吗？

评分：第 6 题回答 A 得 2 分，回答 B 得 1 分，回答 C 得 0 分。其余 8 道题，回答"是"得 1 分，"不是"得 0 分。

结果分析：

得分为 0～3 分：人格健康，不论在什么情况下，都能沉着坚定、稳重。你的举止表现说明你是一个遇事不慌、自信自强、分寸得当、自制力强的人。这种自我控制能力是健康人格的重要特点。

得分为 4～7 分：人格健康状况欠佳。表面上看，你很平静，但常常失去平衡。高兴时，你信口开河，夸夸其谈；不高兴时，你冷眼相看，袖手旁观，情绪变化大。对你来说，至关重要的是学会自我控制，从而达到人格结构的稳定与健全。

得分为 8～10 分：人格健康问题严重。如果无法学会自我控制，坚定信心，你在哪里都无法安定，总会感到不舒服，也许你自己还不以为意，可在别人看来却很刺眼。关键问题是你应当达到内心与外在现实的平衡、和谐和安定，同时注意与周围的环境相适应。

三、心理故事

祖母的一句话

瓦尔坦·格雷戈里安是美国布朗大学的校长，他卸任后又当上了卡耐基基金会主席，但是他的童年生活却十分不幸。在他六岁的时候，母亲不幸因病去世，他的父亲也因为战争而不知所终。他变成了一名孤儿，常常受到大孩子们的欺负，原本天真活泼的瓦尔坦开始变得内向，整天紧闭着嘴巴，一句话也不说。就在这时，他的祖母来到了他身边，并将他带回自己所在的伊朗山区，悉心抚养他长大。

瓦尔坦的祖母是一个非常坚强的女人，本身遭遇种种不幸，但是从未失去对生活的信心。她不想让瓦尔坦生活在过去的阴影里，她想尽办法帮助瓦尔坦健康快乐地成长。虽然他们的生活依然贫困，但是日子过得平静、安定。瓦尔坦慢慢恢复了原来的活泼开朗，并且变得坚强、积极乐观和热爱学习。

经过孜孜不倦地努力，当年那个瘦弱的瓦尔坦已经成为美国布朗大学的校长。有记者采访他，请他讲述一下自己的成长经历时，他说起了对自己影响至深的一句话，"这句话是我的祖母告诉我的。我小的时候，她经常这样教导我：孩子，有两件事你一定要记牢。第一是命运，这是你无法控制的；第二是你的性格，这可是在你掌握之中的。你可以失去你的美丽，也可以失去你的健康和财富，但是你决不能失去你的性格，因为它是掌握在你自己手中的。"这句话在瓦尔坦的成长道路上起了至关重要的作用。

心理点评：希望每位大学生都能够远离自我中心与懒散，从小事入手，不断锤炼自己的意志品质，优化自身性格，在成长中成才，做一个散发着独特个性魅力的人。

四、心理探索

我的"自画像"

每位同学请对照成才的五项心理品质(正确的自我意识、追求高目标、责任感、恒心毅力、自控力),完成以下任务:

(1)分析自己性格中的优势与不足,明确对自己成长影响最大的某一性格弱点。

(2)邀请身边的朋友参与评价,在此基础上制定出自己的优化目标与措施。

项目七　大学生人际交往与环境适应

人际交往是人的心理行为的综合表现，对于正在学习、成长中的大学生来说，了解人际交往的心理行为理论，培养人际交往能力，不仅是大学生活的需要，更是未来事业发展的重要课题。

任务一　人际关系与人际交往理论

【任务目标】
(1) 了解人际关系与人际交往的概念。
(2) 认识人际交往对心理健康的影响，学习改善不良人际交往模式。
(3) 掌握心理因素在人际交往中的作用和建立良好人际关系的策略。
(4) 补充了解与人际交往相关的心理学理论知识。

【任务描述】
本任务主要学习人际关系与人际交往的理论知识，引导大学生认识建立良好人际关系对心理健康的重要性，为学习人际交往技术和策略作理论准备。

【任务知识】

心理课堂

一、人际关系与人际交往

人际关系是人与人之间由于交往而产生的一种心理关系，其主要表现为人与人之间在交际过程中关系的深度、亲密度、融洽性和协调性等心理方面联系的程度。

人际关系反映了交往双方寻求满足其社会需要的心理状态，体现了人与人之间的心理距离。人际关系的好坏取决于交往双方的心理需要满足的程度。如果交往双方的社会心理需要都能获得满足，那么，他们之间就会产生并保持一种亲近的、信赖的、友好的关系；如果一方对另一方因某种原因表示不友好、不尊重，则后者就会产生疑虑和不安，从而增大心理距离，使原来亲密的关系变成疏远的关系，甚至有可能发展到敌对关系。

人际交往指人与人之间通过一定的接触，在心理和行为上相互作用、相互影响的过程。通过人际交往，人们之间可以相互交换意见、传达信息、表达感情和需要、交流经验等。

人际交往是一种最基本的社会活动，体现着人类所共有的生存、安全和归属的心理需要，是人们根据需要选择交往对象，并向对方发出信息进行沟通交换的过程。交往双方互为主体，即使在某种情况下，一方好像是交往的发起者、具有主动性，但只要一进入交往过程，交往的双方就互为主体。

人们彼此间的相互接触是交往实现的前提条件，这种接触的方式是不同的，有的是直接的，有的是间接的。交往的结果是双方形成一定的思想、情感的联系。整个交往过程都是双方各种信息的相互交换过程，在这个过程中，双方的心理与行为都在发生着变化。双方通过语言、行为、思想、情感的作用，彼此相互影响。

人际关系和人际交往是两个既有联系又有区别的概念。人际交往是人际关系实现的根本前提、基础和途径；而人际关系则是人际交往的表现和结果。人际交往侧重于人与人之间的联系与接触的过程；人际关系侧重于形成的心理状态和结果。人际关系具有相对的稳定性，人际交往是一个动态的过程。

二、心理因素在人际交往中的作用

人际交往主要是人与人之间心理上的交往。在人际交往中，认知、情感、行为起着重要的作用。

1. 认知

人际交往中的认知主要指个体对人际关系状况的认知理解，包括交往双方对自我和他人的了解和认识，是否了解对方的个性特点、是否接受或认同对方的思想认识、是否愿意与他人交往以及交往的深度等；同时也包括交往双方对彼此人际关系状况的认识和评估，从而随时对自己的人际关系做出调整。例如，交往双方刚接触时，彼此都对对方有好的认识，双方建立了好的关系；但随着交往的深入，交往双方对对方的认识发生了改变，如若不喜欢对方的某些特点，就会选择疏远或中断彼此的关系。而如果在深入交往的过程中，自己不断发现对方拥有自己认同的观点或行为，就会增强与之交往的意愿，使彼此关系向更亲密的方向发展。

在人际交往中，人们也会不断对彼此之间的关系做出评估。当发现自己愿意跟对方继续交往，而对方比较冷淡时，也会选择逐渐淡出对方的视野；或是在发现对方很重视彼此关系时，自己也会为此投入更多的精力。

2. 情感

人际交往中的情感是对交往的评价态度，是交往双方在情感上满意的程度和亲疏的程度，是人际关系的基础。人际交往必须有情感的投入和双方情感的满足。如果一方很喜欢另一方并满腔热情地投入，而另一方则很冷淡、很疏离，交往则很难进行下去，难以有好的关系。人际交往的亲密程度主要取决于情感的投入。如果彼此的交流仅停留在认识上，那么这种交往就会很理性，缺少亲密感。亲人之间、师生之间、同学之间、朋友之间的交往，都需要投入彼此关爱的情感。爱是双方内心连接的纽带，是人际关系的润滑剂，缺少了爱的投入，即使是血缘关系也会变得冷漠，甚至形同路人。

3. 行为

人际交往中的行为主要是双方实际交往的外在表现和结果。一个人是否愿意与对方交往，以及交往到何种程度，应通过自己和他人的行为表现让彼此能够感受得到。建立与维护良好的人际关系，需要拥有让对方喜欢的行为。如果一个人对另一个人有正面的认识，内心也很想与之交往，但自己什么也不做，在行为上无法表现出自己愿意交往的想法，对方怎么能够知道他/她的想法呢？同理，一方表现出愿意交往的行为，主动示好，为另一方提供帮助，但后者却无动于衷，彼此也很难建立良好的关系。

三、人际交往的过程

人与人之间从毫无关系的陌生人，如何通过交往建立并发展良好的人际关系，这其中要经历一个复杂的心理过程。要了解这一过程，首先要了解人际交往的状态。

1. 人际交往的状态

零接触：两个人彼此没有任何关联，彼此的关系处于零接触状态。

单向注意：如果一方开始注意到另一方，表明前者有了与对方交往的意向，处于单向注意阶段。

双向注意：双方相互注意，彼此之间的相互作用开始，双方关系处于双向注意状态。尽管双方都获得了对于对方的初步印象，但由于没有语言的沟通，也就没有相互的情感卷入。

表面接触：从交往双方开始直接谈话，有了语言交流的那一刻起，彼此就产生了直接接触。但是，由于彼此还不了解，对对方还缺乏信任，抱有防卫心理，所以最初的直接接触是表面的。双方谈论的话题常常是不涉及内心情感的，但表面接触是双方情感关系发展的开始，人与人的交往需要相互接触、交流。

轻度卷入：随着沟通的深入和扩展，交往双方发现两个人共同认可的内容越来越多，双方真实情感有了融合，即双方共同的心理领域逐渐呈现。两个人虽然存在很多共同之处，但由于种种原因，彼此情感投入不足，情感联系仍然处于较低的水平，这一阶段的人际交往处于轻度卷入状态。

中度卷入：随着双方交流领域的扩展，交往双方已发现较大的共同心理领域。同样，双方的心理世界也有较大的重合，彼此的情感融合范围也相应较大，人际交往进入中度卷入状态。

深度卷入：双方在继续交往的过程中发现二者共同的心理领域大于不同的心理领域，彼此的心理世界高度（但不完全）重合，情感融合的范围也覆盖了大多数的生活内容，此时人际交往则进入了深度卷入的状态。不过，在通常情况下，人们只同极少数人能够达到这种人际关系深度，有些人则从来没有与任何人达到这种深度的关联。但是，无论人们交往多深，关系多么亲密，两个人永远无法达到心理上的完全一致，因为每个人都有自己独立的心理空间。

每个人人际交往的状态都是不同的,有的人可能一生都没有知心朋友,有的人则永远处于表面接触或轻度卷入状态,这取决于个人主动与别人分享的范围与频率、个人的情感投入等因素。

2. 良好人际关系的建立过程

良好人际关系的建立一般需要经过定向阶段、情感探索阶段、感情交流阶段和稳定交往阶段4个阶段。

(1) 定向阶段。定向阶段包含着对交往对象的注意、选择和初步沟通等多方面的心理活动。在生活中,有很多与我们擦肩而过的人,并非所有的人我们都会与之交往,形成人际关系,只有那些能够引起我们兴趣的人才能让我们注意。

注意是一种自发的选择过程。交往过程包含着从单向注意到双向注意的转变。注意之后要有选择。当我们发现交往对象与自己有相同的兴趣爱好和行为方式时,自然会对其给予更多的关注,与其更亲近或进行更为主动的交谈。

初步沟通是注意后的实际行动,其目的是与别人有更进一步的交往。初步沟通通常都是试探性的行为,人们据此沟通效果来判断这段关系是否可以继续下去。在初步沟通的过程中,人们会更注意给对方留下一些好的印象,但沟通的内容是一些浅层的信息,就像刚来到一个陌生的环境,彼此的交流会更多地集中在一些基本信息的沟通上。在这一过程中,交往双方会有意无意地判断与对方可否有更为深入的交往。初步沟通是人际交往的必经阶段,也是人际交往的起步阶段。

(2) 情感探索阶段。在这一阶段,随着双方谈话的范围越来越广泛,发现的共同心理领域越来越多,自我暴露的深度与广度也在逐渐增加,彼此的信任度亦在增加,谈话中双方小心地进行着情感探索,如哪些话题是自己喜欢,对方也喜欢的;哪些话题是自己喜欢而对方不愿提及的。在这一阶段,虽然双方有了一定的情感卷入,但彼此的谈话仍然都尽量避免涉及别人私密性的领域,自我暴露也并不涉及自己根本的方面。这时的关系易于破裂,人们仍能够自由地选择是否继续这段关系或者放弃而不受更多的困扰。

(3) 感情交流阶段。在这一阶段,双方发现彼此的心理共同领域有很多,彼此的信任感逐步确立,彼此的情感投入更多,谈论的内容涉及自己的隐私,如对学校、老师、社会问题的看法,自己的家庭、恋爱关系等,自我表露越来越多,对方也会向自己更多地敞开内心。当人际交往发展到这一阶段时,双方的关系开始了实质性的改变,交往的范围常常锁定在身边的少数几个人,交往更深入,感情投入更多。由于彼此投入了更多的情感,因此如果在这一阶段两人的关系破裂,会给对方造成一定的情感影响。

(4) 稳定交往阶段。在这一阶段,人们在行为上更加默契,情感上更加相互依赖,自我暴露程度也更加深刻。双方可以进入到自我高度私密的个人领域,分享自己的生活空间,甚至是财产。同性之间有可能成为莫逆之交,而异性之间,如果在情感上添加了性的需求、奉献和满足的心理成分,就会激发出爱情的火花。

四、影响人际吸引的因素

(1) 外表因素。人的仪表如外貌、身材、衣着、仪态等往往是构成第一印象的重要因素。

(2) 空间和频率的因素。距离的远近、交往的频率对人际关系的影响非常复杂。一方面,距离的接近可以增加交往的频率从而使关系更加密切,所以说远亲不如近邻;另一方面,距离的接近也可能增加冲突的机会,从而使关系破裂,所以又有了"远香近臭"之说。

(3) 相似性与互补性。交往双方在个人特征方面越相似,就越能相互吸引,增加彼此的共同语言,产生情投意合、幸遇知音的亲密感。这种相似性主要表现在兴趣爱好、地位经历和态度观点3个方面。人际交往之初,都会产生渴望被关怀、了解和帮助的需求和期望,当双方的需求和期望能互补时,就会产生强烈的吸引力。

(4) 人格因素。人际交往中,长久交往需要依靠双方心理上的相融,也就是心与心的共鸣。交往者的能力、特长、气质、性格、品德、价值观以及与人交往的模式等都会成为影响人际吸引的因素。

五、人际关系与心理健康

人际交往是人健康成长的基本条件。古希腊哲学家亚里士多德说过:"能独自生活的人,不是野兽,就是上帝。人际关系在人的发展过程中,具有不可替代的作用。"著名心理学家马斯洛也认为,人人都具有这样一种基本要求:他需要归属于一定的社会团体,他需要得到他人的爱与尊重,这些社会需要是与吃饭、穿衣等生理需要同等重要的缺失性需要,它必须被满足,否则,将使主体丧失安全感进而影响心理健康。人际关系和谐是心理健康的重要标准,也是维持心理健康的重要条件之一。在人与人的交往中,人们不仅可以交流思想,而且可以分享许多隐秘的情感,诸如对未来的憧憬、内心的感受、隐秘的冲动等;通过沟通,可以互相启迪,丰富彼此的人生;在友谊关系中,人们相互接纳并彼此探索,以此促进个人的成长,满足自我实现的需求,一般来说,人所承担的社会角色越多,参加的社会活动越广泛,人的发展就越丰富、越全面。

人际关系不仅是人健康成长的基本条件,同时也是治疗心理障碍的一个重要资源。当你感到悲观失意、抑郁不快时,有亲人的安慰与关怀,你会感到精神的慰藉与支持,从而获得战胜困难的勇气;相反,如果亲人冷言冷语,也许会使你跌入失望的深渊,甚至走上轻生的绝路。

人际关系和谐具体表现为:在人际交往中,心理相容,互相接纳、尊重,而不是心理相克,相互排斥、贬低;对人情感真诚、善良,而不是冷漠无情。社会心理学的研究表明,那些在人际交往中颇受好评,很得"人缘"的人一般有乐观、聪明、有个性、独立性强、坦诚、具有幽默感、能为他人着想、充满活力等特点；而那些在人际交往中不太受欢迎的人具有自私、心眼小、斤斤计较、孤傲、依赖性、自我中心、虚伪自卑、没有个性等特点。

六、不良人际交往的三种模式

1. 怕被拒绝

这是一种在人际交往中以不安全感为主要感受的、幼稚的、不成熟的人际交往模式。有这种感受的人有很强的自我保护意识，处处怕被别人伤害，在人际交往中表现出的是退缩行为。他们并不是不愿意与人交往，而是担心自己在与人交往时，别人不理睬、不热情。于是，他会采取一种妥协的处理方式，在惴惴不安中更加退缩。另一种人际交往不安的表现形式是认为世人都很狡猾，担心自己被利用、被欺骗。这类人总是不信任别人，感到社会复杂、人心难测，自己不像别人那样狡猾，怕吃亏。与同性交往时，总是在想别人是不是想从我这里得到些什么；与异性交往时，又在想别人对我有什么企图等。

2. 不会说"不"

这类人常以奉献者角色与人交往。他们一般认为，别人必须得到我的帮助，在与人交往时我必须做出牺牲，以使别人欢愉。他们绝对尊崇法律和社会道德，就是一般的社会习惯也不敢违背。这类人自幼就是典型的"乖孩子"，从小到大就没有向周围或社会说过"不"，别人需要什么就满足什么。例如，你要打乒乓球，那让你先打好了，从来不知道什么叫反抗与对峙。"乖孩子"在幼年时的心理需求很容易获得满足，只要得一声夸奖，什么付出都是值得的。然而，随着年龄的增长，他们同样以这种幼稚的心理参与社会，显然会形成理想与现实的冲突。他们往往会行善举而期望有所回报，当善举无回报时，就会感到十分委屈和不平衡。

3. 不能没有依靠

众所周知，人际交往是以相互支持、互为收益为前提的，而有些人却过多地依赖他人，以致成为别人的负担。有些人可能对某一个人很依赖，也可能非选择性地依赖任意一个人。他过分信任依赖对象，凡事言听计从，唯唯诺诺，完全失去了自我，目的是想从其所依赖的对象身上获得源源不断的支持与庇护，而自己却从来没有给对方些许的心理支持。如果他/她只依赖某一个人，就会既不愿意也不允许对方与别人建立亲密关系，唯恐自己被抛弃。这种关系的结果是使被依附对象有一种束缚感，甚至会成为一种负担，并且产生一种想摆脱这种关系的强烈愿望，最终导致亲密关系的破裂，而许多心理脆弱者难以承受这种打击，出现心理冲突。

与人交往是个实际体验的过程。如果你有以上这些问题，不妨找心理治疗师，从医患交往开始，学会正常的人际交往。

心理科普

一、交往需要的实验

美国心理学家沙赫特·斯坦利曾经做过这样一个实验：他以每小时15美元的酬金聘请人到一个小房间里去住。这个小房间与外界完全隔绝，没有报纸，没有电话，不准写信，也不让其他人进入。最后有两个人应聘参加实验，实验结果是：有一个人在小房间里只待了两个小时就出来了，另一个人待了8天，这个待了8天的人出来以后说，"如果让我在里面多待1分钟，我就要发疯了"。

研究表明：人都有强烈的交往需要，都畏惧孤独，害怕离群索居。

二、刺猬法则

为了研究刺猬在寒冷冬天的生活习性，生物学家做了一个实验：把十几只刺猬放到户外的空地上，这些刺猬被冻得浑身发抖，为了取暖，他们只好紧紧地靠在一起，而相互靠拢后，又会因为忍受不了彼此身上的长刺，很快就各自分开。可天气实在太冷了，它们又靠在一起取暖。然而，靠在一起时的刺痛使它们不得不再度分开。挨得太近，身上会被刺痛；离得太远，又冻得难受。就这样反反复复地分了又聚，聚了又分，不断地在受冻与受刺之间挣扎。最后，刺猬们终于找到了一个适中的距离，既可以相互取暖，又不至于被彼此刺伤。刺猬法则强调的是人际交往中的心理距离。这个法则提醒我们，社会生活中的每个人都需要有个人空间，在交往过程中，要保持适当的人际距离。

三、人际交往中的自我表露理论

广义来说，社会交换过程也包含情感的交流，而情感交流和自我表露是分不开的。所谓自我表露就是我们常说的"敞开心扉"，即把有关自我的信息、自己内心的思想和情感暴露给对方。良好的人际关系是在交往双方的自我表露逐渐增加的过程中发展起来的。

自我表露可以增加他人对你的喜欢。自我表露本身具有很强的象征性，它给对方一个强有力的信号：你对他/她相当信任，愿意进一步交往。而且，对他人的自我表露可以引发他人作自我表露，由此可以增进相互理解，相互信任。

自我表露对他人的益处包括：一是他们知道彼此的相似与不同，还能了解相似与不同的程度；二是准确地向他人表露自我，是健康人格的体现；三是自我表露增强了自我觉察的能力；四是分享体验帮助个体发现这不是他们唯一存在的问题；五是自我表露可以从他人那里获得反馈，减少不必要的行为。

一般来说，表露的范围和深度是随着关系的发展而逐步增加的。对于不同的关系对象，在不同的发展阶段，自我表露的广度和深度明显不同。在非常亲密的朋友中，自我表露往往十分深入,达到所谓无话不说的地步。需要注意的是,无论关系多么亲密,人们都可能存在不愿意暴露的领域,这就是所谓的"隐私"问题。

心理自助

一、拓展阅读

人际交往中正确认识和了解他人的方法

知人者智,自知者明。能否正确地认识和了解他人,同样关系到人际交往能否顺利进行。如何正确地认识和了解他人,要注意以下3个方面。

1. 不以第一印象作为取舍判断的标准

第一印象,也就是第一次对人知觉时形成的印象,它往往最深刻,而且常会成为一种基本印象而影响其对他人各方面的评价。俗话说,先入为主,讲的就是这个道理。人们很重视自己给别人的第一印象,但也应该看到,第一印象得之于较短时间的接触,又没有以往的经验作参照,主观性、片面性较强。所以,一定要注意其消极的一面,既不能因第一印象不好而全盘否定,又要防止被表面的现象所迷惑,"金玉其外,败絮其中",这样的例子屡见不鲜。要练就一番透过现象看本质的本事,在长期的相处中全面、正确地认识和了解他人。

2. 不因一时一事评价人

某人刚犯了一个大错误,于是就有人发现,他从来就不是好人,这是近因效应在作怪。在较为长期的交往中,最近的印象比最初的印象更占优势,这是一种心理惯性。由于这种惯性的作用,人们往往会以最近的印象来评价人。另外,还有所谓"光环"效应,将对方的一种优点、优势放大变成了笼罩全身的"光环",甚至原来的缺点也被掩盖或者蒙上了一层夺目的光彩,这种对他人认知的最大失误就在于以偏概全。"借一斑而窥全貌"并不总是适合于人和事,个别和局部并不一定能反映全部和整体。在人的诸多行为或性格特征中抓住某个好的或不好的,就断定他是好人、坏人,无疑是幼稚的。恰当地、全面地认知他人,就要克服"说好全好、说坏全坏"的绝对化方法。

3. 切莫先入为主

第一印象固然是一种先入为主,除此之外,在我们的头脑中,总有一些先在的、得之于各种途径的观念,并常常以此来评价和判断他人,因为这样所耗费的心理能量最少,也就是说,它最省事。但是,图省事往往会造成一些认知偏差。美国人开放、英国人保守、商人精明世故、农民老实本分……这些说法虽与某些人的特征相吻合,但绝不是个个如此,还要"具体问题具体分析"。人如其面各不同,所以不能用概念来衡量人,把人简单化。

人际交往中不要过度投资

对一个有劳动能力、心智健全的人来说，独立、付出都是内部的需要。人际关系中如果不能相互满足某种需要，那么这种关系维持起来就比较困难。在卡耐基的成功人际交往思想中，很重要的一点就是要遵循心理交往中的功利原则——这一原则是建立在人的各种需要（包括精神和物质需要）的基础之上的，即人际交往是满足人们需要的活动。

心理学家霍曼斯早在1974年就提出人与人之间的交往本质上是一种社会交换，这种交换同市场上的商品交换所遵循的原则是一样的，即人们都希望在交往中得到的不少于其所付出的。如果得到的大于付出的，也会令人们心理失去平衡。

人际交往要有所保留，初入社交圈中的人常犯的一个错误就是"好事做到底"，以为自己全心全意为对方做事会令双方关系融洽、密切。事实并非如此，因为人不能一味接受别人的付出，否则心里会感到不平衡。"滴水之恩，涌泉相报"，这也是为了使关系平衡的一种做法。如果好事一次做尽，使人感到无法回报或没有机会回报的时候，愧疚感就会让受惠的一方选择疏远。留有余地，好事不应一次做尽，这也许是平衡人际关系的重要准则。

留有余地，适当地保持距离，因为彼此心灵都需要一点空间。如果你想帮助别人，而且想和别人维持长久的关系，那么不妨适当地给别人一个机会，让别人有所回报，不至于因为心理压力而疏远了双方的关系。而"过度投资"，不给对方喘息的机会，就会让对方的心灵窒息。只有保持适当的距离，彼此才能自由畅快地交往。

二、心理测试

嫉妒心测试

请根据你的实际情况，选择一个最适合你的答案。

1. 你在去学校的路上捡到一个钱包，里面有钱和单据，你将它交给老师。这件事目前知道的人很少，你通常会（　　）

   A. 认为这是应该做的，没必要告诉别人。

   B. 想要更多的人知道这件事，但不好意思开口，给人讲时有点分寸。

   C. 逢人便讲，让更多的人知道你做了这件好事。

2. 在文艺演出前的选拔赛上，老师选中了长得漂亮又潇洒的同学，而却没有选中酷爱文艺且颇有表演才能的你。一天，你和朋友逛街时遇到这位同学，这时你会（　　）

   A. 热情打招呼，并将朋友介绍给自己的同学。

   B. 背过脸去假装没看见。

   C. 只和同学讲话，并不介绍朋友，当同学走后告诉朋友，这人不怎么样。

3. 在班会上，一个大家公认比你差的人提出了比你高明的意见，你心里虽然赞同，

> 大学生心理健康

但当老师询问你的看法时，这时的你（　　）

    A. 内心虽有点不自在，但立即表示赞同。

    B. 你说这意见不好，并提出自己的意见。

    C. 不公开发表意见，私下里说她（他）坏话。

4. 你是班长，在班中有一位比你能力强、威信高的同学，你如何对待他/她？（　　）

    A. 创造条件使他/她担负重任。

    B. 不冷不热，一视同仁。

    C. 变着法子冷落他/她。

5. 一位不如你有气质、有风度的男生/女生被老师选入学校时装表演队，这时的你（　　）

    A. 由衷祝贺他/她有这样的好机会。

    B. 并不介意。

    C. 认为老师没眼力。

6. 假如你是一位老师，通常你对学生的奖惩依据是（　　）

    A. 学习成绩及能力。

    B. 两者兼有，即 A 与 C 之间。

    C. 对自己的亲疏程度。

7. 你的同桌因学习成绩出色而被评为三好学生，你得到这个消息后（　　）

    A. 向他表示祝贺。

    B. 心里不服气，但嘴里不说或让其他人替你发表不满。

    C. 大发牢骚，或明或暗地说他死读书，其他能力根本不行。

8. 你一位朋友最近穿了一件时髦的服装，洋洋得意，你打心眼里感到他挺美。如果他问这件衣服款式如何，你说（　　）

    A. 真不错，我也要买一件。

    B. 好是好，就是太独特了，我可穿不出。

    C. 你并不明确表态，可心里却说，"看你美的，有啥了不起？"

9. 考试在即，一位平时和你成绩不相上下的同学或朋友来请教你一个问题，你本来能完全解答，然而你估计此题可能是本次考试的主要内容之一，这时你（　　）

    A. 认真告诉他解题捷径，并告诉他这可能会成为考试题之一。

    B. 告诉他一个比较烦琐的解题方法。

    C. 告诉他，你不会做。

10. 你班上有一位能力与你不相上下的同学，你一直视他为竞争对手，有一天他突遇车祸，你会（　　）

    A. 认为这太不幸了。

    B. 为他惋惜。

C. 认为上帝总算惩罚了他。

评分规则：
选"A"计5分，选"B"计3分，选"C"计1分，各题分数相加为总分。
测试结果：
总分为10~19分：你嫉妒心甚强，有向上的心理需求，但稍微看到别人比自己优越就会产生强烈的嫉妒心，其结果不仅会使身心受损，还会严重影响你的人际关系。

总分为20~29分：你有较强的嫉妒心，当别人超过你时，你心里会感到不愉快，不过你精通世故，对此能够加以控制，即使心中不悦，也不溢于言表。你如果在全面认识别人，正确认识自己的基础上再下些功夫，那嫉妒心就会减少。

总分为30~39分：你具有通常的嫉妒心理，这对你来说无关紧要，只要不使其外露就可以了。

总分为40~50分：你没有或很少嫉妒别人，你能了解自己在生活中的位置，也充满自信，充满热情，你不喜欢同旁人作消极、无谓的比较，你还能把别人的成就看作是对社会的贡献。你是一位心胸宽广、遇事达观、受人尊敬的人。你的朋友能真心待你，与你共享创造乐趣。

三、心理故事

敌人与朋友

林肯作为美国总统，他对政敌的态度引起了一位官员的不满。这位官员批评林肯不应该试图跟那些人做朋友，而应该消灭他们。

"当他们变成我的朋友时，"林肯十分温和地说，"难道我不是在消灭我的敌人吗？"
点评：可惜的是，这世界上太多的人只知道从肉体上消灭敌人。

妻子与丈夫

妻子正在厨房炒菜。丈夫在她旁边一直唠叨不停："慢些。小心！火太大了。赶快把鱼翻过来。快铲起来，油放太多了！把豆腐整平一下。哎哟，锅子歪了！"

"请你住口！"妻子脱口而出："我懂得怎样炒菜。"
"你当然懂，太太，"丈夫平静地答道："我只是要让你知道，我在开车时，你在旁边喋喋不休时，我的感觉如何。"
点评：学会体谅他人并不困难，只要你愿意认真地站在对方的角度和立场看问题。

误会

早年在美国阿拉斯加，有一对年轻人结婚，婚后生育，女方因难产而死，遗下一孩子。男方忙于生计，因没有人帮忙看孩子，就训练一只狗，那狗聪明听话，能照顾小孩，咬着奶瓶喂奶给孩子喝，抚养孩子。

有一天，男主人出门去了，叫狗照顾孩子。他到了别的乡村，因遇大雪，当日不能回来。第二天才赶回家，狗立即闻声出来迎接男主人。男主人把房门开一看，到处是血，抬头一望，床上也是血，孩子不见了，狗在身边，满口也是血，男主人发现这种情形，以为狗性发作，把孩子吃掉了，大怒之下，拿起刀来向着狗头一劈，把狗杀死了。之后，忽然听到孩子的声音，又见他从床下爬了出来，于是抱起孩子；虽然身上有血，但并未受伤。他很奇怪，不知究竟是怎么一回事，再看看狗，腿上的肉没有了，旁边有一只狼，口里还咬着狗的肉；狗救了孩子，却被男主人误杀了，这真是令人遗憾的误会。

点评：误会的事，往往是在人不了解、无理智、无耐心、缺少思考、未能多方了解事情真相，感情极为冲动的情况下发生的。人对无知的动物发生误会，尚且会有如此可怕严重的后果，那么，发生在人与人之间的误会，后果更是难以想象。

四、心理探索

1. 人际沟通情境分析

情境一：林上亿同学又把同桌的钢笔拿去用了，也不说一声，每次都这样！

同桌 A："林上亿，你很过分呀！每次用别人东西都不先说一声，一点都不尊重别人，你真是讨厌！"

同桌 B："林上亿，看到你每次都不说一声就把我的钢笔拿去用，我觉得有点不受尊重，希望你下次要用的时候能先跟我说一声。"

请体验并分析：他们中谁的话更容易被人接受？为什么？

情境二：朋友向你倾诉："期末考试成绩出来了，我考得很差。我不敢告诉父母，为了供我上学他们拼命地赚钱，已经很辛苦了。我不想让他们知道。每天早晨起来，我都鼓励自己要努力地学习，但是感觉压力很大，要找一份好工作真的很难。"你会如何回答？

A. 你要想开一点，面包会有的，只要努力肯定会有收获的。

B. 你不用太悲观，大家都是一样的。

C. 你应该告诉你的父母实情，他们也许能帮你，和你一起想办法。

D. 你不敢把这件实情告诉父母，怕他们担心你，可是你的压力也非常大，不知道自己一个人是否扛得过去。

E. _____。（与上述回答不一样的表达）

情境三：朋友向你倾诉："我最近倒霉透了，谈了两年多的女朋友居然把我给甩了。哎，我真想一死了之！"你会如何回答？

A. 你怎么这么想，一次失恋就这个样子，也太没出息了。

B. 哎，是挺倒霉的。你再想想有没有什么跟她和好的办法。

C. 不用这么难过，俗话说得好，天涯何处无芳草，改天我帮你介绍个更好的。

D. 我比你更倒霉呢！我都被人家甩过两次啦！
E. _____。（与上述回答不一样的表达）
2. 你所在的宿舍人际关系怎样？和同宿舍的人一起探讨一下改善宿舍人际关系的方法。
3. 遇到老师批评同学的情况，你是怎样做的？有没有"火上浇油"的做法？
4. 一个爱挑剔别人的人能否有好的人际关系？为什么？

任务二　大学生人际交往与心理健康

【任务目标】
（1）了解人际关系对大学生个体发展的重要意义。
（2）认识大学生人际交往的特点，了解大学生人际交往中的不良心理。
（3）学习掌握大学生人际交往的原则和交往的技巧，提升人际交往能力。
（4）补充学习与大学生人际交往相关的心理学理论知识。

【任务描述】
本任务主要学习大学生在人际交往中需要掌握的原则、技巧等知识，引导大学生认识建立良好人际关系的重要性，学习交往，学会交往，提高人际交往能力。

【任务知识】

心理课堂

一、人际关系对大学生个体发展的意义

人际关系既是个人发展的需要，也是个人精神生活的需要。良好的人际关系对大学生的发展具有以下5个方面的意义。

（1）获得信息。大学生通过人际交往获得的知识，从内容、渠道、速度上来看，要比从书本上获得的知识更广、更多、更快。随着交往范围的扩大，大学生可以认识更多的人、了解更多的事、交换更多的思想、获得更多的信息。

（2）知己知彼。大学生在广泛的人际交往中，可以表现出自己的思想和才能，使他人了解、赏识和接纳自己的性格、学识、能力和品质。在与他人的比较和他人对自己的评价中，客观、全面地认识自己。

（3）人际合作。人际关系影响大学生的群体凝聚力和学习效率。人际关系是群体内聚力的基础，而内聚力是提高学生学习效率的前提条件。友爱、和谐的人际关系会使人感到温暖、安全、愉快，从而激发积极性和创造性。冷漠、排斥、敌意的人际关系会使人产生压抑、焦虑、烦恼的情绪体验，从而阻碍人的潜能的发挥。据统计，不良的情绪会使脑力工作者的学习效率降低70%。俗话说："一个篱笆三个桩，一个好汉三个帮。"大学生通

过与他人交往，学会与人合作，提高协调各种力量的能力，懂得依靠集体的智慧和力量，明确自己在团体中的角色，才能最大限度地开发自身潜能，实现自己的目标。

（4）调节身心。据有关调查资料显示，15.1%的学生认为知心朋友是自己未来生活中最重要的，59%的学生表示最快乐的时刻是与朋友在一起。同学之间通过相互交往，诉说个人的喜怒哀乐，在心理上可以获得一种归属感和安全感。那些孤僻、不合群、自卑、猜疑、嫉妒的学生，往往有更多的烦恼和忧愁难以排遣，会渐渐形成不健康的心理。长期恶劣的人际环境会导致各种身心疾病，如神经衰弱、高血压、胃溃疡等。

（5）促进社会化。人际关系影响个体的个性发展。个体在自我发展和自我完善的过程中，不仅受自然环境的影响，而且还受人际环境的影响。研究表明，融洽的人际关系对个体具有以下益处：给个体以稳定感和归属感，使个体提高宽容和理解的能力；给个体以学习社交技巧的机会，使个体获得社交的经验；给个体以培养社会洞察力的机会，发展对集体的忠诚心。大学生在人际交往过程中也会逐步明确自己的社会角色和地位。他们在与家人、同学、老师的交往中，积累生活经验，学习社会生活所必需的知识技能、伦理道德、规范意识等，学会与人合作和竞争，培养良好的道德品质，完善和健全人格特征，从而成为一个得到社会认可的成熟的社会人。

二、大学生人际交往的特点

1. 大学生的交往愿望强烈

多数大学生已自觉意识到良好的人际关系对于学习和生活的重要性，他们不愿意把自己封闭在一个狭小的人际圈子里，而是迫切希望能够与更多的人建立良好的人际关系。

2. 大学生的交往目的具有多样化特征

大学生人际交往抽样调查表明，大学生对于不同的交往对象抱有明显不同的目的。男生、女生以及不同年级的学生在交往的目的上也表现出一定的差异。如在与同性朋友的交往上，男生的娱乐目的强于女生，女生的互助目的强于男生；在与异性朋友的交往上，男生在助人、安全和自我表现3个方面高于女生，女生的自我中心高于男生；在与老师的交往上，男生在功利、自我中心方面较女生要强，而女生在客观要求方面要高于男生；在与父母的交往中，男生在自我中心方面较女生要强等。年级差异主要表现在：在与同性朋友的交往上，一年级的功利性交往目的比二、三年级要弱一些；在与异性朋友的交往上，一、三年级的互助与助人的交往目的比二、四年级要强一些；在与老师的交往上，低年级的互助性交往目的比高年级要强。

3. 大学生的人际交往具有浓厚的理想色彩

大学生正处在求知阶段，思想比较单纯，对美好未来充满向往和自信。因此在日常交往中总是崇尚高雅，鄙视庸俗，崇尚真诚，鄙视虚伪。调查表明，学生对最喜欢与什么样的人相处的选择依次为：诚实、平等待人、关心他人、谦逊、有才干等；反之，对最害怕与什么样的人相处的选择依次为：虚伪、利用他人、心胸狭窄、傲慢、脾气暴躁等。在学校里,那些学习认真、成绩优秀、有才能、有智慧,同时为人又正直、坦率、忠厚老实、凡事善于替别人考虑、善于关心别人、帮助别人、谦虚朴实、在荣誉和利益面前能保持良好心态的学生往往人缘都特别好,大家都乐于与之交往。反之,那些对集体和他人漠不关心、见利忘义、喜欢斤斤计较、为人虚伪,甚至自以为是、自视甚高、处处利用别人、心胸狭窄、反复无常的人,有的尽管学习也比较用功,成绩也很优秀,但人缘却极差,班集体中其他同学往往与之对立或敬而远之。

4. 大学生人际交往相对比较简单稳定

大学生的活动范围主要是在校园内,其接触的对象主要是同学和教师,相互之间的交往是为了交流思想、联络感情、切磋学问、探索人生、抚慰鼓励以及排遣烦恼等。交往方式主要是接触交谈。因此,大学生的人际关系相对简单。而且同一年级、同一专业的学生要在一起生活、学习好几年,天天吃在一起,住在一起,学习在一起,相知相识,即使偶有摩擦发生,由于彼此之间没有根本的利害冲突,问题也比较容易解决,一般不会有较大的波动,所以学生的人际关系比较稳定。

5. 认知因素在大学生的人际交往中起着主导作用

影响人际关系的认知因素、情感因素和人格因素,在不同层面学生中有着不同的特点。大学生在人际交往中有较强的主见和选择能力。什么人能交往,什么人不能交往,学生已能分清良莠,择善交往。

三、大学生人际交往中的不良心理

每一个人都希望自己善于交往,都希望自己能够通过交往建立起和睦的家庭关系、亲属关系、邻里关系、朋友关系、同学同事关系……而这些良好的社会关系可以使个人在温馨宜人的环境中愉快地学习、生活和工作。但在实际的交往过程中,总是或多或少地存在着一些不尽如人意之处,影响了人际交往的正常进行。大学生人际关系中的不良心理有自卑、羞怯、孤僻、自我中心等。

(1) 自卑和自傲心理:自卑心理源于心理上的一种消极的自我暗示,很多心理学家指出,自卑感和本人的智力、受教育程度、所处的社会地位等因素无关,而仅仅是对"自己不如他人"的确信。自卑的人在交往中,虽有良好的愿望,但总是怕别人的轻视和拒绝,因而对自己没有信心,很想得到别人的肯定,又常常很敏感地把别人的不快归为自己的不当。有自卑感的人往往过分地自尊,为了保护自己,常表现得非常强硬,难以让人接近,在人际交往中变得格格不入。自傲也源于错误的自我估计。自傲者喜欢过高地估计自己,在交往中表现为妄自尊大、自吹自擂、盛气凌人,而且不愿和自认为不如自己的人交往。这样的人当然不会受到别人的欢迎。自傲者一旦受挫,往往会较为自卑。自傲者要学会尊重他人,善于发现他人的优点,这样才有利于客观地评价自己,还要学会严于律己、宽以待人。

(2) 怯懦心理:这种心理主要见于涉世不深、阅历较浅、性格内向、不善辞令的人。

怯懦会阻碍自己计划与设想的实现。怯懦心理是束缚思想行为的绳索，理应断之、弃之。

（3）猜忌心理：猜忌心理就是在对人、对事没有进行客观了解之前，主观地进行假设与推测，是一个非理智的判断过程。有猜忌心理的人，爱用不信任的眼光去审视对方和看待外界事物，每每看到别人议论什么，就认为人家是在讲自己的坏话。猜忌成瘾的人，往往捕风捉影，节外生枝，说三道四，挑起事端，其结果只能是自寻烦恼，害人害己。

（4）逆反心理：逆反心理强的人总爱与别人抬杠，以此表明自己的标新立异。对任何事情，不管是非曲直，你说好他偏说坏，你说一他偏说二，这种心理容易模糊是非曲直的界限，常使人反感和厌恶。

（5）孤僻心理：孤僻心理表现为不愿与他人交往，不合群。由于不善于主动与他人交往而感到孤立，自我心理压力大，生活态度不乐观。

（6）做戏心理：有的人把交朋友当作逢场作戏，往往朝秦暮楚，见异思迁，喜欢吹牛。这种人与人交往时只是在做表面文章，因而得不到真正的友谊。

（7）贪财心理：有的人认为交朋友的目的就是为了"互相利用"，因此只结交对自己有用，能给自己带来好处的人，这种人际交往中的图利心理，只会使自己的人格受到损害。

（8）冷漠心理：有些人对自己无关的人和事一概冷漠对待，甚至错误地认为言语尖刻、态度孤傲就是自己的"个性"，致使别人不敢接近自己，从而失去了更多的朋友。

四、大学生人际交往的原则

每个人都渴望拥有和谐的人际关系，渴望从人际交往中获得被爱、被尊重、被肯定的满足；渴望拥有更多的朋友，一起分享学习、做事、生活的快乐，彼此分担成长的压力；渴望提升自己的人际交往能力，拥有和谐幸福的人生。建立良好的人际关系，遵循以下5个交往原则至关重要。

1. 彼此尊重原则

尽管人与人在气质、性格、能力、知识等方面存在差异，但在人格上是平等的。只有尊重自己和尊重他人，才能保持人际交往各方的平等地位。

自尊：在各种场合自重自爱，维护自己的人格尊严不受他人侵犯。

尊重他人：重视他人在人格、行为习惯与价值观等方面与自己的差异，不以自己的标准来要求别人。只有自尊才能得到他人的尊重，也只有尊重他人才能得到他人的真诚对待。

2. 真诚原则

以诚待人、讲求信义是人际交往得以延续和深化的保证。每个人所隐藏的内心世界，正是别人希望发现的奥秘。一般来说，当你对别人做出一个友好的行动来表示支持或接纳他时，他的心里就会产生一种压力，为保持自己的心理平衡，他便会对你报以相应的友好行为。在交往中，只有彼此抱着心诚意善的动机和态度，才能相互理解、接纳、信任，感情上引起共鸣，使交往关系巩固和发展。

3. 互利原则

互利原则指交往双方的互惠互利。人际交往是一种双向行为，故有"来而不往非礼也"之说，只有单方获得好处的人际交往是不能长久的。如果双方在相互交往中都获得了各自社会需要的满足，相互之间才能发生并保持接近的心理关系，因此要学会换位思考，多想想自己处在他人的位置上的情景，就能理解他人的反应，也就不会出现强求别人做到连自己也做不到的事情了。

4. 宽容原则

宽容原则表现为对非原则性问题不斤斤计较，能够以德报怨，宽容大度。大学生个性较强，接触又密切，不可避免会产生矛盾，这就要求大学生在交往中要谦让大度、克制忍让，不计较对方的态度、不计较对方的言辞，并勇于承担自己的行为责任，做到"宰相肚里能撑船"。宽容克制并不是软弱、怯懦的表现；相反，它是有度量的表现，是建立良好人际关系的润滑剂，能"化干戈为玉帛"，赢得更多的朋友。

5. 适度原则

交往的时间要适度。大学生的主要任务是学习，要防止因过于强调交往的重要性而投入太多的时间和精力。交往的距离要适度。朋友之间保持一定的距离是很有必要的，只是不同程度的朋友其距离的大小可以有所区别。交往的频度要适度。有的同学交往，关系好时形影不离；一朝不和，即互相攻击，老死不相往来，这对双方的心理健康和人际关系发展都不利，良好的人际交往应当疏密有度。

五、大学生人际交往的技巧

掌握交际的正确原则并把它们贯穿于交际行动当中，是维持良好人际关系的核心，但是仅有正确的原则来指导行动还不够，因为在实际的交往过程中会遇到各种各样的障碍，会出现难以预料的失误，所以需要更加具体的技巧去处理这些情况，保证交往健康顺利地发展。

1. 主动沟通

沟通是人与人之间、人与群体之间思想与感情的传递和反馈的过程，以求思想达成一致和感情的通畅。每个人都有自己独立的思想，独立的价值观，独立的世界观，每个人对于同一件事都有自己独立的认知想法，有时候我们抱怨别人不了解自己，事实上是我们没有和别人进行有效的沟通，双方都不了解彼此的想法。

沟通是双向的，一方面你要获取对方的真实信息，另一方面你也必须向对方传达你的真实信息。只有这样的沟通才算成功的沟通。人际交往是交际双方的互动，主动沟通是顺利实现人际交往的第一步。很多人的沟通能力总是原地踏步，其中一个重要原因就是他们习惯了被动接收。要实现有效人际沟通，须一方或双方迈出主动沟通的第一步，千万不要以为"我不说别人也知道"或者"等他先跟我交流"。如果沟通双方都不主动，都在等待对方迈出第一步，双方就不会有交集，也就不会有下一步的沟通。

2. 学会倾听

人际关系学者认为"倾听"是维持人际关系的有效法宝。因为倾听是对别人尊重的表现，是交谈成功的要诀。然而，倾听并非易事，必须用心去理解，并且做出积极的响应。人们沟通的目的就是要获得信息和情感，而倾听正是获得信息的渠道，也是了解他人的重要途径。在沟通时，作为听者要少讲多听，不要打断对方的谈话，最好不要插话，要等对方讲完之后再发表自己的见解；尽量表现出聆听的兴趣，正视对方，切忌小动作，以免让对方认为你不耐烦；力求在对方的角色上设身处地考虑问题，对对方表示关心、理解和同情；不要轻易地与对方争论或妄加评论。

3. 善于表达

语言在人际沟通中起方向性或规定性作用。成功者不一定都有好口才，但好口才会助人成功，这是不争的事实。善言者的共同特点是：词汇丰富，措辞恰当；能抓住听众的兴趣；适应不同场合；分清谈话对象。语言表达方式多种多样，任何一句话都可以有多种说法，所谓"话有三说，巧说为妙"。表达时的说法不同，效果截然不同。

首先，表达要委婉。生活中有许多事情是不能直接说出口的，否则会使人联想起不美好的事物、产生不愉快的感觉。利用委婉、含蓄的语言可以帮助人们消除这种感觉，使交流仍保持在较高尚、美好的层面上，可以缓解一些尴尬的情境。委婉是社交生活中频频使用的交流技巧，尤其在谈到敏感的事情以及拒绝对方时，委婉交流更能让对方接受。

其次，表达要幽默。幽默是心理的润滑油，有助于建立良好的人际关系。幽默的形式有很多，它常常表现出一种滑稽、诙谐、愉快、风趣、含蓄的现象，使人发笑，回味无穷，从而创造一种良好的交际氛围。

4. 学会赞美

心理学家詹姆斯说过，人类最深切的渴望就是获得赞赏。赞美是一种诚恳的、自然的情感流露。受中国传统观念的影响，很多学生对于赞美往往存有顾虑，在他人给予赞美时，自己显得不好意思；对于他人取得的进步或成绩，又不好意思夸奖。殊不知，每一个人在内心都特别希望获得他人的肯定和赞美。只要这种赞美得体得法，往往就能让人际关系变得更加亲密。在赞美别人时，首先，要做到态度真诚，发自内心，这样才能让对方感受到赞美的真实性，而不是出于交往的需要；其次，赞美要具体，比如这位同学最近的一些变化、细致的地方，这样能让对方感觉你是在经过认真观察后发出的赞美，增加赞美的信度；最后，要尽可能赞美对方的能力。在评价方面，人们更愿意别人对自己的努力过程而非结果进行赞美，因此在赞美别人时要不以成败论英雄，看到对方在努力过程中所表现出的可贵品质。

5. 学会共情

共情在人际沟通中具有非常重要的作用。共情会使别人感到被理解、被接纳，从而产生信任，有助于良好人际关系的建立，使沟通者能够逐渐放下自己的心理防御机制，愿意向对方更进一步地开放自己,进行深入的自我表达。共情的表达,可促进情绪的抒泄,有利于双方心灵的沟通。懂得共情需要从以下4个方面作出努力。

(1) 放下自己的主观想法。每个人在其成长的过程中,都形成了自己观察问题、处理问题的一套价值体系,即主观参照标准。在社会交往中,人们常常习惯于先入为主,用自己的主观参照标准去猜测别人、判断别人,很少能接纳和感受对方,这就造成了人际沟通的障碍。当一个人常常被别人误解或不被接纳时,这个人就会倍感孤独。要做到共情,首先要放下自己的主观想法,无论自己的想法多么正确。

(2) 有效地进行倾听。除了放下自己的主观参照标准外,要达到共情还须不带任何主观评价地去倾听对方,走进对方的内心世界,像感受自己那样去感受对方,接纳对方那些独特的想法与感受。

(3) 感受对方的情绪。通常我们在与别人沟通时,习惯于先看对方有什么想法,然后与之讨论沟通。共情虽然要感受别人的认识,但重点在于先感受对方的情绪感受,即对方此时此刻是怎么样的情绪状态。因为情绪最能反映人内心的真实想法,当我们去感受别人的情绪时,就进入了其内心最真实的部分,容易与他人建立心理上的联结。

(4) 表达对对方感受的理解。当我们对对方的情绪、感受了解了之后,要通过语言表达出来,这就会使对方产生一种被理解的感觉,使对方感到你能够理解他所经历的快乐与痛苦,彼此的沟通就有可能更深入进行。

6. 学会拒绝

人际交往中,常常会遭遇到是否要拒绝的尴尬,如果不拒绝,自己应付不过来,如果拒绝,又害怕伤害感情。其实,合理的拒绝是对彼此负责任的一种态度和行为,只是在拒绝的时候要注意方式。首先,在拒绝时,要明确地说明拒绝的原因和考虑,这样彼此之间才不会有误会;其次,在拒绝时,要选择合适的时间和地点,比如私下面对面地拒绝比众人在场时的拒绝效果要好;最后,要注意表达的口吻和方式,不可过于直接,最好能给对方留有后路,在心理上有个缓冲。

7. 学会恰当地批评

人与人之间的交往中,不可避免地会出现分歧和争执,这时候往往就会遇到如何批评的问题。如果批评不当,问题不但没解决,反而还容易激化矛盾。因此,要注意批评的方式和方法。首先,批评前最好能肯定一下对方,如肯定对方在这件事情上的一些努力等;其次,从事实出发,提出自己的观点,指出对方的一些问题;最后,再表达一下建议和鼓励。这样的批评往往能够让对方容易接受。

8. 善于运用非语言交流

语言在沟通中起方向性或规定性作用,而非语言行为有助于准确地反映出话语者的真正思想和情感。同样一句话,因为伴随的语调、语速、声音的高低、面部表情和体态动作不同,反映的思想、情感内容也大相径庭,这就是非语言行为。非语言行为在沟通中可以起到支持、修饰或否定语言行为的作用。有时可以直接代替语言行为,甚至表达出语言难以表达的情感内容。

非语言沟通中,声音的音质、音量、声调、语速、节奏等可以表达人的情绪状态和态度。如人在喜悦时,语音响亮,节奏快;悲哀时,音调低沉,吐词慢;兴奋时,声音洪亮,慷慨激昂;愤怒时,大声喊叫,语句不连贯等,通过人的音调可以表现出一个人是友好的还是敌对的,是冷静的还是激动的,是诚恳的还是虚假的,是谦恭的还是傲慢的,是同情的还是讥笑的。

美国著名心理学家阿尔特·蒙荷拉比把语言的表达效果概括为一个公式:一句话的影响力=15%声+20%色+25%姿+40%情。从这个公式可以得知:情感是语言的根基和核心。在社交活动中,语言的内容固然重要,但如何将这些内容有效表达,使之声色和谐,使人欣然接受,则更为重要。

语调语速正如不同的神态一样,可以表达不同的情感,使听者有不同的感觉。音调明朗清脆,可以使人兴奋;高亢激昂,可以使人振奋;舒缓低沉,可以使人镇静;温柔和蔼,可以使人欣慰;火爆急促,可以使人紧张;干涩冷漠,可以使人厌倦。

非语言沟通的第二个方面,是面部表情。面部表情所传递的情绪信息具有特殊性,它在情绪外观、人与人之间的交流中起着主导作用。面部表情错了,声调和姿态无法弥补。尽管声调和姿态在情绪表现上也十分重要,但只是面部表情的辅助形式。

面部表情不仅可以传递情绪状态,而且能够反映出一个人的喜、怒、哀、乐等内心活动。愉快时,人的面部肌肉横伸,面孔显得较短;不愉快时,人的面部肌肉纵伸,面孔显得较长。面部表情集中于五官,尤其是眉毛。展眉表示欢欣,低眉表示慈悲,皱眉表示愁苦,扬眉表示得意,竖眉表示愤怒,弯眉则为快乐。此外,鼻部、嘴部也能表达一定的情绪。

非语言沟通的第三个方面是体态语。如果我们把语言看成是人际交往的第一桥梁,那么体态语就是第二桥梁。体态语堪称是无声的肢体语言,它通过人的手势、身体的各种姿态等来传递信息,因而也叫作非言语交际。体态语是"看"的语言,它有无声、含蓄、深沉等特点。一个人如果体态呆板,肢体僵硬,就会给别人这样一种印象,此人乏味平淡,没有魅力。

9. 妥善管理冲突

冲突是指在人际互动之中,因双方意见不同出现的争论。很多人认为冲突是不好的,会破坏人际关系。然而,冲突本身并不必然伤害人际关系,而是我们在处理冲突中使用了不恰当的方法。一般来说,导致大学生产生人际冲突的原因主要有为眼前利益竞争、错误归因、报复、信息沟通不良等。人际冲突在日常生活中是不可避免的,有了冲突就要积极化解,这对于促进人际交往是非常重要的。妥善管理人际冲突的方法有以下4种。

(1)察觉冲突,及早化解。在人际冲突发生前,要能警觉冲突的信号。在察觉到快要有冲突时,冲突双方要及时说出来,彼此怀有诚心,抱着解决问题的积极态度来处理冲突,避免冲突升级到无法解决的地步。

(2) 对事不对人，着重问题解决。在处理冲突时，要本着以问题解决为中心的原则，对事不对人，保持客观的态度。切忌离开冲突事件本身，对对方进行指责甚至攻击。这种方式不但不会促进对方反思自己在冲突事件中的不恰当做法，反而会激起对方更大的对立情绪，由此使冲突愈演愈烈。

(3) 坦诚开放，求同存异。在处理冲突时，要尊重对方，平等待人，保持开放的心态，试着去看双方共通之处，同时允许对方保留与自己的不同之处。心胸开放的人不执着于某种绝对化的看法，愿意接纳不同的观点和自己不了解的信息。当抱有这种态度时，就能够平心静气地讨论事件的过程，找到双方可以接受的解决问题的方法。

(4) 直接沟通，减少误解。发生冲突时，双方要直接沟通，澄清信息传递过程中的遗漏或歪曲，减少彼此的误解，这样有利于冲突的解决。切不可道听途说，或凭自己的主观猜测就单方面下结论。

心理科普

一、共情

共情也称为神入、同理心、投情等。按照人本主义心理学家罗杰斯的观点，共情是指体验别人内心世界，感同身受地理解他人的能力。罗杰斯为共情下的定义是"体会来访者的内心世界，有如自己的内心世界一般，可是却永远不能失掉'有如'的性质，这个特质就是共情"。共情不等于一般的了解，不只是对他人有一定的认识，而且能体会到他人的感受，体察他人的思想，了解他人如何看自己，如何看周围的世界。

好的共情能力会找到生命的共性。想要改善人际关系，就要提升共情能力，提升自己对别人的关注度。

共情能力弱的人，大都人际关系不好，因为这样的人无法真诚面对他人，更无法和他人建立友好的相处关系，很容易形成自我偏激的性格。

二、人际交往中的心理效应

心理效应是社会生活当中较为常见的心理现象和规律，它具有积极与消极两方面的意义。正确地认识、了解、掌握并利用心理效应，对人的日常生活和工作具有非常重要的作用和意义。

1. 首因效应

首因效应也叫第一印象，是指素不相识的人在首次交往中形成的初始印象。首因效应，实际上就是在信息呈现顺序中，首先呈现的信息比后来呈现的信息在印象记忆中更深刻。虽然第一印象是最鲜明、最牢固的，但它并非总是正确的，随着长期的交往和了解，它会不断得到修正和改变，首因效应属于正常的心理偏差。日常生活中，我们可以利用首因效应，在交友、招聘、求职等社交活动中，给人留下良好的第一印象，为以后的交流打下良好的基础。

2. 近因效应

近因效应是指最近的信息对人的认知具有较大的影响。在人与人的交往中，有时候左右人们对人认知评价的是最后形成的印象。人们在相互交往和认识过程第一印象很重要，而最后一次或最近的印象也很重要。一般来说，在对陌生人的知觉中，首因效应比较明显，而对熟人或分别很久的人的知觉中，近因效应更为突出。

3. 晕轮效应

晕轮效应也称光环效应，是指由知觉对象的某个特征而泛化到其他一系列特征上，也就是从已知觉到的信息推至未知觉到的特征，从局部的信息形成一个完整的印象。在对人知觉时，判断者常从或好或坏的局部印象出发，通过散发思维而得出全部好或全部坏的整体印象，就像月晕一样，从一个中心点逐渐向外扩散成越来越大的圆圈，故称之为晕轮效应。"情人眼里出西施"就是晕轮效应的一种表现。情人在相恋的时候，认为对方的一切都是好的，做的所有事都是对的，就连别人认为是缺点的地方，在对方看来也是无所谓，这就是晕轮效应的表现。晕轮效应有一定的负面影响，在这种心理作用下，你很难分辨出好与坏、真与伪，容易被人利用。所以，我们在社交过程中要具备一定的设防意识。

4. 投射效应

投射效应是指在人际交往中形成对别人的印象时，总是假设他人与自己有相同的倾向，即把自己的某种特征投射到其他人身上。所谓"以小人之心，度君子之腹"，反映的就是投射效应的一个侧面。投射可以分为两种类型。第一种类型的投射是指个人没有意识到自己具有的某些特征，而把这些特征强加到他人身上。比如，一个人若是对另一个人怀有敌意，那么前者会总感觉对方对其怀有刻骨仇恨，似乎对方的一举一动都带有挑衅的色彩。第二种类型的投射是指个人意识到自己具有的某些不称心的特征，而把这些特征强加到他人身上。如考场上想作弊的学生，总感觉到别人都在作弊。通过这种投射，重新估量自己的不称心的特性，以求得心理上的暂时平衡。

5. 刻板印象

刻板印象是指社会上对于某一类人或事物形成的一种比较固定、概括而笼统的看法，也叫社会刻板印象。例如，山东人豪爽正直，能吃苦耐劳；而江浙一带的人聪明伶俐，善于随机应变。可见，刻板印象表现为将交往的对象机械地归入某一类群体中，并把自己对该类群体的习惯化概括附加到交往对象身上。由于刻板印象将同样的特征赋予团体中的每一个人，而不管其成员的实际差异如何，这样很可能形成某种偏见，影响交往的顺利进行。

6. 定势效应

定势效应是指人们在认知活动中用已有的知识和经验来看待当前事物的一种心理倾向。在交往中，定势效应常使人们对他人的认知固定化。比如，与老年人交往，我们往往会认为他们思想僵化、墨守成规、过时落伍；与年轻人交往，又会认为他们办事不牢；与男性交往,往往会觉得他们粗手粗脚、大大咧咧;与女性交往,则会觉得她们柔弱、心细如发。

7. 期待效应

期待效应又称皮格马利翁效应,源自古希腊的一个神话故事。皮格马利翁是一位雕塑家,他爱上了自己所塑造的完美的少女像,每天对着塑像出神,希望自己塑造的美少女成为他的妻子。他的虔诚感动了上帝,让塑像获得了生命并成为他的妻子。期待效应是指热切的期望与赞美能够产生奇迹:期望者通过一种强烈的心理暗示,使被期望者的行为达到他的预期要求。

心理自助

一、拓展阅读

学会感谢

与人交往不是一次性的买卖,而且交一个真诚的朋友也绝非易事,要想珍惜彼此间的友谊,就要学会"感谢"。不懂得感谢的人是对人冷漠的人,是不懂人情世故的人,不论他的处世技巧多么高明,人们也会渐渐疏远他。而懂得感谢的人对人有更多的爱,他们会关注别人,当然也会得到别人的喜欢。

有些人认为别人对他们所做的一切都是应该的,所以无须感谢,当他们这样想时,他们就会很自然地这样对待别人,于是别人也就自然这样对待他们,世界因此而变得缺少温情。

每个人都难免有点以自我为中心,因此会想,我老记着别人的好处,不管他们的坏处,这不是吃亏了吗?实际上,从心理学的角度说,你并不吃亏。因为当你想到他人的好处时,你的心情是愉快的;当你想起他人的坏处时,你内心是气愤的、不愉快的。

"感谢"对于多数人是需要学习的。如何去感谢他人呢?

第一,多想想他人对自己的帮助和好处。最好每周一次,专门抽时间想想都有谁曾帮助过自己。

第二,和其他朋友谈论这个帮助过自己的人,尽可能谈得详细。这比在内心感谢要强,因为讲出来是一种行动,行动对我们的情感影响很大,讲出来会使你心里增加感动之情。

第三,直接向自己的朋友表达自己的感谢,表达感谢要具体,要讲出来他人的帮助对你有什么意义。

第四,养成感谢的习惯。不仅感谢对我们有帮助的人,同时要感谢自然中的一切,感谢太阳照亮世界,感谢花的美丽,感谢草的柔软,感谢鸟的歌声,感谢大地的丰盛……感谢之情往往使自己内心充满爱。

在感谢别人时,诚恳的态度是很重要的。感谢要发自内心,要不卑不亢。友谊和爱的付出应该得到真诚的感谢,感谢既不是低三下四,也不是阿谀奉承。只有感谢,才能使沟通形成一个良性的循环,友谊才能不断地深化。

学会拒绝

拒绝,在生活中是常有的事。别人的请求违背你的意愿,你会拒绝;别人的要求超过你的能力范围,你会拒绝;有时对别人友好的邀请,由于种种原因你不能接受,也只有拒绝。但是,拒绝又是一件尴尬的事,它可能会使被拒绝者不快,甚至影响彼此的友情。拒绝可能源于客观,也可能源于主观。假如不能及时排除主观原因,如不愿帮忙、故意刁难、不尽力等,就可能造成误解。如何拒绝呢?

其一,道明原委,排除主观原因。人们之所以拒绝对方,总有一些不得已而为之的原因或困难,对于这些困难,对方未必知道或未必完全清楚,因此我们不妨直接陈述我们的难处,求得对方的理解和谅解。有时候,拒绝的理由很难直接陈述或没有时间讲清楚,或担心对方确实难以理解。面对这种情况,不妨只用一些"哎呀,这怎么办呢""真伤脑筋"之类的话表述,不必具体解释理由。对方一般也不会再追问具体理由。

拒绝对方的时候,我们一方面要寻求对方的理解,另一方面也应主动地理解对方。当你阐释不得不拒绝对方的理由时,你不妨客观真实地说明一下,你的拒绝可能给对方带来的影响。只要我们内心是热情坦诚的,这样的拒绝方法不仅不会伤和气,反倒有可能促进双方的关系发展,对方会视你为善解人意的人。

其二,鼓足勇气,适时说"不"。生活和工作中常会遇到别人有求于我们的时候。遇有这类事,要适时、适当地说"不"。如果都答应下来,最后只能顾此失彼,落个"言而无信"的名声。支支吾吾,不置可否,对方会以为你不负责任,缺乏能力。不能拒绝的理由可能有很多,如怕伤了对方的自尊心,怕伤了双方的和气,怕由此招来不好的后果等。正是这样一些理由使我们常常不能果断地、面对面地拒绝别人,甚至违心地给予肯定答复。

心理学研究表明,一个人的心理期望值越高,其满足感往往就越低,期望值与满足感常常是呈反比的。从我们承诺的那一刻起,对方的期望值就可能达到了饱和状态。如果最后的现实是我们的承诺根本不能兑现,那么对方的心理期望值就会化为泡影,可能出现情绪、情感的反常或失态,所以,为了长远地、真诚有效地发展人际关系,我们要首先建立起一种随时准备说"不"的勇气和自信心。只要语气婉转,方法得当,对方也会由衷接受。

其三,巧言引导,委婉拒绝。当必须表达否定的时候,首先需要尊重对方,说话要适当、得体,多使用一些敬语。这种否定法适合对交往初期的对象使用。采用引导方法也是表达否定的极好手段。需要否定时,我们不妨在言语中安排一两个逻辑前提,不直接说出逻辑结论,逻辑上必然产生的否定结论留给对方自己去总结。例如,美国总统罗斯福当年在军界服务时,一位朋友想从他嘴里打听一项机密,罗斯福悄悄向朋友问道:"你能保守秘密吗?"那位朋友连声说:"当然,我一定保守秘密,不告诉任何人!"这时,罗斯福说:"你能保守秘密,那么,我也能!"直接拒绝结论,对方自然能领会。

其四，先扬后抑，道是肯定却否定。如果有人邀请你去参加野游或娱乐晚会，可是你无法前去时，可以这样婉转地拒绝对方："您组织这个活动太好了，真该同您一起去好好玩一玩，可惜我手头还有些事情没处理完，否则我决不会放弃这次机会。"肯定温和的语气缓和了双方的关系，"可惜"的说法又给对方留有余地，不致使场面变得很尴尬。

其五，缓兵之计，延时拒绝。当一个好友或亲戚向你提出一些不切实际或根本办不到的事情时，如果你说"这根本办不到"，一定会使对方很伤心；也许你根本没勇气说"不"，此时你可以用缓兵之计，对他这样说："能否让我考虑考虑再答复你？""我个人没有意见，但我需要同别人商量一下。""你的意思我明白了，请让我想想这个忙怎么帮？"延时说明你想帮忙，这比一口回绝给对方的刺激要小，不妨试一下。

其六，幽默拒绝。如果有人打电话给你，向你推销一件贵重的东西，你可以这样与对方"讨价还价"："这个价钱我没意见，只要你能替我出一半，我肯定会买的。""我猜你会说我是个小气鬼，这回你说对了。"当对方被你逗乐后你再说："我经济实力不够……"话说得如此诚恳，对方也就不会再提过分要求了。

总之，说"不"是每个人应有的权利，在必要的时候，选择恰当的语言，巧妙委婉地拒绝对方，既保护了自己的利益不被损害，又不会伤害对方的自尊，可以消除很多不必要的人际烦恼。

二、心理测试

大学生人际关系测量

这是一份人际关系行为困扰的诊断量表，共有 28 个问题，在每个问题上，选"是"的打"√"，选"否"的打"×"。请你认真完成，然后看后面的计分办法和对测验结果做出的解释。

1. 关于自己的烦恼有口难言。　　　　　　　　　　　　　　　　（　　）
2. 和陌生人见面感觉不自然。　　　　　　　　　　　　　　　　（　　）
3. 过分地羡慕和妒忌别人。　　　　　　　　　　　　　　　　　（　　）
4. 与异性交往太少。　　　　　　　　　　　　　　　　　　　　（　　）
5. 对连续不断的会谈感到困难。　　　　　　　　　　　　　　　（　　）
6. 在社交场合感到紧张。　　　　　　　　　　　　　　　　　　（　　）
7. 时常伤害别人。　　　　　　　　　　　　　　　　　　　　　（　　）
8. 与异性来往感觉不自然。　　　　　　　　　　　　　　　　　（　　）
9. 与一大群朋友在一起，常感到孤寂或失落。　　　　　　　　　（　　）
10. 极易受窘。　　　　　　　　　　　　　　　　　　　　　　　（　　）
11. 与别人不能和睦相处。　　　　　　　　　　　　　　　　　　（　　）
12. 不知道与异性相处如何适可而止。　　　　　　　　　　　　　（　　）

13. 当不熟悉的人对自己倾诉他的生平遭遇以求同情时,自己常感到不自在。(   )
14. 担心别人对自己有什么坏印象。(   )
15. 总是尽力使别人赏识自己。(   )
16. 暗自思慕异性。(   )
17. 时常避免表达自己的感受。(   )
18. 对自己的仪表(容貌)缺乏信心。(   )
19. 讨厌某人或被某人所讨厌。(   )
20. 瞧不起异性。(   )
21. 不能专注地倾听。(   )
22. 自己的烦恼无人可倾诉。(   )
23. 受到他人排斥与冷漠。(   )
24. 被异性瞧不起。(   )
25. 不能广泛地听取各种意见、看法。(   )
26. 自己常因受伤害而暗自伤心。(   )
27. 常被别人谈论、愚弄。(   )
28. 与异性交往不知如何更好地相处。(   )

评分方法与:打"√"的给1分,打"×"的给0分。

结果分析:

总分为0~8分:你在与朋友相处上的困扰较少。你善于交谈,性格比较开朗,主动关心别人。你对周围的朋友都比较好,愿意和他们在一起,他们也都喜欢你,你们相处得不错。而且,你能够从与朋友相处中得到许多乐趣。你的生活比较充实而且丰富多彩,你与异性朋友也相处得很好。总之,你不存在或较少存在交友方面的困扰,你善于与朋友相处,人缘很好,获得了许多人的好感与赞同。

总分在9~14分:你与朋友相处存在一定程度的困扰。你的人缘很一般,你和朋友的关系并不牢固,时好时坏,经常处在起伏波动的状态之中。

总分在15~28分:你在与朋友相处上的行为困扰较严重。分数超过20分,则表明你处理人际关系时的行为困扰程度很严重,而且在心理上出现较为明显的障碍。你可能不善于交谈,也可能是一个性格孤僻的人,不开朗或有明显的自高自大的行为。

三、心理故事

积极的行动

有一家老式旅馆,餐厅很窄小,里面只有一张餐桌,所有就餐的客人都坐在一起,彼此陌生,都觉得不知所措。

突然，一位先生拿起放在面前的盐罐，微笑着递给右边的女士："我觉得青豆有点淡，您或者您右边的客人需要盐吗？"女士愣了一下，但马上露出笑容，向他轻声道谢。她给自己的青豆加完盐后，便把盐罐传给了下一位客人。不知什么时候，胡椒罐和糖罐也加入了"公关"行列，餐厅里的气氛渐渐活跃起来，饭还没吃完，全桌人已经像朋友一样谈笑风生了，他们之间的沉默被一只盐罐轻而易举地打破了。

第二天分手的时候，他们热情地互相道别，这时有人说："其实昨天的青豆一点也不淡。"大家会心地笑了。

点评：有人曾慨叹人与人之间的隔膜太厚，这隔膜其实很脆弱，问题是敢于先打破它的人太少。只要每人都迈出一小步，你就会发现，一个微笑，一句问候，就会化解这层隔膜。人与人的交往需要点积极的行动。

别人是自己的镜子

很久以前，有一个面包商，经常到一个农夫那里购买制造面包所需的黄油。一天，面包商突然兴起，决定称称农夫卖给他的黄油够不够分量。这一称不要紧，不仅不够，还差得相当多。面包商气坏了，心想，农夫怎么能这样对待一个熟人和老主顾呢？他决定抛开脸面，也要把农夫告上法庭。

在法庭上，法官问农夫："你用的是什么量具？"农夫回答道："尊敬的法官大人，坦白地说，我使用的计量方法非常原始，但我确确实实有一台量具。"面包商脸上依旧充满着气愤和不以为意。

法官又问道："那么，你是如何称量黄油的呢？"

"尊敬的法官大人，"农夫回答道，"每天在面包商前来购买黄油之前，我都会先到他的面包店里购买一磅面包。当他购买黄油时，我就将面包放到我的量具上，称给他相同重量的黄油。"听到这里，面包商满脸羞愧，匆匆离开了法庭。

点评：不要一味地去怪罪他人对你不公，当你发现身边的他人对你有敌意的时候，是否要先看一下自己对待他人的态度，通常它们都是对自己言行的一种反馈。

四、心理探索

同理心表达训练

1. 同理心的意义

同理心亦译为"设身处地理解""感情移入""神入""共感""共情"，泛指心理换位、将心比心。同理心对于个人的发展极为重要。一个人一旦具备了同理心，就容易获得他人的信任，而所有的人际关系都是建立在信任的基础上的。同理心训练，就是要学会传达自己对对方的感觉，以自己的词汇与方式使对方知道自己已经了解对方所表达的感觉与经验。

2. 同理心的表达方法

公式：从你的谈话中，我感到＋对方的情绪理解。因为……（指出构成对方感觉的经验与行为）。

举例：

情境一：李群的笔记本被林立拿去，也没有说一声，李群非常生气。

苏田说：一个笔记本没有什么关系，有什么好生气的！

吴江说：你觉得生气，因为他拿了你的笔记，而他也没有跟你说一句，太过分了。

情境二：刘江水要从永康搬到杭州去了，非常伤心，因为他要离开所有的朋友。

郭子波说：江水呀，人又没有死掉，走就走吧，有什么好哭的呀。

诸葛瑗说：你很伤心，因为你要搬家了，从此我们很难见面了。

3. 实战演练

请同学们用同理心的知识，练习生活中理解他人的话语，每位同学准备三句，然后请同学与大家分享，同学们评议。

做一棵永远成长的苹果树

一棵苹果树终于结果了。第一年，它结了 10 个苹果，其中有 9 个被拿走，自己只留下了 1 个。对此，苹果树愤愤不平，于是自断经脉，拒绝成长。第二年，它结了 5 个苹果，其中有 4 个被拿走，自己只留下了 1 个。"哈哈，去年我得到了 10%，今年得到 20%！翻了一倍。"这棵苹果树心理平衡了。

思考：

1. 在这个故事中，你获得了什么启示？
2. 遇到同样的问题，你会怎么选择？

项目八　学习理论与大学生学习心理

学习是人们赖以生存和谋求发展的重要手段。人的成长过程其实就是终身学习的过程。通过学习与思考，我们获得知识；通过学习与交往，我们结识朋友；通过学习与模仿，我们掌握技能。只有通过学习，我们才能完善自己，成为社会中的一分子。大学生不仅要努力学习，更要学会学习，了解学习的心理学理论、了解大学生学习的心理机制和心理特点，以便高效率地学习。

任务一　学　习　理　论

【任务目标】

（1）了解学习的概念、学习的分类、学习的过程，科学认识学习活动。

（2）了解影响学习的心理因素，掌握并合理运用学习中的记忆规律，提高学习效率。

（3）拓展了解与学习相关的心理学理论。

【任务描述】

本任务主要了解学习的概念、学习的过程、影响学习的心理因素、学习中的迁移保持和遗忘、多元智力理论等与学习相关的知识，为大学生科学认识学习活动，增强学习信心作理论准备。

【任务知识】

心理课堂

一、学习的概念

学习在个体孕育于母腹中时就已经开始了，并且贯穿个体生命的全过程。学习既包含感知、记忆、思维等认知因素，也涉及动机、情绪、意志、人格等非智力因素。

学习的概念有广义与狭义之分。

广义的学习，是指人和动物在生活过程中通过实践训练而获得的、由经验引起的、比较持久的行为和行为倾向的变化，即有机体以经验方式引起的、对环境相对持久的、适应性的心理变化。在这个定义中，体现了四个论点：一是学习是动物和人共有的心理现象，虽然人的学习是相当复杂的，与动物的学习有本质区别，但不能否认动物也会学习；二是学习不是本能活动，而是后天习得的；三是任何水平的学习都将引起适应性的行为变化，不仅是外显行为的变化（有时并不显著），也有内隐行为或内部过程的变化，即个体内部经验的改组和重建，这种变化不是短暂的而是长久的；四是不能把个体的一切变化都归为学习，只有通过学习活动产生了变化的学习才是学习。例如，由于疲劳、生长、机体损伤以及其他生理变化所产生的变化都不是学习。

狭义的学习，是指在学校情境下，学生通过教师的指导进行的有目的、有计划、有组织、有系统的学习活动。这种学习不同于一般社会成员的学习，它是一种专业化的学习，是指学生在教师的指导下，有目的、有计划、有组织、有系统地掌握前人的知识、技能，开发智力和各种特殊能力，培养个性和思想品德的过程。学生的学习有两个明显的特点。一方面，学生以学习前人积累的间接经验为主，而不是以直接实践为主。因此，它可以避免人类认识活动中的许多曲折和错误，直接接受人类经过千百次实践获得的认知成果。另一方面，学生的学习是在教师的指导下有目的、有计划地进行的活动，因而它比自学有更高的效率。

二、学习的过程

学习的过程是一个连续获取知识和信息、发展智力的过程。它一般包括感知、理解、巩固和运用4个阶段。

感知阶段是学习过程的开始。感知的形式主要有两种：一是直接感知，如通过观察、实验、调查、访问、实习、参观等方式获得感性认识；二是间接感知，主要指通过教师的讲解、阅读教材等来间接接触所要感知的内容，以获得感性认识。

理解阶段是学习过程中的第二阶段。在这个阶段，个体通过自己的思维和想象，对感知的材料进行编码、加工、分析、比较、综合、判断、推理，以便形成概念，理解实质。对自己理解不了的内容，可求助老师、同学，互相交流、探讨，或到图书馆查阅相关资料。

巩固阶段是学习过程中的第三阶段——深化阶段。在理解、消化的基础上进行巩固、加深，是学习过程中的重要和必要环节。巩固知识的方式或环节主要有复习、作业、练习、讨论等。

运用阶段是学习过程的暂时终结阶段。运用就是把自己感知、理解、巩固后的知识运用到实践中去，在学习、生活和工作中发挥作用，以便形成相应的技能和技巧。之后便是学习新知识过程的下一个循环。

在学习活动的这四个阶段中，智力因素和非智力因素是协同活动的。智力因素主要承担对知识信息的接收、储存、加工和处理任务，被称为学习活动中的操作系统，决定一个人能干或不能干；非智力因素在学习活动中主要起动力和调节作用，被称为学习活动的动力系统，决定一个人肯干或不肯干；至于干得好不好则由智力因素与非智力因素共同决定。

三、学习中的迁移、保持和遗忘

1. 学习的迁移

学习迁移理论是学习理论的必要组成部分。一般地说,学习迁移是指一种学习对另一种学习的影响,或已经获得的知识经验对完成其他活动的影响。建构主义的迁移观认为,所谓学习迁移,实际上是认知结构在新条件下的重新建构。这种建构性的学习强调旨在使学习者形成对知识的深刻理解。

学习的迁移不仅发生在知识和技能的学习中,还体现在态度与行为规范的形成中;不仅表现为先前学习对后继学习的影响,而且表现为后继学习对先前学习的影响;这种影响可以是积极的,也可以是消极的。因此,有人认为迁移是"在一种情境中获得的技能、知识或态度对另一种情境中技能、知识的获得或态度的形成之影响"。

例如,幼儿园的小朋友跟老师学习造句:"蓝蓝的天空是白云的家"。之后,小朋友看到公交车从公交站开出来,马上吟诗一句:"高高的楼房是汽车的家"。乘车途中,小朋友看到远处的大山,继续吟诗一句:"高高的大山是煤炭的家"。听到小朋友的即兴发挥,我们会惊叹于其独特的学习迁移能力。

再如,有一天,"至圣先师"孔子对他的学生说:"举一隅,不以三隅反,则不复也"。意思是说,我说出一个墙角,你们要能灵活地推想到另外三个墙角,如果不能的话,我也不会再教你们了。

这两个例子虽然出自不同的时代,形式也大相径庭,但是从故事中可以看出,学习的迁移是一种普遍存在的现象,迁移是一种重要的学习能力。

学习迁移存在于知识和技能的学习中。例如,学生利用加减法以及四则运算的知识去学习代数或解决实际生活中的运算问题;学习数学的基础知识,有助于理解物理学和化学中的一些数量关系和方程式,这些都属于在认知方面发生的迁移。学会拉二胡的人,学习拉小提琴就比较容易;棒球选手打高尔夫球也会打出高水平;这些主要是技能学习领域的迁移。

态度与行为规范方面的迁移在日常生活中也是普遍存在的。例如,在家爱好劳动的学生,在学校里也比较勤快;一个不喜欢某位老师的学生,在多次得到该老师无微不至的关心和帮助之后,态度发生改变,不仅对该老师产生好感,进而喜欢上这位老师所教授的学科等都属于态度与行为规范方面的迁移现象。

一种学习对另一种学习产生积极的影响叫正迁移,就是使两种学习之间相互促进。例如,学习数学有利于学习物理,学习物理又促进数学知识、技能、态度和方法的形成、巩固和发展。

相反,一种学习对另一种学习产生消极的影响叫负迁移,也就是两种学习之间相互干扰。例如,已学的汉语拼音常干扰英语字母的读音,已掌握的汉语语法也易干扰英语语法的学习,以致妨碍了英语发音和语法的正确掌握,这是新旧观念相互混淆和干扰的现象。

2. 学习的保持和再认

保持是已经获得的知识经验在头脑中得到保留和巩固的过程。再认是过去的事物和学习过的知识再次出现在眼前,能够把它们辨认出来的过程。

保持是识记过程的继续,是整个记忆过程的中间环节,同时也是实现再认的重要条件。对事物的再认可能有不同的速度和不同程度的确定性,这取决于以下两个条件。一是对旧事物识记的巩固程度。保持巩固,再认就容易;保持不巩固,再认就困难。二是当前呈现的事物同过去的事物的相似程度,事物总是在变化的,如果事物变化不大,就有可能再认;如果事物发生了很大的变化,就难以再认。

再认发生困难的情况下,就会转化为回忆。这时,开始只是对眼前呈现的事物产生一种熟悉感,还不能确认这一事物同以前所经历过的事物是否一样。后来,通过回忆,发现该事物同先前的印象有共同特征时,就再认出这一事物。

再认要依靠各种线索(事物的部分、特点等)来进行,事物的一部分或某些特点出现,可以唤起对其他部分的记忆。如再认一个人的姓名,是依靠记忆中他的姓名和他的面貌、举止、声调,乃至职务等形成的联系,于是,面貌、举止等就成为再认一个人的线索。

3. 学习中的遗忘

识记过的内容在一定条件下不能或错误地恢复和提取都叫遗忘。按照信息加工的观点,遗忘是信息无法提取或错误提取。最早对遗忘进行实验研究的是德国心理学家艾宾浩斯,他提出了著名的"遗忘曲线"。

"遗忘曲线"表明:学习中,有记忆就有遗忘。人在学习结束之后,遗忘便立即开始。遗忘的进程是不均衡的,遵循"先快后慢"的规律,即在记忆的最初阶段,遗忘的速度很快,后来就逐渐减慢了,到了相当长的时间后,几乎就不再遗忘了。

根据这一规律,要求人们在学习结束后要及时复习,不然等到遗忘很多时再复习,则要花费更多的时间和精力,这无异于重新学一遍。通过多次重复学习,把浅层记忆变成深层记忆,有助于加强记忆和保持,这也是提高学习效果的有效手段之一。

四、影响学习的心理因素

影响学习的心理因素包括智力因素和非智力因素,它们对学习活动起着推动、导向、维持和强化作用。

1. 智力因素

智力因素是学习的必要条件。智力是以脑的神经活动为基础的、对客观事物稳定且综合反映的认知能力。通俗地说,智力就是一个人大脑的聪明程度,即人脑对客观事物和信息的反应、认识贮存和处理能力,由观察力、注意力、记忆力、思维力、想象力5个要素构成。在学习活动中,它们既相互区别,又相互联系和贯通,作为一个整体发挥作用。一般说来,智力水平的高低对学习效率和质量有直接影响。因此,智力是学习的必要心理条件，更是个体成才的基本要素。

观察力是指通过感官有目的、有计划地感知客观事物的能力。观察力是人一生中获得知识的重要能力。有研究认为，人的一生中，90%的知识来自观察，观察是人的一生积累知识的最重要的途径和方法。观察力的高低影响人一生积累知识的能力，也影响着其学习能力。

注意力是智力的重要因素，观察、记忆、思维和想象等过程都需要注意力的参与，注意力影响其他智力因素的发挥，并在很大程度上影响着学习效果。

记忆力是学习的基础和准备，是人脑储存和再现以往知识经验的能力，是整个智力因素结构的基础。有人把记忆比作知识的仓库，里面储存的信息可以根据需要随时取用。

想象力是智力的重要因素，是知识创新和创造的基础因素，是创新力的核心。在学习中，想象力可以增加知识学习的灵活性和延伸性，在利用知识发现问题和解决问题方面具有重要的意义。提高想象力就能提高个人的智力水平，提高自己的学习和创新能力。

思维力是整个智力活动的核心。仅靠感官得到的知识往往只停留在事物的表面，而无法深入到事物或者事件的本质和规律，只有通过思维力的参与，才能在诸多事物的表象中提炼本质、发现规律，获得真正有用的知识。

人的智力是在遗传的基础上，在环境影响和教育的主导下，通过其自身积极主动的实践而形成和发展的。智力水平的高低既有先天的因素，也有后天的作用。先天因素决定一个人的智力潜能有多大，后天因素决定其是否能够充分开发自己的智力潜能，达到自己智力潜能的上限。即使智力潜能较高的人，如果不注重后天的开发，其智力水平也不一定高。

2. 非智力因素

非智力因素有广义与狭义之分。广义上的非智力因素包括除智力以外的心理因素、环境因素、生理因素。狭义上的非智力因素则指那些不直接参与认识过程，但对认识过程起直接制约作用的心理因素，主要包括兴趣、动机、情感、意志和性格等因素。在智力活动过程中，非智力因素时刻都在起作用，它不仅推动、调节、维持智力活动过程，还能弥补智力上的某些不足，所以不容忽视。非智力因素虽然不直接参与认识过程，却是学习活动得以高效进行的动力因素。

兴趣是学习的内部动力。兴趣吸引了学习者的注意，并使其积极参与学习活动并在学习中获得快感，使学习活动具有方向性、选择性。

动机是激励和维持人的行动，并使行动导向某一目标，以满足个体某种需要的内部动因。学习动机是直接推动学生进行学习的内部动力。

稳定的情绪、坚强的意志、良好的性格都能起到提高学习兴趣、增强学习效率的强化作用。"锲而不舍，金石可镂"说明了坚强意志对一个人成功的作用。

学习活动是智力因素和非智力因素协同作用的结果。为了提高学习效率和质量，个体不但要充分发挥自身的潜能，调动和组织智力因素，而且要充分激发影响学习效果的各种非智力因素参与学习活动，使学习成为自己本身的需要和愿望。

▶ 大学生心理健康

心理科普

一、多元智力理论

传统的智力理论认为智力是以语言能力和数理逻辑能力为核心的、以整合的方式存在的一种能力。在这种单元智力理论的模式下，有人认为智力是认知能力的总和，有人认为智力是人的抽象思维能力，还有人认为智力是推理和解决问题的能力。

多元智能理论是由美国哈佛大学教育研究院心理发展学家霍华德·加德纳在1983年提出的。

加德纳的多元智能理论认为人的智力是多元的——不是一种能力而是一组能力，其基本结构也是多元的——各种能力不是以整合的形式存在，而是以相对独立的形式存在。通常情况下，人的智能结构由8种智能要素组成，这8种智能要素是多维度相对独立地表现出来的，而不是以整合的方式表现出来的。每个人都有自己独特的智力优势，这种智力可以在实践中很明显地得到体现和开发。

（1）语言智力，是指听、说、读、写的能力，表现为个人能够顺利而高效地利用语言描述事件、表达思想并与人交流的能力。这种智力在记者、编辑、作家、演说家和政治领袖等人身上有比较突出的表现，如由记者转变为演说家、作家和政治领袖的丘吉尔。

（2）音乐智力，是指感受、辨别、记忆、改变和表达音乐的能力，具体表现为个人对音乐美感反映出的包含节奏、音准、音色和旋律在内的感知度，以及通过作曲、演奏和歌唱等表达音乐的能力。这种智力在作曲家、指挥家、歌唱家、演奏家、乐器制造者和乐器调音师身上有比较突出的表现，如音乐天才莫扎特。

（3）逻辑数学智力，是指运算和推理的能力，表现为对事物间各种关系，如类比、对比、因果和逻辑等关系的敏感认知，以及通过数理运算和逻辑推理等进行思维的能力。它是一种对于理性逻辑思维较为显著的智力体现。一些数学家，物理科学家往往这个方面的智力不低，这种智力在侦探、律师、工程师、科学家和数学家的身上也有比较突出的表现，如相对论的提出者爱因斯坦。

（4）空间智力，是指感受、辨别、记忆、改变物体的空间关系并借此表达思想和情感的能力，表现为对线条、形状、结构、色彩和空间关系的敏感，以及通过平面图形和立体造型将它们表现出来的能力。同时，也包括对宇宙、时空、维度空间及方向等领域的理解掌握能力。空间智力是更高一层智力的体现。这种智力在画家、雕刻家、建筑师、航海家、博物学家和军事战略家的身上有比较突出的表现，如画家达·芬奇。

（5）身体运动智力，也叫动觉智力，是所有体育运动员必须具备的一项智力，表现为能够较好地控制自己的身体，对事件能够做出恰当的身体反应，以及善于利用身体语言表达自己的思想和情感的能力。这种智力在运动员、舞蹈家、外科医生、赛车手和发明家身上有比较突出的表现，如美国篮球运动员迈克尔·乔丹。

(6) 内省智力,是指认识洞察和反省自身的能力,表现为能够正确地认识和评价自身的情感、动机、欲望、个性、意志,并在正确的自我意识和自我评价的基础上形成自尊、自律和自制的能力。这种智力在哲学家、思想家、小说家等人身上有比较突出的表现,如哲学家柏拉图。

(7) 人际关系智力,是指与人相处和交往的能力,表现为觉察、体验他人情绪、情感和意图,并据此做出适宜反应的能力。这一智力也是情商的最好展现。因为人与人的交流就是靠语言、眼神以及文字书写的方式来传递。这种智力在教师、律师、推销员、公关人员、谈话节目主持人、管理者和政治家等人的身上有比较突出的表现,如美国黑人领袖、社会活动家马丁·路德·金。

(8) 自然智力,是指认识世界、适应世界的能力,是一种在自然世界里辨别差异的能力(如植物区系和动物区系、地质特征和气候),以及对我们自己身处的这个大自然环境的规律认知。

多元智力理论认为不存在单纯的某种智力和达到目标的唯一方法,每个人都在不同程度上拥有上述 8 种基本智力,智力之间的不同组合表现出个体间的智力差异。每个人都会用自己的方式来发掘各自的大脑资源,这种为达到目的所发挥的各种个人才智才是真正的智力。

二、关于学习的几种重要学说

在整个 20 世纪,人类对学习的看法发生了几次重大的变化,每一次变化都对教学实践产生了重大的影响。在 20 世纪上半叶,行为主义的学习理论占据主导地位。20 世纪 60 年代后,认知主义的观点逐渐取代了行为主义。而到了 20 世纪末,建构主义成为学习理论发展的新方向。为了更好地理解学习的机制,有必要简单地了解行为主义、认知主义、建构主义和学习环路理论的学习观。

1. 行为主义的学习观

行为主义将学习看成获得可观察的行为的过程,个体学到什么、怎么学习,都是环境刺激决定的。在众多的行为主义心理学家中,斯金纳和班杜拉的学习理论对现代教育影响最大。斯金纳认为,学习是获得可观察到的行为,行为可以分为被动应答性行为和主动操作行为。获得操作行为的关键就是强化。奖励、惩罚、竞争、教师评分或评定等级都可以成为强化的手段。与斯金纳不同,班杜拉认为个体新行为的获得可以通过观察他人的行为或行为结果而获得。班杜拉的社会学习理论强调的是"观察学习"和"替代性强化",认为人的许多行为模式是通过观察榜样的行为以及榜样行为对学习者产生的影响而获得的。

2. 认知主义的学习观

与行为主义不同,认知主义强调学习是获得知识、形成认知结构的过程。学习的基础是学习者知识结构的形成和改组,而不是通过练习与强化形成的反应习惯。学生学习效果的差异受制于自身内部心理机制的差异。当代认知主义的学习理论主要有布鲁纳和奥苏伯尔所代表的认知结构学习论以及加涅所代表的信息加工学习论。布鲁纳认为学习的实质是学生主动地通过感知、领会和推理，以获得知识结构的过程。应采用发现的方式学习。发现学习强调的是学生的主动探索。加涅的信息加工论观点是一种计算机模拟的思想，将人的学习过程比喻为计算机的加工过程。

3. 建构主义的学习观

认知主义学习理论的进一步发展在20世纪末形成了一个崭新的方向，即现代建构的思想。建构主义认为，学习是学习者主动建构知识意义的过程。它提出了崭新的知识观、学生观和教师观。其知识观强调人类知识的主观性和知识应用的情境性，认为知识不可能适用于所有的情境。知识的高度主观性和情境性决定了学习是终生的活动。其学生观认为学生是信息意义的主动建构者。这种学生观更进一步强调了学生学习的主动性、自主性、探索性。其教师观把教师看成是学生学习的帮助者、合作者。建构主义的教师观不排斥教师在教学中的作用，而是对教师提出了更具有挑战性的新职责。

4. 学习环路理论的学习观

德国数学家维纳提出了控制论的思想，他指出，"控制就是根据过去的操作情况去调整未来的行为"。从控制论的角度来看三种学习观所强调的学习过程，即行为主义者强调的是学习刺激在效应器（R）和感受器（S）之间引起的行为变化，亦即R—S；建构主义者强调的是学习刺激由感受器传输给脑神经（O），形成认知结构的过程，亦即S—O；而实用主义者强调的是心理活动对学习刺激适应过程中所引起的效应器官的机能活动，亦即O—R。如果把这三种学习观所强调的学习过程连接起来，正好形成了一个学习反馈环路。此环路由知识刺激阶段、思维操作阶段、言语表达阶段3个阶段构成。

心理自助

一、拓展阅读

提问方式对回忆的影响

在法庭审案中，许多情况下法官和陪审团都是依据目击证人的证词来进行判案的。目击证人的证词被很多人认为是正确的和可靠的。但蒙斯特伯格对此很是怀疑，有关研究也证实了蒙斯特伯格的担忧。研究发现，目击者对事件的回忆会因提问方式的不同而有很大差异。在一项研究中，被试者在看完关于一起撞车事故的影片后，被要求对事故中车辆的行驶速度作出判断。结果发现，当问题是"车辆在冲撞时的速度是多少"时，被试者对车速的判断是超过65 km/h；而当问题是"车辆在接触时的速度是多少"时，被试者对车速的判断只有50 km/h。一周之后，主试要求被试者回忆在事故中车窗玻璃是否被撞碎，而事实上在影片中的车窗玻璃被撞碎了。结果是，以"冲撞"字眼被提问的被试者中有33%的人回忆说车窗玻璃被撞碎了，而在以"接触"字眼被提问的被试者中，比例只有

14%。显然，在提问时不同的字眼改变了被试者对目击事件的记忆。

在司法人员看来，这个研究会对目击证人证词的法律有效性提出疑问，并进而对司法公正问题产生深远的影响；而在心理学家看来，这个研究可以帮助我们进一步深入地了解记忆的保持和再认对人类行为的影响。

神奇的7+/-2法则

19世纪，苏格兰的一位哲学家曾经说过："如果你将一把小圆球向地上扔去，你就会发现你很难立即看清7个以上的小球"。

1871年，英国经济学家和逻辑学家威廉·杰沃斯说，往盆里掷豆子时，如果掷上3个或4个，他从来没有数错过；如果是5个，就可能出错；如果是10个，判断的准确率为一半。如果豆子数达到15个，他就几乎每次都错。

这个有趣的现象就是神奇的"7+2效应"。这个规律最早是在19世纪中叶由爱尔兰哲学家威廉·汉密尔顿观察到的。他发现，如果将一把弹珠撒在地板上，人们很难一下子看到超过7个弹珠。

1887年，雅各布斯通过实验发现，对于无序的数字，被试者能够回忆出数字的最大数量约为7个。而发现遗忘曲线的艾宾浩斯也发现，人在阅读一次后，可记住约7个字母。

这个神奇的"7"引起许多心理学家的研究兴趣，从20世纪50代开始，心理学家用字母、音节、字词等各种不同材料进行过类似的实验，所得结果都约为"7"个，即我们的大脑能同时加工约"7"个单位的信息，也就是说短时记忆的容量约为"7"个。

1956年，美国心理学家米勒教授发表了一篇重要的论文《神奇的数字7加减2：我加工信息能力的某些限制》，明确提出短时记忆的容量为"7+/-2个组块"，即一般为7个组块，并在5~9之间波动。这就是神奇的"7+/-2效应"（组块是指将若干较小的单位联合而成熟悉的较大的、单位的信息加工，是一个单位名词）。

二、心理测试

自学能力测试

人生中大量的知识需要靠业余时间的自学获取。那么，你的自学能力如何？请认真回答以下问题。选A得10分，选B得6分，选C得0分，各题得分相加为总分。

1. 你每天能在业余时间自学3个小时吗？ （　　）
   A. 能　　　　　B. 有时能　　　　C. 不能
2. 你有每天浏览报刊的习惯吗？ （　　）
   A. 有　　　　　B. 有时有　　　　C. 没有
3. 你每天能坚持阅读6000字吗？ （　　）
   A. 能　　　　　B. 有时能　　　　C. 不能

4. 每天你在看书报纸时,有认真琢磨的习惯吗?　　　　　　　　　　　　(　　)
   A. 有　　　　　　B. 有时有　　　　　　C. 没有
5. 对不明白的问题,你有向人请教的习惯吗?　　　　　　　　　　　　(　　)
   A. 有　　　　　　B. 有时有　　　　　　C. 没有
6. 睡觉之前,你会检查一天的自学情况吗?　　　　　　　　　　　　　(　　)
   A. 检查　　　　　B. 有时检查　　　　　C. 不检查
7. 如果一天没有自学,你有遗憾的感觉吗?　　　　　　　　　　　　　(　　)
   A. 有　　　　　　B. 有时有　　　　　　C. 没有
8. 你有剪贴报刊资料的习惯吗?　　　　　　　　　　　　　　　　　　(　　)
   A. 有　　　　　　B. 有时有　　　　　　C. 没有
9. 你有记读书笔记或做卡片的习惯吗?　　　　　　　　　　　　　　　(　　)
   A. 有　　　　　　B. 有时有　　　　　　C. 没有
10. 你有自测或互测学习成绩的习惯吗?　　　　　　　　　　　　　　 (　　)
    A. 有　　　　　　B. 有时有　　　　　　C. 没有

结果分析:

总分为80~100分:你有很强的自学能力,估计没有什么问题能难住你。

总分为60~79分:你要反省一下了,你的自学能力稍差。向着最佳的学习方法努力吧,你会成功的。

总分在60分以下:你的自学能力较差,基本上管不住自己,看来自学对于你来说是个很大的挑战哦,从今天开始要改变一下自己了。

三、心理故事

爷孙卖草帽

从前,有个卖草帽的人,每天他都很努力地卖着帽子。

有一天,他叫卖得十分疲累,刚好路边有一棵大树,他就把帽子放着,坐在树下打起盹来。等他醒来时,发现身旁的帽子都不见了,抬头一看,树上有很多猴子,而每只猴子的头上都有一顶草帽。他十分惊慌,因为,如果帽子不见了,他将无法养家糊口。突然,他想到猴子喜欢模仿人的动作,他就试着举起左手,果然猴子也跟着他举左手;他拍拍手,猴子也跟着拍拍手。他想,机会来了,于是他赶紧把头上的帽子拿下来,丢在地上。猴子也学着他,将帽子纷纷扔在地上。卖帽子的人高高兴兴地捡起帽子,回家去了。

回家之后,他将这件奇特的事,告诉他的儿子和孙子。

很多很多年后,他的孙子继承了家业。有一天,在他卖草帽的途中,也跟爷爷一样,在大树下睡着了,而帽子也同样被猴子拿走了。

孙子想到爷爷曾经告诉他的方法。于是,他举起左手,猴子也跟着举起左手;他拍拍手,猴子也跟着拍拍手。果然,爷爷说的话真管用。最后,他摘下帽子丢在地上。可是,奇怪了,猴子竟然没有跟着他做,还是直瞪着眼看他,看个不停。

不久之后,猴王出现了,把孙子丢在地上的帽子捡起来,还很用力地对着孙子的后脑勺打了一巴掌,说:"开什么玩笑!你以为只有你有爷爷吗?"

心理点评:孙子为何不能像爷爷当年那样拿回被猴子拿走的帽子?很重要的原因是他机械地套用了经验,受了经验偏见思维的影响。

偏见思维是指思维受主观条件的影响,带有个人主观色彩的印记,判断事物有先入为主的意见。偏见思维包括经验偏见、位置偏见、感情偏见和文化偏见4种表现形式。偏见思维不能全面、客观地看待问题,主观色彩严重,是对创新思维的阻碍,影响创新能力的培养。

孩子在为谁而玩

一群孩子在一位老人家门前嬉闹,叫声连天。几天过去,老人难以忍受。于是,他出来给了每个孩子25美分,对他们说:"你们让这儿变得很热闹,我觉得自己年轻了不少,这点钱表示谢意。"孩子们很高兴,第二天仍然来了,一如既往地嬉闹。老人再出来,给了每个孩子15美分。他解释说,自己没有收入,只能少给一些。15美分也还可以吧,孩子仍然兴高采烈地走了。第三天,老人只给了每个孩子5美分。孩子们勃然大怒:"一天才5美分,知不知道我们多辛苦!"他们向老人发誓,他们再也不会为他玩了!

心理点评:人的动机分内部动机和外部动机两种。如果按照内部动机去行动,我们就是自己的主人。如果驱使我们的是外部动机,我们就会被外部因素所左右,成为它的奴隶。

在这个寓言中,老人的算计很简单,他将孩子们的内部动机"为自己快乐而玩"变成了外部动机"为得到美分而玩",而他操纵着美分这个外部因素,也操纵了孩子们的行为。

如果将外部评价当作参考坐标,我们的情绪就很容易出现波动。因为外部因素我们控制不了,它很容易偏离我们的内部期望,让我们心生不满,牢骚满腹。不满和牢骚等负面情绪让我们痛苦。为了减少痛苦,我们就只好降低内部期望,最常见的方法就是减少工作的努力程度。

一个人之所以会形成外部评价体系,最主要的原因是父母喜欢控制他/她。父母太喜欢使用口头奖惩、物质奖惩等控制孩子,而不去理会孩子的动机,久而久之,孩子就忘记了自己的原初动机,做什么都很在乎外部的评价。

上学时,他忘记了学习的原初动机——好奇心和学习的快乐。

工作后,他又忘记了工作的原初动机——成长的需要和快乐,上司的评价和收入的起伏成了他工作的最大快乐和痛苦的源头。

▶ 大学生心理健康

切记：外部评价系统经常是一种家族遗传，但你完全可以打破它，从现在开始培育自己的内部评价体系，让学习和工作变成"为自己而玩"。

四、心理探索

1. 2014年5月4日，习近平总书记在北京大学师生座谈会上讲道："要勤学，下得苦功夫，求得真学问"。知识是树立价值观的重要基础。人生只有一次，应该好好珍惜。学习贵在勤奋、贵在钻研、贵在有恒。

分析与讨论：作为大学生，谈谈你对大学生学习的认识。

2. 联合国教科文组织提出：未来的文盲不是不识字的人，也不是识字很少的人，而是不会学习的人。从20世纪20年代开始，随着科学技术的迅猛发展，人类进入了信息时代，新知识的剧增和旧知识的快速老化，要求人们善于学习并不断地进行学习。大学生是未来社会的建设者，必须与时俱进，学会学习，不断掌握先进的科学知识，才能肩负起历史赋予的重任。

分析与讨论：在学习中，有哪些激发学生学习动机的方法，使学生享受到学习的魅力和应用的乐趣，从而把学习当成自身的需要，变"要我学"为"我要学"。

3. 回忆总结自己有什么样的学习习惯？是否需要改进？如何改进？

4. 下面几种复习方法，你常用哪些？请将它们列出来。如果你还有其他方法，请补充在下方。

机械重复、意义复述、过度学习、及时复习、睡前复习、清晨复习、分散复习、集中复习、试图回忆。

_____

_____

_____

任务二　大学生的学习心理与学习能力提升

【任务目标】

（1）了解大学生学习心理特点及与心理健康的关系。

（2）掌握提升大学生学习能力、开发自身潜能的策略和方法。

（3）认识大学生常见的学习心理问题并学会调适。

（4）补充了解与学习心理相关的心理学理论知识。

【任务描述】

本任务主要介绍大学生学习特点与心理机制、大学生学习能力的培养及潜能开发、大学生常见的学习心理问题及调适，引导大学生深入了解大学的学习要求，了解大学生学习心理问题的表现及成因，学会调适学习心理问题，使自己拥有良好的学习心理状态。

【任务知识】

心理课堂

一、学习与大学生的心理健康

学习是现代人赖以生存的必要条件，学习能促进人的全面发展。如何对待学习，怎样学习，学习什么，学多少等与学习有关的因素，亦会对心理健康有不同性质、不同程度的影响。

1. 学习对大学生心理健康的积极影响

学习能发展智力，开发潜能。人生来就有各方面的发展潜能，但这些潜能必须通过学习才能发挥出来。一个人的智力也是在学习过程中不断发展的。一定的智力水平是心理健康的基础，而潜能的开发程度则反映了心理健康的水平。

学习能带来满足，创造愉快。乐于学习的学生常常能从学习中找到乐趣，每当学习、工作中取得成绩时，就会发现自己的价值和尊严，就会有一份喜悦和满足。而当遇到不如意的事情时，若能埋头学习，把消极情绪升华为学习的动力，就能忘掉苦恼，并能从取得的成绩中得到安慰。因此，大学生积极主动地学习，有利于维护心理健康。

大学生的学习活动还有助于纠正错误的认知，发展正确的认知；有助于发展健康的情绪和高级情感；有助于培养健全的人格，改善个性品质，提高自己的适应能力；有助于建立和谐的人际关系等。这些都能对心理健康产生积极的作用。

2. 学习对大学生心理健康的消极影响

学习既能对心理健康产生积极的、有益的影响，又能对心理健康产生消极影响。在学习活动中，学生如果期望值太高、负荷过重，将会使心理压力过大而引起身体和心理的不适应；如果学习难度过大，容易使人产生畏难情绪，甚至失去信心；如果学习方法不当，则会事倍功半，使学习积极性受挫；如果学习的内容不健康，会严重污染大学生的心灵；如果劳逸结合不当，忽视了必要的休息、娱乐，则会导致过度疲劳。这些情况会直接或间接地影响大学生的心理健康。

3. 心理健康对大学生学习的影响

学习是一种非常复杂的心理现象，它不仅与感知觉、注意、记忆、思维、想象等认知过程直接相联系，还涉及人的动机、情绪、态度、意志、个性等各种非智力因素。因此，不能简单地在学习与智力之间画等号，不能武断地认为，学生的智力好、智商高，学习成绩就一定好；反之，也不能由学习成绩的好坏来推断学生智力的高低。通过严格选拔后进入高校的大学生，普遍智力起点较高，智力的个体差异较小。按理说，他们的学习成绩应该相差不大，但事实却不是这样。同一班级或同一年级学生的学习成绩差别较大，有的成绩优秀，而有的则对学习感到吃力。为什么会出现这种情况呢？原因是多方面的，其中，心理健康状况的影响就是一个重要原因。研究发现：大学生的学习成绩与智商两者之间并

▶ 大学生心理健康

没有对等关系，有些大学生虽然智商不高，但学习成绩突出；有的大学生虽然智商很高，但学习成绩平平，甚至较差。对于具备一定智商基础的大学生来说，学习动机、学习兴趣、情绪、态度、意志、个性等心理因素对学习更具有影响力。因此，良好的心理健康状况，对大学生的学习有很大的促进作用。反之，若心理健康状况差，入学后极易产生心理障碍，阻抑潜能的发挥，严重者甚至无法学习以至被迫休学、退学。

二、大学生学习的特点

大学生的学习既具有人类学习的一般特点，又具有自身的特点，尤其是显著不同于中小学生的学习。

1. 专业性

中小学是基础教育阶段，学习的内容主要在基础知识领域和基本技能方面，这些知识与未来的职业没有十分密切的联系。但大学生的学习不同，大学生的学习要为将来进入职场作准备，学习的一个显著特点就是专业性强，学习活动在学习目的、性质、途径、内容和方法上都是围绕专业学习展开的，都是为未来的职业做准备的。

2. 多样性

中学的学习形式较简单，主要通过课堂学习来获取知识，而大学的学习形式则复杂多样，除了课堂学习外，还可通过课外阅读、同学讨论、实验课、各种学术报告和讲座、科研活动、网络影视、社团活动、社会实践及实习、课程设计、毕业设计等形式学习。丰富多彩的学习形式是为了适应学习内容的"博"和"专"。这些学习形式对于形成和完善大学生的知识能力结构、提高大学生的综合素质起到很好的作用。

3. 实践性

实践性教学环节在高等学校的学习中占有十分重要的地位，在总学时中所占的比例较大。大学中的实践性教学环节主要有实验课、课程设计、教学实习、生产实习、毕业实习和毕业设计等，实践性教学环节对于培养大学生的实验和工艺操作技能等实践能力是必不可少的。大学生在实践性教学环节中，通过观察和直接参与实践活动，既可以获得与本专业领域有关的感性知识和操作技能，又可以培养自己的实践能力。

4. 自主性

大学生的学习具有高度的自主性。大学学习有更多自由支配的时间，学习的内容有较大的选择性，学习方法上有更多的自主性。除了公共必修课和基础课，对于学校开设的选修课，大学生可以根据自己的兴趣、需要、特长进行选择。这都给了学生很大的自我选择的空间，有利于学生个性的发展。大学生经过早前十几年的学习，摸索总结了一些适合自己的学习方法和经验，在知识和技能的获取上已不要求完全按照教师传授的方法进行，而是有较强的自我选择运用空间。

5. 探索性

大学阶段是一个人成为专业人才的关键阶段。在专业上有很多问题需要深入探究，因此，大学生必须具有探索精神，培养发现问题、分析研究问题并解决问题的能力。大学生的学习具有研究和探索的性质，不仅表现在完成学年论文和毕业论文，参加学术报告会、讨论会上，而且表现在所学课程内容上。大学生的学习不单是掌握知识，而且要掌握科学知识的形成过程、科学的研究方法，了解各学科存在的问题及其解决的可能性。

三、大学生学习的心理特点

大学生的智力因素发展已进入黄金时期，同时也处在非智力因素发展的关键时期。

1. 大学生智力因素发展的特点

大学生正处于青年时期，由于抽象思维能力和认识水平的进一步发展，观察力水平同少年时期相比有了很大的提高，观察事物的目的性更加明确，观察的敏感性进一步增强，观察事物更趋于系统、全面。观察事物也具有相对的深刻性和稳定性。

与中学生相比，大学生注意力的发展已有明显的不同，注意的指向性和集中性有了明显的提高，学习的目的性和自制能力更强，已能主动自觉地调节控制自己的注意力，尤其是对那些抽象的公式、定义和枯燥乏味的内容也能主动地集中注意力，逐渐摆脱了学习中单纯凭借兴趣的影响。注意的范围、注意的稳定性、注意的分配和转移都较中学生有了进一步的发展，更加趋于协调。

随着年龄的增长，生理和心理机能的发展，大学生的记忆水平有了显著提高，进入了记忆的黄金时期。有意记忆成为记忆的主流，能够根据学习的要求和自己的需要，主动自觉地、有意识地进行记忆，随着观察能力和理解能力的不断提高，大学生的意义记忆能力也显著提高，记忆的容量大，记忆的敏捷性和持久性好。这都为学习活动提供了极好的生理和心理条件。

大学生的想象力更加丰富，想象涉及的领域日益广泛，有意想象已占据主要地位。大学生有较为明确的学习目标，因而在学习中的想象也多为有目的、有意识的想象，特别是再造想象更趋完善和精确，创造想象也有很大的发展。随着人生经验的积累，思想的日渐成熟，他们越来越关注自己的理想与现实的结合，能根据现实情况的变化和个人的能力不断做出正确的判断，完善自己的理想，调整努力的方向，使自己的现实更接近于理想。

大学生思维力能力发展的特点是思维广度和深度进一步发展。大学生知识面较宽，精力旺盛，思路清晰，喜欢思考问题，他们所思考的问题涉及面极广，思维已有一定的深度。由于大学生自身知识和经验的积累已达到了相当的程度，为深刻认识事物和进行积极的思维创造了较好的条件，大学生的思维更加敏捷，批判性也不断增强，但大学生的思维仍相对较单纯，还需要从多个方面、多个角度去看待问题。大学生掌握了较多的理论知识，经常自觉不自觉地运用这些理论知识去认识事物、解释现象、解决问题，其理论思维能力得到了锻炼，获得了较大的发展。

2. 大学生非智力因素发展的特点

学习动机方面，由于每个大学生的家庭情况、接受的教育及影响、个人生活经历及对未来的打算不同，因而学习动机呈现出多元化的特点。有的是为了报答父母多年来的养育之恩；有的是为了不辜负教师的长期培养和期望；有的是由于自己对某一学科有着浓厚的兴趣，立志在事业上有所作为；有的是为了改变自己的生活现状、为将来谋求一个理想的工作等。在学习过程中，往往是几种动机同时存在，但在一定时期总有一个主导性动机起支配作用。随着大学生对社会认识的不断扩大和深入，自身社会责任感的进一步增强，学习动机中的社会意义也更加突出。当然，大学生的学习动机也会随着社会及周围环境、所受教育、个人的经历、思想、需要、兴趣、情绪及家庭等因素的不断变化而具有可变性。

大学生的智力和体力处于一生中最活跃的阶段，精力充沛旺盛，思想日趋成熟，思维灵活敏捷，又处于优越的大学学习环境之中，通过接触各种信息，其感兴趣的学习内容更加广泛和丰富。为了提高自己的综合素质，除了努力学习专业知识和技能外，大学生还十分注意进一步拓宽自己的知识面，积极参加各种课余科技文化活动，并对国际政治、国家经济及社会发展的方方面面都有着浓厚的兴趣。大学生的爱好也是丰富多彩的，诸如弹琴、下棋、摄影绘画、打球、游泳、集邮、探险等。大学生的兴趣虽然十分广泛，但已有了很强的选择性，已能根据社会发展的需要和自己的理想抱负及具体条件有意识地控制、调节自己的学习兴趣，逐渐形成自己的中心兴趣。大学生在学习中既有直接兴趣，又有间接兴趣。由于大学生所学的学科知识，多数难度较大，内容较深，许多枯燥的内容难以直接引起自己的兴趣，因此，间接兴趣在大学生的学习活动中占据了主导地位。

大学生正处于生理发展的高峰阶段，情绪和情感活动非常丰富且具有鲜明特点。一是情绪活动易于心境化。同中学生相比，大学生已具有较强的情绪控制能力，一种情绪体验经常能保持较长的时间。二是特定情况下的情绪表现具有内向性。一般来说，大学生对外界刺激的反应是迅速、敏感的，而且会较为充分地表现出自己的喜、怒、哀、乐等情绪体验。但在某些特定场合下，有的大学生的情绪表现与内心体验不完全一致，甚至相反。三是情绪易于波动，容易产生激情。与成年人相比，大学生的情绪起伏变化较大，具有明显的波动性。这种波动性与大学生心理发育尚未成熟有着密切的关系。随着自我意识的发展，对事物敏感性的不断增强，加之理智感尚未成熟，在外界的强烈刺激下，大学生很容易产生激情，表现出强烈的兴奋和冲动情绪。积极的激情可以激发大学生极大的学习热情，消极的激情则可能导致大学生情绪失控，甚至失去理智，做出违法乱纪的事。因此，大学生只有充分认识到自身在情绪情感上的这些特点，才能扬长避短，更好地促进学习。

大学生的意志品质已呈现出较高的水平，但发展较为不平衡。总体而言，呈现出以下4个特点。一是自觉性有很大提高，但惰性不同程度地存在。大多数大学生在多数情况下都能自觉地提出自己的行动目标，制订学习、生活计划，并努力朝既定目标行动，但惰性在相当一部分大学生身上存在。二是理智感大大增强，但自制力仍显薄弱。他们已能较为理性地思考和行动，努力地调节自己的冲动，但仍有不少大学生常常为自己的自制力弱而深感苦恼。他们感到自己容易受内在情绪和外界环境的干扰，导致自己想做的事做不到，订下的计划往往没能兑现等。三是有勇敢精神,但毅力却相对不足。大学生血气方刚,富有正义感,敢想敢说敢干,内心充满了为真理而勇于赴汤蹈火甚至牺牲自己的大无畏气概。然而,比起他们的勇敢精神,毅力则显不足,做事容易虎头蛇尾。四是果断性增强,但带有冲动性。由于独立性的提高,能力得到增长,多数大学生的果断品质有较大发展,他们愿意自己选择,自己对自己负责,因而一般情况下,他们喜欢自己作决定,采取行动,表现得自信、果断,但有时这种果断又存在轻率、冲动的特点,情绪色彩较重,容易事后后悔。

四、培养和提升大学生学习能力的策略

大学生培养和提升学习能力,应该从树立新的学习理念,优化知识结构,掌握学习策略,开发学习潜能5点着手。

1. 树立新的学习观念

新的学习观念包括学会学习、全面学习、自主学习、创新学习以及终身学习的观念。

学会学习观强调科学的学习方法不是与生俱来的,也不是自然而然就掌握的,它是学习者在学习实践中自觉摸索、研究、借鉴和吸收他人成功的学习经验并应用到自己的学习中,最终形成自身科学有效的学习方法的过程。大学生应当把自觉培养和提高自身的学习能力,努力"学会学习"贯穿于学习的全过程中。

全面学习观强调人才必须全面发展,因此学习也应当是全面学习,既要学习科学文化知识和专业技术知识,又要学习如何做人。大学生应当使自己成为诸方面协调发展的人。在学习过程中,不但要获取知识,更要注重培养运用知识的能力,还要处理好"博"与"专"的关系。大学生作为未来的高级专门人才,首先要有广博的科学文化知识基础,在此基础上,努力成为某领域的专门人才。

自主学习观强调大学生在教师的指导下充分发挥自己的主观能动性,积极主动地、有主见地学习。由于时代的发展,知识总量剧增,知识更新速度加快,学习内容越来越多,学习任务日益繁重。而大学生在校学习的时间是有限的,过去那种单纯依靠教师传授知识的学习方式已不适应时代需求,大学生应当树立自主学习的观念,尽快培养自己独立获取知识和运用知识的本领。

创新学习观要求大学生创造性地去学习。大学生是未来具有创新精神的高级专门人才。因此,在学习中要不断激发自己的创新意识,不轻易相信现成的结论,不盲从他人,敢于突破思维定势,结合学习加强创造性思维的训练;要敢于思考,善于思考,大胆想象。在分析问题和解决问题时,要力求有自己独特的见解,力求从不同角度看待问题,用多种方法解决问题,从而在学习知识的同时培养和提高自己的创造性思维能力。

终身学习观强调学习始终贯穿于人的一生。大学生在学校所学的各种知识和技能毕竟十分有限,不可能完全满足今后长期工作的需要,需要坚持不懈地学习,以适应社会的飞速变化。

2. 优化知识结构

优化知识结构是大学生提升学习能力的基础。优化知识结构首先必须选准目标。大学生都有自己的个性特征和已有知识基础，应根据自己所选择的职业来选择自己应当建立的知识结构类型。如果选择综合管理类的职业，就应建立蜘蛛网形知识结构，成为复合型人才。如果选择对专业基础知识、专业知识、学科知识及学科前沿知识要求较高的自然科学或社会科学的研究工作，就应当建立宝塔形知识结构。如果选择企业研发职业，且从事的是技术含量不很高但却要集成多种技术的产品研发，就应当建立蜘蛛网形知识结构。如果开发的产品种类专业性极强但技术比较单一，就应该建立"T"形知识结构。

优化知识结构应遵循以下3个原则。一是整体性原则，即专博相济，一专多通，广采百家，为我所用。二是层次性原则，即建立合理的知识结构，必须从低到高，在纵向联系中，划分基础层次、中间层次和最高层次。没有基础层次，较高层次就会成为空中楼阁，没有高层次，则显示不出水平。因此，任何层次都不能忽视。三是比例性，即各种知识要合理配比。四是动态性原则，即所追求的知识结构决不应当处于僵化状态，而是能够不断进行自我调节的动态结构，以适应时代发展的需要。

3. 掌握学习策略

学习策略指学习者为完成学习任务而制定的认知计划。教育心理学将学习策略分为认知策略、元认知策略和资源管理策略三类。掌握学习策略能够更加有效地学习。

认知策略指学习者在获取信息、加工信息、提取信息过程中的一些方法和技术，包括记忆策略、精细加工策略、复习策略、组织策略。在这些策略中，大学生应重点掌握记忆策略和复习策略。

元认知策略指学习者对自己学习活动进行反省的策略，包括计划、监督、调节策略。其中，计划策略尤为重要。计划策略包括设置学习目标、浏览阅读材料、提出待回答的问题以及分析如何完成学习任务，并对计划的实施进行评估和调整。

资源管理策略包括学习时间管理、学习环境管理、社会资源利用管理策略。其中，学习时间管理和学习资源利用十分重要。时间是最宝贵的资源，每个人都应当根据自己的总体目标，对时间做出总体安排，并通过阶段性的时间表来落实。要高效利用最佳时间，确保在状态最佳时学习最重要的内容。大块时间的学习容易积累疲劳，学习效率受到一定影响，零碎时间的学习能使大脑处于兴奋状态，效果甚佳，所以还要灵活利用零碎时间。

学习资源的利用包括学习环境的管理、学习工具的利用以及社会人力资源的利用。

4. 培养学习能力

学习能力是直接影响学习活动效率的个性心理特征。它是在一般能力（如观察力、记忆力、思维力等）的基础上发展起来的。当代大学生应当具备的学习能力包括信息获取与处理能力、实际操作能力、研究探索能力、竞争合作能力、自我反省与监督能力、网络学习能力等。

在信息社会，信息是人类的无形资产，谁能抢先占有信息，谁就获得了资产财富，就能在竞争中立于不败之地。因此，大学生应具备信息获取与处理能力，根据自己的学习目标有效地搜集和选择各种学习信息，对搜集的信息进行理解、归纳、分类、存储记忆、批判、鉴别、分析综合、概括表达。

实际操作能力是在实际活动中表现出来的将思想、理论转化为技术和行为的能力。现代社会对实际操作能力要求越来越高，越来越精细。因此，大学生应当充分利用大学的各种条件和资源，努力提高自己的实际操作能力。

研究探索能力是一种综合性能力，它是建立在逻辑推理能力、思维能力、空间想象能力、分析问题解决问题能力等基础之上的能力。大学生要努力培养自主思考和自主创新的学术研究能力，独立发掘若干具有研究价值的科研问题，并完成分析解决问题的后续工作。这也是时代发展对创新型人才的要求。

竞争与合作能力是现代社会必须具备的能力之一。现代社会是一个充满竞争的社会，现代社会创造性成果的取得往往又不是一个人单枪匹马能够实现的。因此，作为一个当代大学生，我们不仅要学会竞争，而且要学会合作。

自我反省与监督能力是个体对自己学习或活动过程的自我认识、自我评价和自我调节的能力。个体要有效地使用自己的知识和智慧，就必须具有更高水平的自我认识、自我评价和自我调节的能力。未来的社会，成功属于那些能够有效地运用自己智慧的人。

网络环境在给教育和教学带来巨大变革的同时，必然也会对我们传统的学习能力提出新的挑战。当代大学生必须具备网络学习能力，要能熟练使用各种网络传播工具，还要具有信息免疫能力并培养良好的网络道德观念及媒介素养。

5. 开发学习潜能

大学生学习潜能的开发，最重要的是在正确认识自己的基础上，培养创造性思维，塑造创造型人格。

创造性思维是在感性认识的基础上，综合、统一、协调各种逻辑和非逻辑思维（灵感、直觉、顿悟等），从而发挥出思维创新性效率的心理过程。创造性思维是逻辑思维和非逻辑思维的辩证统一。逻辑思维的条理性、准确性和严密性同非逻辑思维的流畅性、灵活性、独创性一起构成创造性思维的互补性结构。对大学生而言，创造性思维能力的训练可从两个向度把握：一是激发创造欲望，形成新的创造技法。二是进行思维发散，开发新的创造技法。

创造性人格是个体在后天学习活动中逐步养成，在创造活动中表现和发展起来，对促进人的成才和促进创造成果的产生起导向和决定作用的非智力素质的总和。

创造性人格对个人的成才，对创造活动的成功和创造成果的产生起导向作用及内在动力作用。研究发现，那些自信心、责任感、荣誉感、进取心强，有奉献精神，有恒心，有强烈的好奇心和丰富的想象力并具有冒险性和挑战性倾向的学生往往具有较高的创造力。

有创造力的大学生一般具有以下人格特征：①对自己的信念坚定不移；②有强烈的好奇心，沉醉于自己正在从事的工作；③感受性高；④思维独立性强，善于利用自己的直觉；⑤不迷信权威；⑥敢冒风险；⑦富于幽默感；⑧态度乐观；⑨成就动机高；⑩想象力强。

五、大学生常见的学习心理问题及调适

学习是复杂的心理活动，在学习过程中，人们难免会遇到各种各样的心理问题，如动机不当、学习适应不良与考试焦虑、学习疲劳与注意力不集中等，这些问题如果得不到解决，不仅会阻碍大学生获得知识和发展智能，甚至可能导致严重的心理障碍。因此，了解学习中的心理困扰及其调试对策，对于培养大学生健康的学习心理，提高学习能力具有重要的意义。

1. 学习动力不足及调适

大学生学习动力缺乏主要表现为：没有明确学习目标，学习没有计划，注意力分散，厌学情绪强烈、学习没有压力或者无成就感等。学习动力缺乏会使注意力涣散、兴趣转移，无求知上进的愿望，学习易受各种内外因素的干扰。

学习动力缺乏的原因有内部原因和外部原因。

内部原因主要是来自大学生自身的原因。一是来自大学生自身学习动机不正确，社会责任感不强；二是对所学专业缺少兴趣；三是不正确的归因，用心理学术语说就是出现了归因偏差；四是对自己的能力缺乏正确的判断。

外部的原因主要是来自社会、学校、家庭等方面的原因。一是学校专业设置过细，口径过窄，一定程度上脱离社会需要，导致择业困难；二是课程设置不合理，教学内容陈旧，方法单一，教学效果不佳；三是教学管理不严，教学条件跟不上。四是有的家庭急功近利为子女选择专业，不考虑子女对这些专业是否有兴趣、是否适合学习。五是外在诱惑过强，特别是电子游戏、网上聊天等，当这些诱惑远远大于学习诱惑时，学生的学习兴趣就会大大降低。

大学生改变学习动力不足的策略，可以从强化学习动机、培养学习兴趣、进行积极归因、增强自信4个方面进行调适。

学习动机是推动学生进行学习的内在力量，是提高学习效果的重要因素之一。强化学习动机可以采取以下3种方法。一是明确学习目的，增强社会责任感。只有在与社会需要相适应的学习动机促使下，才会产生学习的自觉性。二是积极参加校园文化活动，激发强烈的求知欲。大学中的校园文化活动是丰富多彩的，大学生可根据自己的兴趣有选择地参加，对激发求知欲，增强学习动机有帮助。三是制定合适的学习计划来强化学习动机。

学习兴趣是学习过程中一种积极的心理倾向。大学生要想在学习中发挥积极性和创造性，就要培养其对所学的知识的浓厚兴趣。学习兴趣是可以在学习过程中逐步培养的，可以通过多读、多听、多看、多实践来培养学习兴趣。具体而言，可以多读专业相关书籍、报刊，把握学术动态；可以多听学术报告会，了解学术动态和本学科当前最新研究成果；可以多看学术成就展览，以激励兴趣；可以多参加学校举办的各种科技文化实践活动，在

实践中理论联系实际,增长技能,培育科研兴趣。

归因是个体对自己成功与失败原因的看法与解释。当遇到一个不可控制的负面事件时,积极的归因一般会把失败归结于自己不够努力;消极的归因一般是把失败归结于自己的能力。学习中的消极归因是大学生中比较常见的学习心理问题,有消极归因心理的学生往往不能正确认识问题。例如,学习成绩低下的学生,不从学习动机、学习态度、学习意志、学习方法上去找原因,而往往把责任推给教师,认为教师教得不好,或认为学习环境不理想,影响了自己学习的进步,以此来消极地保护自己的自尊心和虚荣心。当他们因学习上的问题受到老师的批评时,没有勇气作自我批评,总是设法找一些理由来为自己辩护,或以他人类似的行为来为自己开脱。消极归因是缺乏自我意识的表现,不利于健康心理品质的形成,同时,对大学生自身的进步也有不良影响。

相反,如果能把一件事情的成功归因为"我非常努力"、把失败归因为"我努力不够",而不把成功归因为"我很聪明、运气很好"、把失败归因为"我不够聪明、运气差",便可以让学习者相信学习的成败是掌握在自己手中的,取决于个人努力的程度。大学生应当多从自己的努力程度、学习方法、学习基础方面找原因,以便及时找到问题的症结所在,有针对性地进行改进,切不可动不动就怀疑自己的能力有问题。

增强自信可以从比较容易成功的学习任务开始,不断积累小的成功,并逐渐增加任务难度,强化对自己能力的肯定,以此增强自信心。有了充分的自信心后,即使遇到一些挑战性的任务或暂时的挫折失败,也能保持积极进取的学习状态。

2. 学习动机过强及调适

在大学生的学习活动中,与学习动力不足相反的另一种学习心理问题是学习动机过强,这同样会影响学习效果。

动机过强的大学生有的主要表现为成就动机过强。他们急于取得成就,并想事事超过他人,总是对自己当前的行为和表现不够满意,并给自己设置一些很难达到的目标,给自己施加无法承受的压力。他们的生活高度紧张,长期处于高负荷运转状态。有的则表现为奖惩动机过强。对奖惩考虑过多,以考试为中心,进行苦行僧式的学习。这类学生往往考分较高,但大多学习死板教条。有的表现为过于勤奋,他们的学习强度过大,每天学习时间过长,不能劳逸结合,致使注意力不能集中,记忆力下降,思维迟钝,情绪长期处于高焦虑状态,甚至会经常出现头昏、耳鸣、心悸、肠胃不好、失眠多梦等躯体症状,导致学习成绩下降。

学习动机过强的原因有以下4点。一是对自己能力认识不足,估计过高,抱负与期望超出自己实际水平。二是不恰当的认知模式,认为,"只要我付出了努力,我就一定会成功",可是现实中的事情并非如此简单。努力只是成功的必要条件而不是唯一条件。三是基于某种补偿心理。一些同学业余爱好较少,兴趣比较狭窄,试图通过突出的学习成绩得到他人的承认或认可,因此产生过于强烈的学习动机。四是他人不适当地强化。一些大学生因学习刻苦努力而常常受到家长、老师、同伴的赞扬,这种赞扬会促使这些同学更加努力学习。此外，自尊心过强、做事过于认真、追求完美、好强、固执等性格特征，以及严厉的家庭教育方式和家长的期望值过高，也往往导致学生的学习动机过强。

学习动机过强的调适策略有：调整并保持最佳动机水平、建立正确的认知模式、进行恰当的自我评价、以宽容的心态对待自己。

调整并保持最佳动机水平。心理学家耶克斯和多德森研究发现，动机强度与工作效率之间并不是线性关系，而是倒"U"形的曲线关系。中等强度的动机会带来最好的学习效果，因而是最佳动机水平。动机的最佳水平不是固定的，依据任务难度的不同性质会有所改变。大学生应遵循耶克斯—多德森定律，在完成简单的任务时，保持较高动机强度；在完成难度适中的任务时，保持中等动机强度；在完成复杂和困难的任务时，保持偏低动机强度。这样学习效率最佳。

建立正确的认知模式。认识和调整不切实际的学习目标，找出自身关于学习的不合理信念，建立正确的认知模式。例如，把"只要我努力了，我就能获得成功"的片面认知观念调整为"只有努力了，才有可能成功"。学会调整关注点，学会把关注点聚集在学习活动中，而不总是放在学习的结果上。

进行恰当的自我评价。学习动机过强的学生应当对自己的能力有正确认识，使自己的抱负和期望切合自己的能力发展水平，既不好高骛远，也不操之过急，制定切实可行的、与自己的远大目标相结合的阶段性目标，脚踏实地、循序渐进地进行学习。

以宽容的心态对待自己。适当调整自己的抱负和期望水平，以宽容的心态对待自己，降低对学习成败的敏感度，保持情绪的稳定，借助放松法克服严重的学习焦虑，同时积极参与各种有益身心健康的校园文化活动，注意培养自己多方面的兴趣爱好。

3. 学习疲劳及调适

学习疲劳是因长时间持续进行学习，在生理、心理方面产生的劳累，致使学习效率下降，甚至头晕目眩不能继续学习的状态。大学生学习疲劳主要分为生理疲劳和心理疲劳两种。生理疲劳是大学生学习疲劳的指标之一，其具体表征为头、颈、臂、背等部位的肌肉会产生痉挛、麻木、酸胀、疼痛，四肢动作不准确，眼球发胀，头晕目眩，无精打采，瞌睡不断等。心理疲劳是学习疲劳的指标之二，主要表现为：感觉器官机能下降、记忆和思维功能下降、失眠、情绪躁动、忧郁、易怒、烦躁。在学习疲劳中，生理疲劳和心理疲劳相伴产生并相互影响。

造成学习疲劳的主要原因有：学习时间过长，学习时过分紧张，注意力高度集中；持久的积极思维和记忆；学习内容单调乏味，学习材料安排不当；缺乏学习的兴趣；在异常的气温、湿度、噪声和光线不足等环境下学习；睡眠不足。当然，每个大学生的疲劳指数是有个别差异的。有人可能学习 2 h 就疲劳了，有人学习 4 h 仍然精力旺盛；有人在单位时间内可以接受很多内容，而有人接受很少的内容就头昏脑胀了。作为正常人，学习的时间、学习的容量总是有限的，超出了这一范围就会产生疲劳。

克服学习疲劳应注意个体生物节律的作用，合理安排用脑时间，劳逸结合，科学用脑。首先，要注意学习和休息的张弛有度。连续学习，不仅降低效率，还易导致神经衰弱等躯体病症。要合理安排用脑时间，利用生物节律保持良好精神状态，从而有效地在有限时间内以有限精力获得优异成绩。其次，注意大脑营养，保持充足睡眠。最后，适当参加文体活动，提高大脑工作效率。

4. 考试焦虑及调适

焦虑是指一个人的动机行为遇到实际或臆想的挫折而产生消极不安的情绪体验，它由多种感受交织而成。具体来说，个人对即将来临的、可能会造成的危险或威胁所产生的紧张、不安、忧虑、烦恼等不愉快的复杂情绪状态就是焦虑。

焦虑本身是人类一种正常的情绪反映，但是过度的焦虑或过弱的焦虑就会形成情绪性或生理性疾病。

考试焦虑是考生在考试过程中（考前复习阶段以及考试进行中）预感考试失利或考试无把握而产生的焦躁不安的情绪状态。适度的焦虑可以避免动机过弱，保持大脑活动适当的紧张度，提高大脑活动的积极性，而过度焦虑则是有危害的。

过度焦虑状态会产生一系列生理上的反应，如皮肤出汗，面色苍白，嘴发干，呼吸加深加快等，这一系列的身体反应使人感到不舒服，产生不安全感，从而分散了注意力，扰乱了人的正常思维。具有高度考试焦虑的学生，有的会在考前出现明显的生理心理反应，如过分担忧恐惧、失眠健忘、食欲减退、腹泻；在临考时心慌气短、呼吸急促、手足出汗发抖、频繁上厕所、思维肤浅、判断力下降等；有的会在考场上出现视动整合障碍，如看不清题目、看错题目、丢题落题、动作僵硬、手不听使唤、出现笔误等。过度焦虑不但不能保证正常的学习，还会引起一系列的心理问题，甚至会导致焦虑性人格。

考试焦虑的原因首先来自考试本身，考试成绩是大学生学习状况和学习能力的反映，会影响大学生的切身利益、他人评价及自尊自信；其次，来自教师、家长和社会的压力；最后，来自于大学生自身的压力，过去失败经验的自我暗示，夸大现实的压力和威胁，缺乏自信心、对考试过于看重、考前准备不足等，都会造成心理压力过大，产生考试焦虑。

考试焦虑可以通过认知矫正、行为矫正和运用恰当的应试策略来克服。

用科学的态度对待考试。许多紧张、焦虑都是由于不正确的自我认识和自我评价引起的。大学生应当摆正考试在自己心目中的位置，明白考试只是衡量学业的一项指标，而不是学习生活的全部，尤其要明白考试不是自己命运的决定性因素。其次，应当调整抱负水平。一旦发现自己把目标定得太高，就要及时做出调整，保持恰当的学习压力。最后，要将精力投入到准备考试的过程中。注重考试的准备过程，降低对考试结果的关注，能够保证考生正常发挥个人潜能。

进行行为矫正。可采用系统脱敏的方法对考试焦虑进行行为矫正。在做考试焦虑的系统脱敏训练时，首先要对考试焦虑的程度做一个焦虑等级划分。其次，在治疗时，先要做放松训练，直至不感到紧张为止。

学会运用应试策略，应试策略包括考前准备和考试中的心理调节和考后不过分关注对错。

考前要做好充分准备。一方面是做好知识上的准备,主要靠平时学习和考前复习。制订适合自己的复习计划,根据自己各科的基础和学习现状,制定不同的分数目标,有策略地复习。另一方面是做好心理上的准备,在心理上要有备考的倾向性,保持中等程度的动机水平。心理上的准备可以促进知识的准备,促进考生在考试中顺利提取知识,还可以帮助考生保持心情的平静,以平常做作业的心态进行考试,就不会产生紧张焦虑。

考试中要保持平静。不妨在发试卷的前几分钟,闭目做几次深呼吸,排除一切杂念,只把心思放在考试上。在下发试卷之后,不要提笔就答,而应将试卷大体看一遍,了解题量以及各题的难度等情况,以便分清轻重缓急,掌握好答题时间。先做易题,后做难题;先做熟悉题,后做生疏题;先做有把握的题,后做没有把握的题;先做相同类型的题,后做相异类型的题;审题要慢,做题要快。

考试后不要过分关心已考科目题目的对错,特别是当后面还有考试时,更应将已考过的课程暂时抛开,全心全意准备后面的考试。只有这样,才能保持平静的心情,而不至于出现考试焦虑。

六、大学生学习潜能的开发

任何人都有成功的潜质。古今中外许多成功人士之所以能成功,奥秘不是他们具有超凡脱俗的本领,而是他们能够探求并开发自己的潜能。因此,大学生应当努力开发潜能,不断提高自己的学习能力。

1. 潜能的变化性要求把握学习的关键期

潜能是变化发展的,即每种潜能都处在"可能状态"之中,这就要求在开展学习、教育活动之前,学生、教师和家长都必须充分认识并具体分析各种"可能状态"的潜能。大学生的有效学习及潜能开发应抓住机遇,充分利用资源,在学习的关键期内尽可能掌握最多的知识。学生自身在确定关键期时起着核心作用,教师也有着举足轻重的地位,其作用主要是正确认识不同学生的"最近发展区",准确定位学生的学习关键期,适时为学生构建合理有效的知识框架,引导学生向着正确的学习方向前进,增强学生学习的有效性,从而促进学生的学习。

2. 潜能的能动性要求增加学习的自主性

潜能的能动性概念强调,行动者自己的主动性是保证某一结果实现的关键。大学生学习尽管受外部条件限制,但其自身的特点和价值观仍起主导作用。因此,如何培养大学生的自我监控能力,增加学习的自主性成为大学教育的关键。

首先,培养大学生的独立性。对于学生的发展来说,学习是一个从依赖走向独立的过程。大学教育较之义务教育和高中教育的最明显的区别是大学教育要求学生有较强的独立学习能力。

其次,增强大学生的自控能力。潜能的能动性要求学生规划各阶段能否学习、学习什么、怎么学习等问题，突出表现为学生对学习的自我计划、自我调整、自我指导、自我强化，即在进行学习活动之前能确立明确的学习目标，选择正确的学习方法，安排合理的学习步骤，以及树立正确的学习目标。在学习过程中，能按照预先的计划，如期进行。自控性能规范学习者的学习行为，从而使学习者不断进取，持之以恒。

3. 潜能的社会性要求大学生正确认识自我

潜能具有社会性，即学生潜能的发挥受到各种因素的制约。因此，正确认识自我，充分利用外部条件是促进学习的重要途径。在这个世界上，认识自己才是最难的事情，这是因为自我是多层次的，并且在不同的时期有不同的表现，受到各种外在条件的制约。客观地、正确地认识自我，对学习是很有帮助的。在学习中，如不能正确认识自我，明确自己的学习目标，就容易陷入迷惑之中。

人的潜能随着人自身的发展及其外部条件的变化而变化。大学阶段是大学生完善知识结构、学习专业特长、完善自我的重要阶段，因此，大学生应抓住机遇开发潜能，不断提高学习能力。

心理科普

一、学习关键期

关键期这一概念最初是由奥地利生态学家康罗德·洛伦兹提出来的。他在对鸟类自然习性的观察中发现，刚孵出的幼鸟，如小鸡、小鹅等，会在出生后很短的一段时间内学会追逐自己的同类或非同类，过了这段时间便再也不能学会此类行为或印刻自己的母亲，而这段时间是很短的，故称为关键期，又称最佳期、敏感期、临界期、转折期。后来，心理学家将这类研究借用到儿童早期发展的研究中，提出了儿童心理发展的关键期问题，如2~3岁是儿童口头语言发展的关键期，4~5岁是儿童学习书面语言的关键期等。

在教育心理学中，也有一个非常著名的"双生子爬梯试验"试验。美国心理学家格赛尔选择了一对双胞胎，他们的身高、体重、健康状况都一样。他让哥哥在出生后的第48周开始学习爬楼梯，48周的小孩刚刚学会站立或者仅会摇摇晃晃、勉勉强强地走，格赛尔每天训练这个孩子15分钟站立行走，中间经历了许多的跌倒、哭闹、爬起的过程，这个孩子艰苦训练了6周后，也就是到了第54周的时候，他终于能够自己独立爬楼梯了。

双胞胎中的弟弟，基础情况跟哥哥完全一样，不过格赛尔让他在52周的时候才开始练习爬楼梯，这时的孩子基本走路姿势已经比较稳定了，腿部肌肉的力量也比哥哥刚开始练的时候更加有力，并且他每天看着哥哥训练，自己也一直跃跃欲试。结果，同样的训练强度和内容，他只用了两周就能独立地爬楼梯了，并且还总想跟哥哥比个高低。

其中一个从48周开始，练了6周，到了54周学会了爬楼梯；另一个从52周开始，练了2周，也在54周时学会了。后者尽管用时短，但效果不差，而且具有更强的继续学习意愿。

▶ 大学生心理健康

格赛尔的实验表明,在人的成长历程中,存在着学习不同知识和能力的"机会窗口",或者叫"学习关键期"。如果在学习的"机会窗口"打开之前去学习一些知识和能力,一方面要付出更多努力,另一方面当时学了以后也容易遗忘。而错过了"学习关键期",后期的补救教育效果也是不大的,狼孩卡马拉回到人类社会后的教育结果就是一个很好的例子。

二、知识结构

知识结构指一个人经过专门学习或培训后所拥有的知识体系的构成情况与结合方式。学术界提出了4种人才知识结构类型。

(1)宝塔形知识结构。这种知识结构形如宝塔,由基本理论、基础知识、专业基础知识、专业知识、学科知识、学科前沿知识构成。基本理论、基础知识为宝塔底部,学科前沿知识为塔顶。这种知识结构强调基本理论、基础知识的宽厚扎实、专业知识的精深,容易把所具备的知识集中于主攻目标上,有利于迅速接通学科前沿。

(2)"T"形知识结构。这种知识结构是宽广的知识面与某一狭窄领域前沿知识的结合。宽广的知识面保证了人才具有广阔的视野,思考问题思路开阔,能够运用不同领域的基本知识和基本原理,而某领域的前沿知识保障了人才能够进入这一领域的前沿,深入探索专业问题。

(3)蜘蛛网形知识结构。这种知识结构是以自己的专业知识作为一个"中心点",与其他相近的、作用较大的知识作为网络的"纽结"相互连接,形成一个适应性较大的、能够在较大范围内纵横驰骋的、形如蜘蛛网的知识网。这种人才的知识结构呈复合型状态,非常受现代社会用人单位的欢迎。

(4)幕帘形知识结构。这种知识结构是指一个具体的社会组织对其组织成员在知识结构上有一个总的要求,而作为该组织的个体成员,依其在组织中所处的层次,在知识结构上存在一些差异。这种知识结构强调个体知识结构与组织整体知识结构的有机结合。

心理自助

一、拓展阅读

海上冰山——神奇的人类潜能

潜能指人潜在的能力,是一种尚未显现的能力,它一旦外化,与活动联系起来并影响活动效果,就变成显在能力,即通常所讲的能力。能力只是潜在能力外化的极小部分。有的科学家讲,如果人的潜能充分发挥出来,一个人能记忆50座美国国会图书馆全部藏书储存的信息,能熟练掌握40种语言。

人类潜能是人类潜在的体能与智能的总和。国内外学者用"海上冰山"理论形象地说明人类潜能的巨大：人的能力好似一座浮在海面上的冰山，浮在水面上的像人类已知能力——显能，这只是很小的一部分，而沉没在水面之下的未显露部分却是显露部分的 5 倍、10 倍、20 倍、30 倍。国外潜能研究专家和心理学专家指出，人类潜能开发，即使是成就卓著的伟人，也只不过开发了极小的部分。

美国心理学家威廉·詹姆士认为，一个正常健康的人，只运用了其能力的 10%，尚有 90% 的潜力。美国人类潜能研究专家奥托在其发表的《人类潜在能力的新启示》一文中指出："据最近估计，个人所发挥出来的能力，只占他全部能力的 4%。我们估计的数字之所以越来越低，是因为人所具备的潜能及其源泉之强大。根据现在的发现，远远超过我们 10 年前，乃至 5 年前的估测。"因此，许多有见地的科学家对人类潜能远远未能开发发出无限感慨。

潜能有未显性和可诱发性的特征。潜能是未显现的能力，脑中的潜能世界是一个未被打开的宝库，那里蕴藏着惊人的能力，一般情况下不采取一定的措施是难以开发出来的。人的潜能会在意外的情况下迸发出来，也会从天才人物身上显现出来。人一旦遇到意外情况，特别是在遇到危及性命的紧急情况下，大脑的新皮质部位、脑干部位会一起动员起来，在激素的作用下，人的潜能包括潜在的体力会一起迸发出来，创造人间奇迹。据《汉书·李广传》记载，汉朝大将李广一次外出打猎，误将草中之石认为老虎，拼尽全力拉弓射箭，致使全箭深深没入石内。等他认出是石块后，再拉弓，就无法射进石内了。

潜能的可诱发性是指人本来没有某种能力，经过教育、培养，能出现这种能力。创造潜能是人的一种潜能。美国一些心理学家曾对一些人进行创造能力训练，经过训练，受试者的创造力提高了 3 倍。潜能的可诱发性，为开发利用潜能提供了条件。

PQ4R 学习法

PQ4R 学习法的名称是用 6 个英文单词的首字母组成的，代表着学习时应遵循的 6 个步骤。

第一，预习（Preview, P）。在开始新一章的学习时，最好的方法是不要马上就读，而是先花几分钟时间大致看一遍。注意一下各节标题，以便形成一个总体的认识。同时，也要考虑这一章讨论的是什么问题、材料是怎样组织的以及它与前几章有什么联系等。

第二，提问（Question, Q）。在阅读每一节之前，先停下来问问自己它都包含什么内容以及应当抽取哪些信息。如看到标题为"人格"的内容时，可以改成这样一些问句，什么是人格？人格对我们有什么影响？

第三，阅读（Read, R）。阅读课文，并试着回答自己前面提出的问题。

第四，复述（Rehearsal, R）。在读课文时，试图予以理解，默读并想出一些例子，把教材和已有的知识联系起来。

第五，回忆（Recall, R）。在学完一段后，试着回忆其中所包含的要点，回答自己提出的问题，对不能回忆的部分再阅读一遍。

▶ 大学生心理健康

第六，复习（Review，R）。学完一章后，复习所有内容，找出各节内和各节间的联系，目的是考察作者如何组织材料，一旦掌握了篇章的组织结构，单个的知识就容易记住了。在学完所有内容以后，进行休息和放松。

具体来说，PQ4R 学习法的步骤主要包括：

（1）浏览。快速浏览材料，对材料的基本组织、主题和副主题有一个初步的了解。注意标题，找出你要读的和要学习的信息。

（2）设问。阅读时自己问自己一些问题。根据标题用"谁""什么""为什么""哪儿""怎样"等疑问词提问。

（3）阅读。阅读材料，不要泛泛地做笔记，而是应试图回答自己在（3）中提出的问题。

（4）反思。通过以下途径，试图理解信息并使信息有意义：①把信息和你已知的事物联系起来；②把课本中的副标题和主要概念及原理联系起来；③试图消除对呈现的信息的分心；④试图用这些材料去解决联想到的类似的问题。

（5）背诵。通过大声陈述和一问一答的方式，反复练习，记住这些信息。你可以使用标题、画线的词和对要点所做的笔记来提问。

（6）回顾。积极地复习材料，主要是向自己提问。当你肯定自己答不出来时，重新阅读材料。

二、心理测试

学习动机测验

对问题给出"是"或"否"的回答。选"是"得 1 分，选"否"得 0 分，将得分相加，算出总分。

1. 我已经不想学习，想去找份工作。
2. 我把自己的时间平均分配在各科上。
3. 除了老师指定的作业外，我不想多做。
4. 如果没有人督促我，我很少主动学习。
5. 我一读书就觉得疲劳和厌烦，只想睡觉。
6. 如果有不懂的地方，我根本不想弄懂它。
7. 我几乎毫不费力地就能实现自己的学习目标。
8. 我常想不用花太多的时间，成绩也能超过别人。
9. 为了对付每天的学习任务，我已经感到力不从心了。
10. 我总是为了同时实现几个学习目标而忙得焦头烂额。
11. 我给自己定下的学习目标，多数会因做不到而不得不放弃。
12. 我迫切希望自己在短时间内大幅度提高自己的学习成绩。

13. 为了实现一个大目标，我不再给自己制定循序渐进的小目标。
14. 只在我喜欢的科目上狠下功夫，而对不喜欢的科目放任自流。
15. 我认为课本上的基础知识没什么可学的，只有读大部头作品才有意思。

测试结果分析：

总分为 11~15 分：学习动机上有严重的问题和困惑，需要调整。

总分为 5~10 分：学习动机上有一定的问题和困惑，可进行调整。

总分为 0~4 分：说明学习动机上有少许问题，必要时可进行调整。

考试焦虑测验

请根据自己的实际情况回答以下问题。其中，与自己的情况"很符合"记 3 分，"较符合"记 2 分，"较不符合"记 1 分，"很不符合"记 0 分。各题得分相加为总分。

1. 在重要考试的前几天，我就坐立不安了。
   很符合　　　　较符合　　　　较不符合　　　　很不符合　　（　　）
2. 临近考试时，我就肚子不舒服。
   很符合　　　　较符合　　　　较不符合　　　　很不符合　　（　　）
3. 我一想到考试即将来临，身体就会发僵。
   很符合　　　　较符合　　　　较不符合　　　　很不符合　　（　　）
4. 在考试前，我总感到苦恼。
   很符合　　　　较符合　　　　较不符合　　　　很不符合　　（　　）
5. 在考试前，我感到烦躁，脾气变坏。
   很符合　　　　较符合　　　　较不符合　　　　很不符合　　（　　）
6. 在紧张的复习中，我常会想到："这次考试要是考个坏分数怎么办？"
   很符合　　　　较符合　　　　较不符合　　　　很不符合　　（　　）
7. 越临近考试，我的注意力越难集中。
   很符合　　　　较符合　　　　较不符合　　　　很不符合　　（　　）
8. 我一想到马上就要考试了，参加任何文娱活动都感到没劲。
   很符合　　　　较符合　　　　较不符合　　　　很不符合　　（　　）
9. 在考试前，我总预感到这次考试将要考坏。
   很符合　　　　较符合　　　　较不符合　　　　很不符合　　（　　）
10. 在考试前，我常做关于考试的梦。
    很符合　　　　较符合　　　　较不符合　　　　很不符合　　（　　）
11. 到了考试那天，我就不安起来。
    很符合　　　　较符合　　　　较不符合　　　　很不符合　　（　　）
12. 当听到考试的铃声响时，我的心马上紧张得跳起来。

很符合　　　　　较符合　　　　　较不符合　　　　　很不符合　　（　）

13. 遇到重要的考试时，我的脑子就变得比平时迟钝。

很符合　　　　　较符合　　　　　较不符合　　　　　很不符合　　（　）

14. 考试题目越多、越难，我越感到不安。

很符合　　　　　较符合　　　　　较不符合　　　　　很不符合　　（　）

15. 在考试中，我的手会变得冰凉。

很符合　　　　　较符合　　　　　较不符合　　　　　很不符合　　（　）

16. 在考试时，我感到十分紧张。

很符合　　　　　较符合　　　　　较不符合　　　　　很不符合　　（　）

17. 一遇到很难的考试，我就担心自己会不及格。

很符合　　　　　较符合　　　　　较不符合　　　　　很不符合　　（　）

18. 在紧张的考试中，我会想些与考试无关的事情，精力集中不起来。

很符合　　　　　较符合　　　　　较不符合　　　　　很不符合　　（　）

评分与解释：

得分为0~24分：镇定。考试前后基本没有紧张不安的状态，能正常复习与应考。

得分为25~49分：轻度焦虑。考试前较短的一段时间内会感到紧张和害怕，但不影响复习，不影响身体健康，无须专门咨询与辅导。

得分为50~74分：中度焦虑。考试前较长一段时间内感到紧张、害怕与忧虑，复习效率降低，睡眠饮食受影响，无须专门咨询与辅导。

得分为75~99分：重度焦虑。考试前很长的一段时间内感到忧虑、恐惧，可能会导致一些心因性疾病，严重影响复习效果及考试的正常进行，有必要求助于心理咨询或心理治疗。

三、心理故事

好学不倦

在一个漆黑的晚上，老鼠首领带着小老鼠们外出觅食。在一家人的厨房里，垃圾桶中有很多剩余的饭菜，对于老鼠们来说，就好像人类发现了宝藏一样。

正当一大群老鼠在垃圾桶及附近范围大吃一顿之际，突然传来了一阵令它们肝胆俱裂的声音，那就是一只大花猫的叫声。震惊之余，它们各自逃命，但大花猫对其穷追不舍，有两只小老鼠由于躲避不及，被大花猫捉到。大花猫正要将它们吞噬之际，突然传来一连串凶恶的狗吠声，令大花猫手足无措，狼狈逃命。

大花猫走后，老鼠首领悻悻然从垃圾桶后面走出来说："我早就对你们说，多学一种语言有利无害，这次我就凭此救了你们一命。"

拗不过骆驼的人

一头高大的骆驼趴在地上，蜷起腿来，尽力用它的膝盖支撑着身子，耐心地等待主人往它身上装货。主人在驮架上放上了一个货包，接着又放一个，不停地叠在骆驼的背上。

"他该住手了吧？"骆驼心里发起愁来了，但是它又不敢违背主人。

好不容易才等到主人把货叠完了，只见主人甩起长鞭，发出了开步走的命令。骆驼颤颤巍巍地站立起来。

"走吧！"主人拍了一下骆驼的笼头命令道，但骆驼却呆立不动。"你怎么老站着不动？快走！"主人厉声喝道，他使劲地又扯了一下笼头。

此时，骆驼的四条腿就好像钉在地上，一动也不动。

"唉，你这固执的家伙！"主人叹了口气，他猜到了骆驼的心思，动手从它背上卸下两个货包。

"这样还差不多。"骆驼自言自语地嘟囔着，顺从地上路了。

他们在烈日下走了一整天。主人想在天黑前赶到前边的村庄投宿，骆驼仿佛猜到了主人的心思，它不再往前走动了。

"走啊，走啊！你这个偷懒的家伙，再走一程我们就能住店啦。"主人拉起嗓门直嚷嚷。

"你不要太过分了，我的主人！我今天累得够呛，四条腿又酸又疼。"骆驼暗自想着，它直挺挺地趴在沙地上，横竖不挪动了。

牵骆驼的人叫苦不迭，可又有什么办法呢？他只得卸下货物，沮丧地在沙漠里露宿了一夜。

四、心理探索

1. 说一说上面两则故事对你的启发。

2. 请分析一下，《拗不过骆驼的人》这则故事是怎样体现"合理期望"这一原理的？对我们的学习有哪些帮助？

3. 请完成下面的陈述句：

（1）请列出你究竟是为了什么而学习。

_____。（不少于五项）

（2）学习中，你什么时候会感到快乐？自己学习中有什么乐事？

_____。（不少于五组）

4. 请利用已掌握的心理学知识，从时间管理、课程学习、资格证书考试等方面出发，制定一份一年内的学习计划。

▶ 大学生心理健康

项目九　大学生的恋爱与心理健康

爱情是人类永恒的主题，是人生的重要内容，爱与被爱都是每个人最基本的需求。爱给人带来快乐，同时也给人带来伤痛。性是人类生命的重要组成部分，正处于青年期的高校学生，伴随其自身性生理的成熟，性心理也得到显著的发展，且成为其心理发展总貌中的一个重要组成部分。青年大学生了解和掌握科学的性知识，维护自身的性健康，认识爱情的本质，培养健康的恋爱观与择偶观，主动发展爱的能力，是大学阶段的一项必修课。

任务一　性心理与恋爱心理

【任务目标】
(1) 了解性心理的概念和性心理的发展。
(2) 掌握性心理健康的标准，能够对标评估自己的性心理健康水平。
(3) 认识爱情与恋爱，明晰健康爱情和不健康爱情的表现，形成健康的爱情观。
(4) 拓展学习与性心理和恋爱心理相关的心理学理论知识。

【任务描述】
本任务主要学习性心理和恋爱心理相关的知识，引导学生进一步认识了解性与爱情问题的现实意义，形成健康的性观念和恋爱观。

【任务知识】

心理课堂

一、了解性与爱情问题的现实意义

"问世间，情为何物，直教生死相许""前世五百次的回眸，换得今生的一次擦肩而过""两情若是久长时，又岂在朝朝暮暮""爱有几分能说清楚，还有几分是糊里又糊涂"。

透过这些熟悉的诗句、歌词，我们不难发现，爱情是人世间最微妙的一种情感，也是人类永恒的话题。对爱情，我们也许可以用成百上千种语言说出不同的看法，可是却很难用一句话诠释爱情的真谛。说到爱情，又不得不提到性，两情相悦的美好中不可避免地会涉及人性的基本欲望和需求。"爱情"与"性"究竟是怎样的关系？从心理学的角度怎么解读性与爱情？

人的性心理发展，是生物因素和社会因素共同作用的结果，恋爱则是个体在性成熟和社会成熟达到一定阶段之后出现的与异性的特殊交往方式。正处于青年期的大学生，是生命力最为旺盛的时期，伴随其自身性生理的成熟，性心理也得到显著发展，处于最为活跃、动荡和最具挑战的时期。

大学生性心理与恋爱心理的健康发展，是一个青年人认识社会、认识人生、认识自我进而塑造自我、完善自我的过程，会对其身心健康和全面发展乃至未来的人生历程产生直接影响。在当今社会多维价值观念的大背景下，很多关于爱与性的话题还没有定论。在大学校园里，有的人苦苦寻觅浪漫的爱情；有的人则幸运地找到了自己的另一半，从此比翼双飞；还有的人为爱情几经沧桑，变得玩世不恭，游戏人生。因此，了解和掌握科学的性知识，维护自身的性健康，认识爱情的本质，培养健康的恋爱观与择偶观，主动发展爱的能力，为将来进入婚姻生活奠定良好的心理基础，是大学生在大学阶段的一个必修课。

二、性与性心理

性作为本能，贯穿人类发展的过程。性是人类生命的重要组成部分，它不仅仅是生理现象、社会现象，在人类整个心理活动中也是一个重要的构成部分。以男女两性在生理结构上的差异和人生来就具有的性欲望和本能所表征的性只是作为自然属性的性，它源于人体性激素的作用，伴随性生殖而出现，是人类生存和繁衍的必要基础条件。然而，人的自然属性无法将人与一般动物区分开来。因此，从广义认识而言，性有着生物学、心理学和社会学上的意义。

生物学意义上的性指男女两性在生理构造上的差异和人生来具有的性欲望和本能。诸如由染色体决定并由解剖生理上的差异表征出来的两性不同的生殖器官，即所谓的第一性征，以及由男女激素分泌上的差异决定的具有性差异的生理方面的不同特点而表现出来的第二性征等。

心理学意义上的性指男女两性在生理差别基础上的心理差异，主要表现在性格、气质、感觉、情感、智能等方面。心理学意义上的性，多用"性别"这个词汇来表达，指个人对自己是男性或者是女性的感知。性别使我们认同自己是社会中的一名男性或女性成员。心理学研究表明，男性、女性在智商上虽有差异但很小。女性在认知、形象上比男性稍强，但在推理和抽象方面，男性多比女性强；男性的视觉比女性强，但触觉不如女性；男性的竞争性较强，更喜欢处于支配地位。男女心理学上的差异与环境关系极大，随着时代的进步，社会的发展，男女心理方面的共同点越来越多，性别差异相对缩小。

社会学意义上的性指社会按照人们的性别赋予人们不同的社会行为模式，通常用"性别角色"这个词汇来表达。角色指的是人在社会生活结构中特定的地位，如"儿子""女儿""男人""女人""丈夫""妻子""父亲""母亲"等。

性别角色是男女两性在生理差异的基础上，由社会期望不同所形成的。男女先天生理解剖上的差异，为性别的分化提供了可能。但是，男女在家庭和社会生活中扮演什么角色，则主要由社会的伦理、道德、风俗、传统等社会文化决定。性别角色差异不仅与男女身心特征有关，而且受社会风俗、习惯的制约。由于性角色不同，造成性别角色期待的不同，如"男子应当刚强""女子应当温柔"等。

人的性需要，不仅包括生理性需要，也包括社会性需要。例如，择偶的要求不仅是寻找一位异性，而且还要满足个人审美的需要、爱的需要、个人生活幸福与自我发展的需要，应考虑对方的兴趣、爱好、学历、职业、家庭等社会因素。人的性行为必须通过婚姻、经济、法律、道德关系的规范才能够实现。

人类的性是人的自然属性和社会属性的统一，这说明我们的性既要受到人发展的生物规律的支配，又要受到人类社会文化发展条件和各种社会需要的制约，两者是有机联系，密不可分的。

性的社会属性是人类文明进步发展的本质，是人类与其他物种的本质区别之一。

三、健康性心理的标准

性心理的健康必须具备以下4个条件。

一是个人的身心应有所属，有较明显的反差。如果阴阳莫辨，就难以实施健全的性行为，获得美满的爱情。

二是个人有良好的性适应，包括自我性适应与异性适应，即对自己的性征、性欲能够悦纳，与异性能够很好相处。

三是对待两性一视同仁，不人为地制造分裂、歧视或偏见。对曾因种种历史原因形成的一切与科学相悖的性愚昧、性偏见及种种谬误有清醒的认识，理解并追求性文明。

四是能够自然地享受高质量的性生活。

性心理健康作为身心健康的一部分，与人的身体构造、生理功能、心理素质和社会适应密切相关，因而影响性心理健康的因素也是多方面的。一是父母的素质，在相当大的程度上，遗传基因和胚胎发育决定身心的状况；二是本人的心智，因为个人自懂事起，便对自己的身心发展拥有一定的支配能力和责任；三是家庭与社会的教育。凡是生活在能够科学文明地对待社会和家庭环境的人，往往都能自然、自主而愉悦地面对性、对待性，而在谈性色变的家庭或社会环境里，人被迫对性产生肮脏、神秘、不光彩的心理，这种逆自然性的精神状态，与自然的人生需求的矛盾和抗争，往往扭曲人性，不仅导致性心理的不健康，而且还会对人的一生产生不良影响。

四、爱情与恋爱

爱情是人类永恒的话题，寻觅伴侣、获得真正的爱情，是每一个人憧憬和追求的生活目标之一。那么，爱情到底是什么？青春期的大学生对爱情又该怎样认识呢？

爱情是人类的一种高级感情。古今中外有很多的哲学家、艺术家、心理学家都有过不同的论述：

弗洛伊德认为："爱情是性本能的表达与升华。"

苏格拉底认为:"爱情是爱一切的善,是一种动人的欲望。"

休谟认为:"爱情是人的自然本性,是美貌、肉欲、好感三种情感的结合。"

黑格尔认为:"爱情是男女双方心灵和精神的统一。"

弗洛姆认为:"爱情是一种个人体验,每个人只能通过自己并为自己得到这种体验。"

罗杰斯认为:"爱是深深地理解和接受。"

海德认为:"爱是深度的喜爱。"

马克思主义的爱情观认为:"爱情是人的自然属性和社会属性的统一。"

虽然不同的学者对爱情的表述各有不同,但基本内容都包含生物、精神和社会因素3个方面。

爱情是以性爱为基础却又不简单归于性爱的情感活动。性爱是爱情产生的自然基础与前提。正因为两性之间存在生理差别,才会有两性之间的相互吸引、彼此仰慕。可以说,离开了性这一自然属性,爱情难以发展也难以长久维系。性欲的存在与满足只是一种符合自然的情绪状态,是与生俱来的异性之间先天本能的表现,如果离开情与爱,人和动物就没有分别。

爱情是恋爱双方在互相认识、互相接纳的基础上,基于共同的生活理想,在各自内心形成的相互倾慕,并渴望对方成为自己终身伴侣的一种强烈的、纯真的、专一的情感,这种情感是人际吸引的最强烈的形式。从这个角度讲,爱情是一种社会现象,一方面受道德、法律的约束,另一方面爱情还将涉及养儿育女,传宗接代的社会功能,这是爱情具有的社会功能。

综合各方学者的意见,我们可以把爱情理解为:人类在生命繁殖本能的基础上,产生于男女之间相互倾慕、渴望结合的复杂的心理活动。恋爱则是男女之间培养爱情的过程,这个过程需要男女双方具有爱的能力。

五、健康的爱情和不健康的爱情

心理学家根据恋爱者对爱情的追求,把爱情分为健康和不健康的两大类。健康的爱情主要表现在以下3个方面。

(1)不过分痴情,不咄咄逼人,不显示自己的占有欲,能够充分尊重对方。

(2)将爱情给予对方比向对方索取爱情更使自己感到欢欣,并以对方的幸福为自己的满足。

(3)懂得爱情是彼此独立的个性的结合。

不健康的爱情则主要表现在以下4个方面。

(1)过高地评价对方,将对方的人格理想化。

(2)过于痴情,一味地要求对方表露爱的情怀,这种爱情常有病态的夸张。

(3)缺乏体贴怜爱之心,只表现自己强烈的占有欲。

(4)偏重于对外表的追求。

心理科普

一、关于爱的能力

爱是人类所特有的并且经过后天学习而获得的一种情感体验。爱的能力就是指一个人与他人建立亲密关系的能力，既有个体在关系中获得爱的能力，又有个体在关系中爱的合适呈现。在爱情中，爱的能力具体包括：表达爱的能力、接受爱的能力、拒绝爱的能力、解决爱的冲突的能力、承受失恋的能力。

表达爱的能力。当心中有了爱，能够以恰当的方式和语言向对方表达，让对方明白自己内心的情感。表达爱需要勇气和信心，更需要懂得什么是爱，需要了解自己，对自己和他人保持敏感与热情。表达爱也应以合适的方式进行，要自我控制得当，避免因过度表达而引起对方的反感。

接受爱的能力。当他人向自己示爱时，首先需要有鉴别的能力，能够辨认彼此之间的情感究竟是好感、是喜欢还是爱情。如果是自己期待的爱，能够勇敢地去接受，并愿意在彼此付出爱的过程中去发展爱。鉴别爱、接受爱都需要有足够的自信，同时也要尊重他人。

拒绝爱的能力。当向自己示爱的人并非自己所爱时，需要有拒绝爱的能力。然而现实中，常常有因为害怕伤到对方的自尊而优柔寡断者，有简单直接将对方拒之千里者，也有对爱来者不拒者，这些人都是缺乏拒绝爱的能力的表现。拒绝自己不想要的爱时，态度要明确、坚决，不要因为自己言行上的模糊导致对方依然心存幻想。虽然每个人都拥有拒绝爱的权利，但是在拒绝时需要有真诚的态度，珍视对方表达的真挚的情感，避免因过分生硬简单的拒绝理由、拒绝方式或者不合适的拒绝时机而伤害对方的自尊。

解决爱的冲突的能力。在发展爱的过程中不可能没有冲突。冲突产生于差异，任何两个人在情绪和偏好上都会存在差别，双方的目标与行为也不可避免地出现对立。一方面，人们珍视独立与自主，希望按照自己的意愿行事；另一方面，人们寻求对对方的依赖，期待与对方有温暖而亲密的联系，这两者事实上是存在矛盾的。亲密关系中的冲突永远存在，相爱不等于没有冲突，问题在于解决冲突的方法。爱需要包容、理解、体谅，需要以建设性的方式去面对冲突。

承受失恋的能力。恋爱就有可能失恋，失恋让人感受到重要关系的丧失，感受到一种特定身份的丧失。情感受挫对任何人而言都是对其心理承受力的一次重大考验，尤其对于不安全依恋类型的人可能需要更多的时间去面对和适应。承受失恋的能力包括能够对恋爱失败进行正确的归因，避免因认知的扭曲而带来强烈的负面情绪。每个人在爱的关系中的心理需求不同，没有被选择不等于不可爱，更不能过度引申为整个人生失败。当能够正确对待失恋时，它就成为人生的一笔财富。一段亲密关系的结束，也为未来的恋爱提供机会，使得人们在体验、建设美好的爱的过程中走向成熟。

发展和创造爱的能力。保持爱情、发展爱情，需要具备综合的爱的能力。爱是在关系中呈现的，要学会对他人有兴趣，并发现自己的感受和反应；在爱的关系中接纳自己和对方的需求，但不以这种需求感去控制对方；爱是增加力量，这种力量来自于自己的内在，是自我觉察与自我负责的选择和行为，双方保持自己的独立性，可以彼此拥抱但不相互依赖；在爱的关系中重视学习和启发，彼此鼓励追求更深的自我觉察，并且以关爱、诚实而非控制对方的方式进行彼此间的回馈；爱的关系中的双方被视作独立、自主、完整的人，双方能在独立中共同成长；在爱的关系中能够袒露自己，在彼此了解的基础上使双方越来越亲近和谐；在爱的关系里，双方分享一起投入生活时的觉察和领悟，使爱的过程成为共同创造的过程。

总之，爱作为一种能力，和其他能力一样，是需要不断培养、不断提高的，是需要我们一生去努力学习的。恋爱需要爱的能力，而恋爱过程也是培养爱的能力的过程。具备了爱的能力，人就有可能与他人发展真爱，并能够真正体验到这种真爱给人带来的快乐与幸福，同时也真正地爱自己。

二、爱情三角理论

美国心理学家斯腾伯格提出的爱情理论。认为所有的爱情体验都是由激情、亲密和承诺3个基本要素组成的。

激情指一种情绪上的着迷，个人外表的和内在的魅力是影响激情的重要因素，是爱情中的性欲成分。

亲密指的是两个人心理上互相喜欢的感觉，包括对爱人的赞赏、照顾爱人的愿望、自我的展露和内心的沟通，是爱情关系中能够引起的温暖体验。

承诺主要指个人内心或口头对爱的预期，是维持关系的决定期许或担保，是爱情中最理性的成分。

亲密是"温暖"的，激情是"热烈"的，而承诺是"冷静"的。这三种成分构成了喜欢式爱情、迷恋式爱情、空洞式爱情、浪漫式爱情、伴侣式爱情、愚蠢式爱情、完美式爱情等7种类型。

激情、亲密和承诺共同构成了爱情，缺少其中任何一个要素都不能称其为爱情，正如三点确立一个平面，缺少任何一个点，这个唯一的平面就不存在。斯腾伯格之所以把具备三个基本要素的爱情称为完美式爱情，是因为建立一段稳定、持续的爱情需要恋爱双方耗尽毕生的精力去培育、呵护，那是一项贯穿人生的浩大工程。然而，具备三个要素并不意味着爱情就成为现实，爱情需要更多的努力来调节这三者的关系。

爱情不是一件容易的事情，难怪有人认为爱是一种能力，并非天生就有，而是需要不断锻炼和实践才能培养出来。爱是一种能力，被爱也是一种能力。爱需要勇气，更需要能力，没有能力的勇气，有心无力。虽然如此，在这三个要素里面，除了激情之外，亲密和承诺的实现需要一段时间才能转化为现实，不是一蹴而就的事情。即使是激情，要维护也

▶ 大学生心理健康

不是一件容易的事,但人们常常忽视了这一点。

或许,我们与爱情还有一段永远无法克服的距离,爱情对我们来说就是一个不断迫近的目标和不断改变的体验。要找到并享受真正的爱情不是一朝一夕的事情。许多人以为他们正在谈恋爱,但他们不知道那并不是爱情,充其量只是还没成熟的类爱情或者非爱情。

心理自助

一、拓展阅读

对爱情中激情与承诺的认识

激情是一种"强烈地渴望跟对方结合的状态"。通俗地说,就是见了对方,会有一种怦然心动的感觉,和对方相处,有一种兴奋的体验。性的需要,是引起激情的主导形式,其他自尊、照顾、归属、支配、服从也是唤醒激情体验的源泉。激情的发展大致经历3个阶段。

第一阶段:由于意识控制减弱,身体的变化和表情动作越来越失去控制,细微的动作由于高度紧张而发生紊乱。人的行为服从于其所体验着的情感。

第二阶段:人失去意志的监督,发生不可控制的动作和失去理智的行为,这些动作在事后回想起来会感到羞耻和后悔。

第三阶段:出现在激情爆发之后,此时会出现平静和某种疲劳的现象,严重时会出现精力衰竭,对一切事物都抱着不关心的态度,有时还会精神萎靡,即激情休克。

激情可以是积极的,也可以是消极的。积极的激情能激励人们克服艰险,攻克难关;消极的激情常常对正常活动具有抑制的作用或引起冲动行为。具有正确的思想认识、高尚的道德品质和坚强意志的人能控制自己消极的激情。

承诺是维持关系的决定期许或担保,由两方面组成:短期的和长期的。

短期方面,就是要做出爱不爱一个人的决定。长期方面,则是做出维护这一爱情关系的承诺,包括对爱情的忠诚,责任心。

短期的和长期的承诺两者不一定同时具备。比如决定爱一个人,但是不一定愿意承担责任,或者给出承诺;又或者决定一辈子只爱他/她,但不一定会说出口。

学会爱的表达

当我们想倾吐心中那强烈的爱意时,才发现自己的语言是多么贫乏,根本传递不了我们心中那炙热的情感。这或许是恋人们苦苦追寻,试图用各种方式来表达爱的原因。表达爱的方式包括有声语言、目光语言、文字、行动等。

1. 有声语言

有声语言无疑是最直接、最富有魅力的情感交流工具,如"我爱你"是表达爱的最简洁的方式。如果你认为这种表白过于直露、难以启齿,也可以用间接式的语言表达心中的爱意。如果你是男生,在和女生交流时,可以这么说:"像你这么温婉、柔美的女孩,真是魅力十足啊!""最近,我常常梦见你!""你今天的发型好漂亮啊!""和你在一起的时候,我忘记了所有的烦恼"等。如果你是女生,那么你可以这么说"昨夜,一直想着你,结果失眠了睡不着,不知是怎么回事。""要是能和你一直这么聊下去,该有多好!""下次,我们还会再见吧!"等。

2. 目光语言

眼睛是最清楚、最准确的信号传达者,目光接触是双方情感交流中最具杀伤力的武器。用目光传递信息,用目光进行爱的表达上,女生更优于男生。女生可能只需流波送盼就可以传达"我们可以一起走了"的信息,真可谓"此时无声胜有声"。目光接触的确可能引发爱情奇迹,但要注意的是,与你心爱的人对视时,要让对方感觉有安全感,否则会适得其反。

3. 文字

在表达情感的过程中,除了语言之外,文字是最重要的情感传递工具,它甚至发挥着比语言更重要的作用。无论是通过只言片语,还是一首情诗或是一篇情意浓浓的散文,只要它们能够表达出你的情感,都是很好的方法。写情书最主要的就是真诚,向对方介绍自己的情况要实事求是,同时写出自己的真情实感,唯有真情才动人。真实坦率的态度能感动对方,并可能获得对方的信任与爱情。

4. 行动

有人说,行动是爱的最好的表达方式。爱的语言仅仅表达了你的思想,而爱的行动才是爱的真正体现。说一万次的我爱你和把爱转化为具体行动是有区别的,最大的区别就是爱的表达的结果是你最后听到了,而爱的行动的结果是你最后得到了。把爱转化为具体行动后,可以让人真正地感受到爱的真谛所在。爱情需要言语表达,更需要行动表现。如果你真的遇到一个心爱的人并想向他/她表达心底的爱时,请用你的行动去践行你的真爱吧。

二、心理测试

性自律测验

你怎样看待"性"?请你认真阅读下面每道题并作出自己的选择,测验一下自己对这些问题的看法。

1. 适当自慰对身体无害。	符合	不符合
2. 只要自己快乐就好,社会怎么看,我不在乎。	符合	不符合
3. 学习性知识是结婚以后的事,现在难以启齿。	符合	不符合
4. 我与对方发生性关系,并不一定得爱对方。	符合	不符合

5. 我常有性幻想和性冲动,这真可耻。　　　　　　　　　　符合　　不符合
6. 采取避孕措施会影响性爱质量,所以我选择不使用。　　　符合　　不符合
7. 只要对方自愿和我发生性关系,我就可以不承担责任。　　符合　　不符合
8. 对于性,不愿意的时候应该坚决说"不"。　　　　　　　符合　　不符合
9. 用性来证明自己的成熟和魅力是不明智的。　　　　　　　符合　　不符合
10. 有性的爱情才保险。　　　　　　　　　　　　　　　　符合　　不符合
11. 我觉得自己的生殖器不理想,为此感到自卑。　　　　　符合　　不符合
12. 偶尔一次流产,应该对身体没有什么影响。　　　　　　符合　　不符合

评分与评价：

8、9题选"符合"得1分,选"不符合"得0分；其他题选"符合"得0分,选"不符合"得1分,最后将得分相加。

分数越高,表示你对性的认识越正确。如果你的总分在5分以下,也许你对性的看法容易导致自己或他人身心受伤,需要特别注意培养健康的性爱观和学习健康的性行为知识。

三、心理故事

苏格拉底对爱情的理解

有一天,柏拉图问老师苏格拉底什么是爱情。老师就让他先到麦田里去,摘一颗全麦田里最大、最金黄的麦穗来,期间只能摘一次,并且只可向前走,不能回头。

柏拉图于是按照老师说的去做了。结果他两手空空地走出了田地。老师问他为什么摘不到,他说:"因为只能摘一次,又不能走回头路,期间即使见到最大、最金黄的麦穗,因为不知前面是否有更好的,所以没有摘；走到前面时,又发觉总不及之前见到的好,原来最大最金黄的麦穗早已错过了,于是就什么也没摘。"

老师说:"这就是'爱情'!"

之后又有一天,柏拉图问他的老师什么是婚姻。他的老师就叫他先到树林里,砍下一棵全树林最茂盛、最适合放在家做圣诞树的树,期间同样只能砍一次,同样只可以向前走,不能回头。

柏拉图于是照着老师的话去做。这次,他带了一棵普普通通、不是很茂盛、亦不算太差的树回来了。老师问他,怎么带这棵普普通通的树回来,他说:"有了上一次经验,当我走到大半路程还两手空空时,看到这棵树也不太差,便砍下来,免得错过了,最后又什么也带不出来。"

老师说:"这就是'婚姻'!"

心理点评:人生正如穿越麦田和树林,只走一次,不能回头。要找到属于自己最好的麦穗和大树,你必须要有莫大的勇气和付出相当多的努力。面对爱情,仅仅拥有勇气只是

爱情武夫，而拥有"勇气+理智"才是爱情的智者。毕竟每个人对爱情的期待和渴望是不同的，不同的期待和渴望会演绎出不同的爱情色彩，这就从根本上决定了爱情是崇高还是低俗、是神圣还是龌龊、是幸福还是悲伤。

一个"读不懂情爱"的女孩

小A，某高校工科专业大三女生，身材比较矮小，相貌平平，来自于我国北方某省的一个民风淳朴的小城镇，从小有着严格的家教。内向并稍稍有些怯懦的小A在整个成长经历中，只是埋头于艰苦的学业和激烈的竞争，没有过与异性密切交往的经历，甚至与同性的交往都不多，她没有伙伴群，没有好友，只有一个称得上密友的初中同班同学。

进入大学以后，生活的时空与内容在拓展。小A在刻苦埋头学业的同时也十分关注自身的成长发展。她悄悄地关注着同宿舍的其他女生，发现她们活泼开朗，知道的事情特别多，在班级男生居多的情形之下，她们格外受到关注、照顾。她羡慕她们，她感觉自己似乎是个丑小鸭，在人群中是那么不起眼，产生了强烈的自卑心理。为了避免被拒绝而受伤，她从来不与男生有更多的接触、交谈，最多限于别人与她交流功课、讨教问题。但是，一个已经成熟的女孩，内心不会没有接近异性、探索异性、引起异性注意、得到异性爱慕的心理需求。她感到压抑并陷入深深的困惑与烦恼之中。

一个男生向她走来，先是问功课，渐渐地会有超出功课的话题，甚至常常似乎在不经意间男生接触到她的手。她脸红、心跳，有些欢娱与兴奋，还有些感激。她觉得是这个男生的"爱"带给她自信，让自己觉得有些喜欢自己了。她的生活起了变化，她以为自己恋爱了，她也格外珍惜这个男生。可以说，她的情绪完全被这个男生掌控，对方对她热情些，她立刻觉得生活洒满阳光；男生稍稍冷淡些，她立刻觉得自己卑微，太不可爱……

某个周末，男生约她一同去学校周边的风景区游玩，当晚，在他们租住的小旅馆，她禁不住男生的要求，也担心男生认为她太老土，她放弃了自己的底线。

过后，她产生了强烈的恐惧与自责。她害怕怀孕，害怕男生不能与自己天长地久，她也不明白自己和男生的感情究竟是不是爱情？她对自己的行为不能原谅，在什么都没有明白的情况下，自己居然接受男生的性要求，自己是不是很肮脏？什么是越轨，她不明白在这个日益开放的时代有没有新的定义？很快就要到暑假了，她恐惧面对自己的父母，她更感觉无法面对自己。

心理点评：有些大学生会因自我评价出现偏差，自我形象低劣，不接纳自我。于是，感觉自己缺乏对异性的吸引力，用回避和过度的自尊保护自己免受伤害，并且竭力掩盖内心的痛苦与失落；有的大学生会因缺乏与异性朋友甚至同性朋友适当交往的经验，身心健康、人格健康都会受到影响，也不能从交往中学会辨识、理解对方发出的信息，更难以区分什么是爱、什么是迷恋、什么是身体发育带来的作为正常生理和心理现象的性欲望与冲动，令自己无所适从。这些都提示我们合适的性教育应该引起全社会的重视。

四、心理探索

来自《幸福实验室》的思考与启示

择偶过程中隐藏着哪些潜规则？婚姻中什么因素决定了关系的稳定？理想的亲密关系是什么样的？怎样做，才叫爱？想知道这些问题的答案，就请你与我们一起走进《幸福实验室》，来体验不一样的思考吧。

情境1：国内首档大型心理学真人实验体验类节目——《幸福实验室》，节目一开始，主持人抛给所有人一个问题：你觉得，别人会因为什么和你结婚？

问题1：请你也思考并回答主持人的这个问题。

情境2：节目组分别邀请了20名单身男性和20名单身女性做了个实验。男女头上都戴着帽子，标有1到40的号码，男生是双数，女生是单数。帽子上的数字代表着参与者的财富、地位、实力等。参与者都看不到自己的数字，只能看到别人的。

游戏规则是：要求他们要在15 min之内说服一名异性与自己配对，配对成功者可以获得奖金，金额就是两人数字相加后乘以10。也就是说，数字越大，奖金越高。

在实验游戏里，39号女生条件最好，选择面更广。好多男生抢着要她，但她始终没有挑到最满意的。到游戏最后一刻，她直接被18号强行拉走了，她只能接受。参与实验的很多人也是最后一秒才匆匆做了选择，如果不是时间问题，他们恐怕可以无休止地挑下去。

问题2：请分析一下，是什么原因让条件优越者找不到可以与自己配对的。

分析过程中可用的参考资料：

（1）教材上学到的婚恋理论。

（2）有心理学家根据人类的互动关系进行了一个计算：在100万人口里，至少有6000人可以是你的最佳配偶。

（3）经济学上还有一个理论，叫作最优停止理论。我们的人生会有多种选择，但是到了一个点就可以确认了，最优的点就是在37%的时候。

情境3：在实验中，时间快截止了，33号女生还没找到合适的人，有人就建议她去"挖墙脚"。

她就来到了已经组好队的36号男生和27号女生面前，36号男生经过一番纠结，真的选了33号女生。

问题3：请分析一下，36号男生放弃原来的选择对象原因可能有哪些？27号女生被别人"挖了墙角"的原因可能有哪些？

分析过程中可利用的参考资料：

(1) 27号女生性格内向,做事主动性较差。
(2) 在古代,男人想离婚很容易,一纸休书就可以了。
(3) 在现代婚姻关系建立过程中,女方会要求男方给彩礼,并且婚礼还要隆重,女性也会要求男性买房或在房本上加名字。
(4) 民政部有一个数据显示:丈夫管钱的家庭离婚率较高,妻子管钱的家庭离婚率相对较低。
(5) 还有一个关于收入差异对出轨的影响的统计。从经济角度来看,丈夫收入是妻子的1~1.5倍时,婚姻关系最稳定。收入相差太大的家庭,婚姻关系最不稳定。

情境4:实验结果公布:很多对组合数字相差都不大,大家最终选的还是和自己势均力敌的人。

问题4:从这个游戏中,你可以发现在择偶过程中隐藏着哪些潜规则?婚姻中什么因素决定了关系的稳定?结婚到底是找互补的还是门当户对的?

任务二 大学生性心理和恋爱心理的维护与调适

【任务目标】

(1) 了解大学生性心理健康的标准和性心理发展的特点,认识大学生常见的性心理问题,掌握性心理健康自我维护的方法,维护性心理健康。

(2) 拓展学习与性心理健康相关的心理学理论知识。

(3) 了解大学生恋爱心理的形成发展及恋爱心理特点,了解大学生常见的恋爱心理偏差及调适方法,培养健康恋爱观和择偶观。

(4) 拓展学习与大学生恋爱心理相关的心理学理论知识。

【任务描述】

本任务主要学习大学生性心理健康知识和大学生恋爱心理等知识,引导大学生正确认识性心理及其异常表现,正确认识恋爱对大学生成长发展的意义,了解大学生常见的恋爱心理偏差及调适方法,减少因此引发的心理健康问题,树立正确的性观念和恋爱观,提升爱的能力。

【任务知识】

心理课堂

一、大学生性心理发展的特点

大学生性生理和性心理已基本成熟,但是经济还不够独立,还需要家人的支持和资助。他们的性心理发展与成年人不同。研究表明,大学生群体性心理的共同特征表现为以下4个方面。

1. 性心理的本能性和认识上的朦胧性

大学低年级学生的性心理基本上是由于性生理的快速发展而带来的本能作用，缺乏对社会全面、深刻的反映。这一时期，他们对异性产生兴趣、好感和爱慕，希望接近异性，但对异性的认识总体上还不甚清晰，处于朦胧状态。出现这一情况的原因有两种：一是进入大学之前，绝大部分学生把更多的注意力集中在学习和考试方面，没有余力顾及自己由性生理发展而带来性心理的变化；二是有相当一部分学生在入学前长期生活在一个性观念相对封闭的环境中，即使对自己性心理上的变化产生兴趣，也会因现实条件的限制，无法获得这方面的知识和信息，多数大学生实际上对性的了解很少，神秘感便自然而然地产生了。

2. 性意识的强烈性和表现上的文饰性

大学生正处于既渴望得到别人理解又自我闭锁的心理发展阶段。随着性生理和性心理的逐步成熟，他们非常渴望与异性在一起学习、工作和活动，重视自己在异性心目中的地位，关注他们对自己的评价和印象，但在表面上时常装得无动于衷、不屑一顾，或故作回避的姿态。一些大学生心里很想了解有关性方面的知识、想和某个异性建立恋爱关系，但行为上往往表现出漠不关心，甚至麻木不仁的状态。可见，大学生在内心深处处于性渴望、性饥渴状态，但外显行为却是性冷漠、性自满的状态。这种内隐性意识的强烈与外显行为的文饰形成一对矛盾，容易导致大学生产生种种苦恼和心理冲突。如果长期达不到协调一致，有可能造成心理障碍或心理疾病。

3. 性心理的动荡性和压抑性

高校中有相当一部分大学生的心理还没有完全发展成熟，尚未形成稳定、正确的性道德观和恋爱观，自我控制能力比较弱。在良莠难分的性信息的冲击下，个体性心理会出现动荡不安。尤其是受一些"黄色文化"的侵蚀，部分大学生的性意识受到不良的诱导和强化，以至于精神空虚，贪图享乐，或沉迷于谈情说爱当中，无法安心读书，少数大学生甚至走向性犯罪的道路。大学生处于性能量高峰期，具有很强的性欲望和性冲动，但由于受到性道德、社会规范以及生存环境的约束，必须压抑自己强烈的性需求。在性压抑感的驱使下，少数学生没有找到合理的疏导和升华途径，于是就以一种扭曲的形式表现出来，如浏览色情网站、色情书籍，卧谈异性风情，设计"厕所文学""课桌文学"，出现窥视癖、恋物癖、异装癖等心理障碍。

4. 男女性心理的差异性

大学生的性心理因性别不同而呈现出明显的差异。其主要表现在以下4个方面。

（1）女生性意识的觉醒较男生早，而男生获得某些性感的体验在年龄上通常比女生早。

（2）在表露情感上，女生往往采取暗示的方式，较深沉、含蓄，男生则一般较主动、外显和热烈。

（3）在情感体验上，女生常常慌乱、害羞和不知所措，男生会感到新奇、喜悦和神秘。

（4）在性驱力方面也有一定的区别。性驱力是性的驱动力，它是青春期发育普遍的生理结果，它的表现形式往往受到性别、心理和文化等因素的影响。一般男生的性驱力增长非常迅速且难以压抑，需要找到一个符合自身和社会规范的途径宣泄。女生的性驱力则较散漫和朦胧，容易控制，或转移成其他形式表现出来，如读书、运动、听音乐等。

二、大学生性心理健康的标准

性心理健康是心理健康的重要内容。按照世界卫生组织的观点，性心理健康是通过丰富和完善的人格、人际交往和爱情方式，达到性行为在肉体、感情、理智和社会诸方面的圆满与协调。根据我国大学生的身心发展状况和社会实际状况，大学生的性心理健康应该符合以下6个标准。

（1）悦纳自己的性别，即女性应具有女性意识，男性应具有男性意识。个性心理健康的人，能够正视自己性生理的发育、性心理的变化，会自觉地把自己融入社会背景下认识自我，能够客观地评价自己和他人，并乐于承担相应的性别角色。

（2）具有正常的性欲望，能够理智地对待性冲动。性冲动是在性激素及周围环境刺激的共同作用下，对性爱对象的强烈的亲近欲望，是生理和心理的综合反应。大学生性生理已经成熟，具有性欲望和性冲动也是正常的，但是，如果注意力过多地集中在性的方面，很可能会影响正常的学习和工作。因此，恋爱中的大学生应当自觉地用理智进行调节，学会克制性冲动，提高自我控制、自我约束的能力，取得心理上的平衡，使身心得到健康发展。

（3）具有对性知识的足够与正确的了解。掌握系统、科学的性知识是大学生调控性心理的基础，是维护性心理健康的重要保证。其中包括对人类性生理知识的了解、对人类性行为的了解、对艾滋病的正确认识，更包含对性心理、性道德、性审美等方面知识的了解。

（4）具有良好的性心理状态与性适应能力。大学生的性适应主要表现为自身的性意识、性观念、性行为与所处的社会环境之间能够形成和谐的关系。因此，性心理状态良好、没有性心理障碍，同时具有达成个体性活动与外部环境和谐关系的性适应能力，成为性心理健康的重要特征之一。

（5）具有与异性和谐相处的能力。高校学生的性机能日趋或者已经成熟，性心理迅速发展，关注、倾慕乃至追求异性的心理现象十分自然。能与异性自然和谐地交往，无不适应感，是大学生具备与异性和谐相处能力的表现，是性心理维持平衡的重要途径，也是正常性心理的特征。

（6）具有良好的性道德。在不同的社会文化背景之下，人们对性的总的看法和态度会有较大的不同，包括对性生活、性心理、性行为、性文化、性道德等的看法和态度。对性的认知基本符合自身的社会文化背景，性心理及性行为符合伦理道德，为社会所接受，是性心理健康的重要特征。大学生应当按照社会规范和性道德的要求,以尊重自己、尊重他人、有责任心、有自控力等基本的道德规范约束自身的性行为,塑造自身的健康形象。

三、大学生常见的性心理困扰

随着物质生活条件改善和人们婚育观念的变革,青少年的性发育成熟期大大提前,而婚育年龄则越来越往后推迟。这就造成了一个无法回避的矛盾:大学生在性发育成熟后到合法或被社会观念普遍接受拥有一个经常的性伴侣,通常要经历一个漫长的时期。在这一时期,大学生对性的渴望与压抑会导致一些性心理问题的发生。大学生常见的性心理问题主要表现在以下5个方面。

(1)性认知方面的偏差。有极少数大学生过于强调性的生物性,信奉西方的性自由,从而在行为上随便、放纵,甚至不择手段获取性的满足,这也是一种性适应不良的表现。

(2)性冲动的困扰。产生性意识困扰的大学生大多数是人为地压抑了自己的性要求。适度的性压抑是社会化的需要,也是性心理成熟度的反映,然而严重的性压抑则有害身心健康。有的大学生过度强迫自己回避性的需求或不去想与"性"有关的内容,长期处于焦虑、紧张、矛盾的状态。这种性压抑往往导致性欲发生畸变,造成心理失调。受压抑的性能量可能退化、执着、隐伏,成为以后发生性病态、性倒错甚至精神病的诱因。这是一种病态的压抑,有害身心健康。

(3)性自慰的罪恶感。大学生应当对手淫有一个自然的、正确的态度;平时不穿紧身内裤,经常清洗外阴、包皮垢,以减少对生殖器的刺激;在睡前不看或少看与性有关的书刊和影视节目,避免形成性兴奋灶,产生新的手淫欲望;努力塑造开朗的个性,发展自己的好奇心和广泛的兴趣爱好,培养自己关注集体、关注他人的习惯,从而减少自我关注,可减少手淫现象;积极参加健康的文体活动,使充沛的精力得到释放,分散对性的注意。

(4)性特征过滤。几乎所有的大学生都会关注与自己性别相关的体型特征。男同学希望自己魁梧高大,英俊潇洒;女同学希望自己苗条美丽。如果男生觉得自己矮小、瘦弱、相貌丑陋,往往就会感到自卑与焦虑;女生如果认为自己长相平凡、太胖等,就会感到苦恼。有的男女大学生对自己生殖器发育状况、乳房大小十分关注和担忧。个别同学过于在意自己的外形特征,若遇到被拒绝、被歧视或恋爱挫折,容易引起性心理严重适应不良,极个别的同学甚至会有偏激的举动。如果对自身的性生理或性心理有疑虑,应及时寻求咨询和帮助。

(5)性行为失当。大学生性行为失当主要是指婚前性行为。大学生婚前性行为往往是在无心理准备情况下突然发生的,大多在双方自愿而又不理智的情况下发生,而且一旦防线冲破,便可能多次反复发生。大学生婚前性行为比较普遍已经成为一个不争的事实。不少大学生对婚前性行为持宽容或默认的态度,充分说明他们对其后果与危害性认识不够。大学生发生婚前性行为的原因有以下5点:①热恋心理,两人由初恋进入热恋,感情如胶似漆,难舍难分,海誓山盟,性行为也易随之而来;②好奇心理,进入青春发育期的男女，随着体内性激素水平的增高，在身体发生一系列变化的同时，对性也产生了好奇感、神秘感，于是抱着好奇的尝试心理而发生性行为；③迎合心理，一方提出，另一方出于爱或其他原因而迎合；④顺从心理，拥有这种心理的女生较多。当男友提出性要求时，从她们内心来讲并不想这样做，但又不好拒绝对方的要求；⑤占有心理，怕失去对方而发生性行为。

婚前性行为对男女双方都可能有伤害，但对女方伤害可能更大。婚前性行为中，女方要承担可能怀孕和流产的不良后果，使女方身心都会受到伤害。

此外，还有一些性心理偏差行为，如窥视、恋物行为也容易引起大学生的性焦虑心理。窥视和恋物是一种性的宣泄方式，基本上属于正常心理范围内的偏差行为。有这类行为倾向的人往往缺乏异性交往，性压抑较严重，个性较孤僻。如果能增加异性交往，丰富兴趣爱好，培养开朗个性，增强性道德观念和意志品质，提高自我控制能力，往往能够有效地改变性偏差行为。

四、大学生性心理健康的自我维护

青年期是个体性成熟的旺盛期，因而也是充满风险和最具挑战性的时期。这一时期，个体性生理、性心理的发展质量将直接影响其日后的身心健康和全面发展。为保持和增进自身的性心理健康，大学生需要有意识、有目的地强化自我培养。

1. 主动接受科学完整的性教育

以往说到性教育，常常立足在预防性偏差行为，减少因"性"而产生的社会问题。其实，性教育从本质上讲，是塑造健全人格的教育。一个生命体，要发展成健全并且富有创造力的个体，与性密切相关。这里所说的性，不仅指生物学意义，更有心理学、社会学、人类学、文化学等多个层面上的复杂关联。性教育帮助人产生社会和道德所接受的态度与行为，指引和发展两性之间密切的人际关系，指引个体经由自我扩散走向自我同一，促使个体成为一个整合发展的人。学习做一个人格健全的人，是性教育的根本所在。

2. 学习和发展合适的性别角色

不同性别存在差异，不仅来自于不同的生物遗传。性别角色标准是被社会成员普遍认可、更加适宜于某一性别的价值观、动机、行为方式等，它体现的是一种社会文化对不同性别的不同期待，反映的是社会用以区别男性和女性、以不同方式对待男性和女性的一般意义上的标准。青年男性和女性健康的性心理不仅包含从生物层面识别自己的性别，更包含从生物生理、社会心理与文化、经济、政治与社会参与等方面，达成对自身性别角色的符合社会要求与规范的全面认同。要学习接纳自己的性别角色，学习以成人的性别角色行为要求自己，学习发展出适应当今时代要求的个性特征。同时，接受自己的外貌与生理特征等无可改变的现状，学习发展自身的人格美、才华美，以内在美补偿外在美的缺憾，达成性心理的平衡。

3. 积极进行性心理的自我调适

处于性机能成熟高峰期的大学生感受到性冲动十分自然,以性压抑的方式使之自行消退虽然可行,但难以获得性心理的积极平衡,还可能对身心带来伤害。通过健康、积极的学习工作、文体活动、男女交往,可以使性能量合理释放或者升华。学习了解科学的性知识,消除由于对性的谬误认识而带来的心理困扰,也是性心理调节的重要方式。诸如由性自慰引发的心理冲突,就常常与认识上的偏差有关。另外,在无法有效自行缓解情绪的情形下,应主动寻求学校心理咨询的专业帮助。

4. 发展健康的异性交往

异性之间的关系是社会关系的一个重要方面,健康的男女大学生交往能够促进大学生自我意识的发展,有助于大学生积累与异性交往的最初经验,获得熟练成功的社交技巧,有利于消除男女之间的神秘感,提高与异性社会交往的能力,促进大学生的社会性发展,使大学生具有安全感和归属感;健康的男女大学生交往有利于大学生性需要在积极健康的交往中得以升华,从而降低因性需要引起的紧张焦虑,缓解性成熟与社会成熟不一致引起的心理冲突。在与自己喜欢的异性交往时,交往的方式要适度,能够让对方接受和认可。要尊重对方的人格与性别,尊重对方的感情,不能把自己的感情强加给对方。

5. 注意性保护

性保护是指在与异性的交往中保护自己不受异性的性骚扰和性侵犯。由于成年异性受性生理本能的驱使,有与异性发生性行为的生理要求,因此在与异性交往中要注意性保护。女生在与男生交往时要注意保持一定的距离,不能有过分的身体接触;衣着不能过分暴露,尽量避免在隐秘场所与男性单独相处;不要随便接受陌生男性的帮助和食物,不要深夜单独外出;在生病看男医生时,特别是接受男医生身体检查时应有同性朋友、家人或护士在场。随着社会的发展和各种传媒对性行为的渲染,在现实社会中一些女性也有了一定的性攻击能力和行为,男生在与女性交往时也应注意性保护。总之,注意性保护是培养和维护健康的性心理的重要因素之一。

6. 寻求性心理咨询

性心理咨询是心理咨询人员运用性心理学知识和技巧给需要进行性心理咨询的当事人以启发、指导和帮助,使当事人免受性意识或性行为障碍困扰,改变不当的性适应行为方式,提高当事人性适应能力,增进当事人身心健康的过程。大学生如果遇到性心理方面的问题,可以寻求正规的心理咨询或治疗机构进行咨询或治疗,以求得理解、支持和帮助,使自己能很好地摆脱性心理障碍的困扰,以便能够更好地培养和维护健康的性心理。

五、大学生恋爱心理形成的影响因素

大学生恋爱心理形成的影响因素主要包括生理因素、心理因素、环境因素、社会因素4个方面。

1. 生理因素

性本能的驱动是大学生恋爱心理产生与发展过程中的基础原因。恋爱过程产生于个体性成熟和社会成熟达到一定阶段之后。无论人们对于爱情给出何种描述与定义，性和爱都是其中包含的成分。青年大学生的性成熟大多已经完成，因此，具备了产生恋爱心理的生理基础。他们常常内心躁动不安，一旦存在现实可能便渴望与异性交友，产生强烈的恋爱欲望。

2. 心理因素

根据马斯洛的需要层次理论，人有寻求爱和归属的需要，发展亲密关系则是爱与归属需要满足的途径之一。在进入大学以前，青少年在性意识的作用下，已经开始关注异性，并且有了与之交往的欲望。大学生伴随自身阅历的增加以及自我意识的不断增强，从认知到情感，再到对自己行为的把握能力，都有了明显提升。他们渴望在与自己喜欢的对象建立亲密关系的过程中，达成彼此的相互认同。

3. 环境因素

在学业、高考的重压下，中学生丰富的青春期情感受到压抑，自我概念发展得不够完善，对自身情绪与行为的调控能力尚有欠缺，学校和家长一般对中学阶段男女学生的恋爱持反对态度。大学的环境则相对自由宽松，学习生活也有着很强的自主性，恋爱的外在压力不仅减少，甚至还可能由于家长、学校的宽容态度与更大的接受性而被鼓励。当生活中出现了自认为值得去爱的人，或者受从众心理的影响，就会引发恋爱心理与行为。

4. 社会影响

时代的迅猛发展和持续变化对青年提出严峻挑战。青年大学生必须为不确定的未来做准备。他们遭遇的挑战可想而知。"家庭问题解决了，以后可以专心事业""两人携手会发展得更顺利""年轻时的感情更纯洁""尽早着手可以有余地，以免后面困难"，大学生在种种社会传递的信息面前有些惶惶然，也影响了大学生的恋爱抉择。

六、大学生恋爱心理的特点

大学生处于青年期的中期，生理上已经成熟，但他们的社会心理并没有完全成熟。人生发展的特殊阶段和大学校园特殊的环境，决定了大学生独特的恋爱心理特点。

1. 进入恋爱状态较快，持久性不强

大学生由于社会阅历浅，再加上处于青年期的中期，精力旺盛、血气方刚。因此，他们的恋爱大多具有冲动性，往往是一见钟情或经过短暂的交往就确定恋爱关系，呈现出进入恋爱状态较快，但持久性不强的特点。他们对待恋爱的态度比较随意，抱着试试看的心态对待爱情，对待感情不是很慎重、严谨，更换恋爱对象的现象较为普遍，恋爱的持久性较弱。大学期间，谈过几次恋爱的情况较为常见。

2. 恋爱态度欠慎重，网恋现象盛行

随着网络的发展与普及，恋爱又有了网恋这一虚拟恋爱形式。许多未曾谋面甚至远隔重洋的男女，通过网络相识、相恋。网恋成为年轻人新的生活方式。尤其是在现实生活中有过失恋经历的学生，认为网恋更注重心灵的沟通，建立在此基础上的爱情会更牢固、持久。大学生对新事物有强烈的猎奇心理，且高校的网络已十分普及，因此在高校里上网聊天和网恋也较为流行。

3. 处理感情问题能力弱，抗挫性差

在恋爱过程中，恋人之间经常会出现一些问题，由于大学生的社会阅历较少，思想单纯，面对感情问题的时候就容易偏激。例如，面对吵架、失恋等恋爱问题时，容易情绪化、借酒消愁、大哭大闹、节食、打击报复甚至会出现轻生的念头。这表明大学生的心智还不成熟，分析和处理问题的能力较弱，心理承受能力不强，抗挫性较差。

4. 恋爱动机多元化

恋爱动机是指推动和促进大学生恋爱的念头或原因。不同学生对待恋爱的态度、价值观及需求不同，会呈现出不同的恋爱动机，主要体现在以下8点：①一见钟情，出于真心；②空虚寂寞，想找人陪伴；③体验恋爱感觉，满足好奇心和性需要；④为了将来的婚姻；⑤获得异性的认可重视，证明自己的魅力；⑥赶潮流，虚荣从众；⑦为了成熟，培养爱的能力；⑧经济补偿、游戏人生等其他动机。这表明一些大学生的恋爱动机不是建立在真情实感的基础上，而只是为了满足自己的利益及需求。

5. 性观念开放，接受婚前性行为

随着改革开放后东西方文化的冲击，一些传统的观念逐渐淡漠，尤其是年轻一代更注重个性、热情奔放，对待恋爱亦是如此。在看待恋爱中的性行为时，部分同学很开放。有一部分大学生认为"性"是一种个人化的行为，不需要受到道德和法律的谴责和约束，但这并不表明大学生对婚前性行为都持肯定态度。通过调查发现，大学生对没有感情基础的性行为都持否定态度，对于真心相爱的性行为表示不排斥，无须受到其他因素的约束。这表明当代大学生虽然性观念较开放，对婚前性行为接受度高，但对于恋爱的态度还是很严肃的，比较看重性行为中的感情因素，排斥无爱之性。

6. 重恋爱过程，轻恋爱结果

很多大学生把恋爱和婚姻截然分开，认为恋爱和婚姻是两回事。因此，在恋爱的时候，更加注重恋爱过程，不在意恋爱的结果。注重恋爱过程是好事，有利于恋爱的双方相互了解，加深认识，培养感情，增加心理相容，同时也反映出大学生不轻易落入世俗，注重追求爱的真谛。但是，只注重恋爱过程，轻视恋爱结果，实质上是只强调享受爱的权利，而否认了承担爱的责任。

7. 主观上学业第一，客观上爱情至上

在对待爱情和学业的关系上，绝大多数大学生能够正确看待二者的关系。他们赞成大学阶段应当以学习为主，爱情应当服从学业；或者希望爱情和学业双丰收，既希望学业有成，又向往浪漫美好的爱情。可实际上有的人一旦坠入了情网就不能自拔，强烈的感情冲击着一切，尤其恋爱受挫时，学习就会受到严重的影响。

8. 恋爱方式公开化

大学生的恋爱方式逐渐公开化，不再像过去人们恋爱时朦胧而拘谨、小心而慎重。他们讲究透明，好展示，热情得像一团火，形影不离，携手相依。甚至有一些大学生在公开场合、大庭广众之下旁若无人，做出过分亲密的动作，还有的人拥有多角恋爱关系。这些都是由于认知能力的片面性，恋爱观念的不正确导致的。

七、大学生常见的恋爱心理偏差及调适

爱情的神圣与庄严、神秘与美好吸引着无数青年男女为之折腰。有的学者说："有青年人的地方就会有爱。"但是，大学校园里存在着的并非都是完满的恋爱，并非都是闪动着幸福的恋人，并非每个爱情的渴望者都能品尝到甘甜的爱情之羹。

1. 单恋及其调适

恋爱原本是个体性成熟和社会成熟达到一定阶段后男女之间选择对象、培育爱情的过程，互相倾慕、相亲相恋的美好情感一定涉及相恋相爱的双方。如果在异性关系中一方倾心于另一方，但得不到对方的响应，这就是一厢情愿的单恋。单恋也是我们经常说的单相思，单恋多是一场感情误会，是"爱情错觉"的产物。单恋者固然能体验到一种深刻的快乐，但更多体验到的是情感的压抑，因为他们无法正常地向自己所钟爱的异性倾诉柔情，更不能感受到对方爱意的温馨。单恋有以下3种不同的类型。

（1）误会导致单恋。误会是一厢情愿的主要原因，飞蛾扑火却又义无反顾，这是一种身心的折磨。较多地出现在性格内向、敏感、富于幻想、自卑感强者身上。首先是自己爱上了对方，于是也希望得到对方的爱，在这种具有弥散作用的心理支配下，就会把对方的亲切和蔼、热情大方当成是爱的表示并坚信不疑，从而陷入单恋的深渊而不能自拔。

（2）幻想导致单恋。这种单恋与现实之间存在着巨大的差距，单恋者把其幻想中的爱情当成了现实来看待。这是一种毫无理由的"单相思"，对方毫无表示，甚至对方还不认识自己，而自己却执着地爱着对方，追求对方，这种恋爱，是纯粹的"单向"；另一种是自认为有"理由"的单相思，错认为对方对自己有情，于是"落花无意"变成"落花有意"，这是假"双向"、真"单向"。

（3）过分执着导致单恋。有的单恋是因为当事人过分执着而导致的，明明对方已经表示了明确的拒绝，但当事人却不愿接受事实，宁愿陷入自己的深情之中。越是这样，这种单恋越是能从内部耗尽个人的精神力量，给人造成无法看见的心理伤痕，使人缺乏自信，丧失生活的希望。

单恋并非坏事，它证明了青年大学生对爱情的渴望，看似青涩，其实是走向成熟的开端，但陷入单恋需要积极地自我调适。单恋的心理调适主要从以下两方面入手。

（1）避免"恋爱错觉"。要辨识好感与爱情的界限，分清楚究竟是具有一定广泛性或被对方某些特质吸引、持续时间不太久的情绪性反应，还是具有明显排他性、基于对对方重要特质认同的稳定持久情感。学习客观地观察对方的行为，避免被自己扭曲解读的信息所误导。

（2）选择合适的时机表白。一旦单恋已然发生，要鼓足勇气，克服羞怯心理，大胆地

表达自己的感情,如果被接纳,爱的快乐就能取代等待的痛苦;如果是"落花有意,流水无情",则应面对现实,勇敢地抛弃幻想,通过思想感情的转换和升华来获取心理平衡,挣脱虚幻的爱情罗网,这种理性、客观、冷静的爱情观也是自身未来幸福快乐的源泉。

2. 失恋及其心理调适

浪漫热情之恋是青年男女内心的美好憧憬,它似一杯甘醇芳馨的美酒,令人如痴如醉。然而,有恋爱就有失恋,这是一个辩证的自然法则。

恋爱过程中一方提出终止关系,会给另一方带来严重的心理挫折感,这就是失恋。失恋是一种失败的恋爱,但失败的恋爱不都是失恋。如果恋爱双方都愿意终止不满意的恋爱,彼此同意分手,这并不是我们所讨论的失恋。只有恋爱的一方已经情义不存而提出分手,另一方却依旧情意绵绵、难以放下,才是可能带来巨大痛苦的失恋。由于恋爱原本就存在不成功的可能,对失恋的体验就在所难免。

失恋是大学生在大学生活期间影响强度较大的生活事件,但是每一场恋爱的双方对爱情的投入程度、当事人的个性特征、对挫折的承受力、社会支持系统以及生活经历等的不同,导致失恋之后当事人所产生的心理反应也有所不同。一般常见的心理体验包括以下3点。

(1)失落感,即因为失去所爱的、曾经相互理解和信赖的对象,而感受到失落与孤独。

(2)虚无感,即由恋爱挫折而引发凡事都没有意义的消极想法,对异性甚至对人生、生活感到心灰意冷和悲观失望。

(3)耻辱感,即在失恋的打击之下感觉尊严受损,尤其是争强好胜、格外看重面子的当事人,更容易产生强烈的耻辱感与嫉恨心。

面对失恋,在消极心理的驱使下,当事人的行为表现常常有以下4点。

(1)把自己的爱情长时间锁定在已经转身的恋人身上,不住地进行自我反省,千方百计想要挽回往日的恋情,使对方不堪其扰,自己也长时间地停留在失恋的阴影中。

(2)匆忙开始一段新的感情,想以此掩盖前面的伤痛,结果很可能再度受伤。

(3)陷入痛苦不可自拔,也不愿意去寻求他人的帮助,在爱的名义下伤害自身,或是玩世不恭、浑浑噩噩,把学业、理想、责任统统抛之脑后。

(4)在极度的占有欲遭受挫折后,唤起了过激的心理,丧失理智,出现攻击性和破坏性的行为,对抛弃自己的负心人进行报复。

其实,失恋并不一定是坏事。首先,它表明了恋爱的双方存在一些不合适。如果恋爱的双方情投意合、志趣一致、心心相印,也不可能出现分手的结局。此时需要的是与亲近的人分担自己的忧伤,化解内心的不良情绪,整理自己的内在,学习从失恋中间汲取经验,得到成长。其次,失恋让人们学会经受人生的考验,绝不因恋爱的失败而过度引申为自己人生的失败。去追求自己生活中有意义的事物,同时也能在茫茫人海中寻觅真正患难与共的知己。另外,坦然接受对方的离去,承认爱与不爱是每个人的权利,给对方以足够的尊重，也是对自己的足够尊重。

被动失恋者会因为对方的拒绝而产生种种不良情绪，严重者会影响身心健康。因此，被动失恋者在遭遇失恋的情绪困扰时，应当学会主动地去调适自己的不良情绪。

（1）倾诉。失恋者精神遭受打击，被悔恨、遗憾、愤怒、惆怅、失望、孤独等不良情绪困扰时，可以主动找朋友倾诉，释放心理负荷。可以用口头语言把自己的烦恼和苦闷向知心朋友毫无保留地倾诉出来，并听听他们的劝慰和评说，这样心里会平静一些。也可以用书面文字，如写日记或书信把自己的苦闷记录下来，或给自己看，或寄给朋友看，这样便能释放自己的苦恼，并寻得心理安慰和寄托。

（2）移情。移情是指及时适当地把情感转移到失恋对象以外的他人或事物上。发展密切的朋友关系，交流思想，倾吐苦闷，陶冶性情；投身到大自然的博大胸怀中，从而得到抚慰。

（3）疏通。疏通是指借助理智来获得解脱，由理智的"我"来提醒、暗示和战胜感情的"我"。要想想爱情是以互爱为前提的，不可因一厢情愿而强求，应当尊重对方选择爱人的权利。也可以进行反向思维，多想对方的不足之处，分析自己的优势，鼓足勇气，迎接新的生活。还可以这样设想，失恋固然是失去了一次机会，然而却让你进入了另一个充满机会的世界。正如海伦·凯勒所言："一扇幸福之门对你关闭的同时，另一扇幸福之门却在你面前洞开了。"

（4）立志。失恋者积极的态度会使"自我"得到更新和升华，全身心地投入到工作中去，许多失恋者因此而创造出了辉煌的成就。像歌德、贝多芬、罗曼·罗兰、诺贝尔、牛顿等历史名人都曾饱受失恋的痛苦。他们是用奋斗的办法更新"自我"，积极转移失恋痛苦的楷模。

3. 常见的感情纠葛

如同充满挫折与挑战的人生一样，恋爱也不会总是一帆风顺的，其中可能充满纷繁的感情纠葛。所谓感情纠葛，指的是在恋爱过程中由主观或客观原因所引起的内心的感情冲突。常见的感情纠葛包含以下3个方面。

1）恋人之间的冲突

在恋爱双方的感情逐步稳定之后，随着激情的消退、理性的回归，双方有了更加深入的了解，开始发现彼此的缺点，也在尝试进行着彼此的磨合。因为双方的行为方式与价值观并不总是一致的，复杂的内在需求也会发生变化，于是恋人之间出现冲突在所难免。如若不懂得如何处理冲突，又欲爱不能、欲罢不忍，就可能导致分分合合的感情纠葛。如何处理恋人之间的冲突呢？

首先，应当从内心确立人与人之间的矛盾、冲突可以依靠理智加以调和消除，并不是无法解决的。冷静地倾听对方、让对方充分地表达，并且设身处地地理解对方的看法、情感与动机，这样才可能营造出一种平等的基于互利互信的解决问题的气氛，双方才能尽快地沟通和解。

▶ 大学生心理健康

其次，要学会主动妥协，双方在经过一番争论之后，要提出可行的解决办法。这个办法应当最大限度地有利于双方、为双方所接纳。

最后，要注意保密。既然两人相爱，争吵又是在"二人世界"中进行的，就应当注意保密。不要到同学朋友中去炫耀以满足自己的虚荣心，这样容易引起对方的不满。

2）三角恋或多角恋

当一个人同时被两个或两个以上的人追求，或者同时喜欢上了两个或几个人，并且建立了恋爱关系，这就是俗称的三角恋或多角恋。由于恋爱心理具有排他性和冲动性，多角恋最终会给当事人带来心理负担甚至巨大的痛苦。那么，如何解决这种恋爱纠葛呢？

（1）认识爱情的选择性与排他性之间的区别。大学生健康的恋爱心理要求彼此尊重各自的选择、自由与权利，但爱情的本质又告诉我们恋爱是专一排他的，不能同时拥有。如果你同时与几个对象有了恋爱关系后再进行选择，那就混淆了选择与排他之间的界限。大学生在这种情形下发生多角恋，应当分清两者，重新权衡自己的感情，决定放弃谁、不放弃谁，然后慢慢地、有条理地淡化自己与他/她的感情联系和行为接触。

（2）重新评价自己与恋爱对象的关系。自己的恋人对他人产生了恋情，作为失利的一方，心情是极其痛苦的，这时最需要的是冷静思考。面对这样的情形，应当分析出现这种情况的原因，重新审视自己与恋人的关系，看看是否是因为对方认为第三者比自己强，还是自己某些方面做错了什么，例如，自己的言行不得体，对他/她关照不够、热情不够，或者是说这段感情经不起考验等原因。在进行一番思考后，再与对方坦诚相谈，看能否改变这种局面，假如事情已经到了不可挽回的地步，那就平静接受。

（3）明智理性地退避。感情既然已经陷入这种说不清、道不明的境地，究竟还有多大价值值得持续呢？如果再在上面耗费精力和时间，不仅不会给自己带来幸福和进步，还可能对自己的感情造成更大的伤害。此时，一个看似消极实则积极的策略就是退避，而且是理智勇敢地回避这段关系。这种决定的最大心理障碍是"退让即是失败"，这种想法实质是不敢正视现实和自己真正的立场，是消极的、失败的。

面对三角恋或多角恋，正确的做法是树立正确的恋爱观，明确爱情本身是具有排他性的，很少有人能平静地接受与他人分享爱人的现实。以严肃认真的态度对待恋爱，保持对爱情的专一，对他人和自己的感情负责。正如教育家陶行知所说："爱之酒，甜而苦；两人喝，是甘露；三人喝，是酸醋；随便喝，毒中毒。"

3）恋爱中嫉妒心理导致的困扰

恋爱中的嫉妒心理十分常见。由于爱情具有排他性、专一性，多数的恋爱中人或多或少存在自然性嫉妒，这无可厚非，问题在于表现为猜疑、敌意和报复的变态性嫉妒。由于不能以平等的态度对待恋人，不尊重对方的人格，有着过于强烈的占有欲，变态性嫉妒不仅给当事双方带来强烈的痛苦，也会成为爱情的障碍，甚至导致爱情的悲剧。

克服恋爱中的嫉妒心理，首先要明确恋爱双方是完全平等的。如果能以平等的心态对待恋人、尊重对方的人格、明确恋爱双方是完全平等的，对削弱嫉妒心理会有一定的帮助。其次，要正确理解排他性和专一性。爱情具有一对一的对应性，是排他的、专一的。这体现了对爱情权利和义务应承担的道德底线。排他性不代表谈恋爱就不能跟其他异性接触，正常的异性交往是十分必要的。再者，要用理智战胜情感。理智感强与弱对调节嫉妒心理有很大的关系。理智感强的人，即使因嫉妒产生了怀疑、愤怒等不良情绪，也能冷静思考，正确对待问题，不会因为嫉妒而使爱情产生裂痕；相反，理智感弱的人，会因为一点小事就醋意大发，任凭自己不良的情绪随意发泄，既伤害了对方也影响了自己，甚至会影响感情。要克服嫉妒心理，学会以理智的思考来对待爱情是十分必要的。

4. 难以拒绝的被爱

被爱不总是幸福的。当求爱的人是自己不满意或不能当作恋人来喜爱的对象时，就会感到苦恼。尤其当对方是自己的挚友、知己时，这样的内心冲突会格外强烈。心理冲突的根源在于当事人既想拒绝这一爱情表白，又怕伤害了对方的心。纠结之中，有的当事人出于礼貌或是顾全以往朋友的情分，以委婉的言辞、不够明确的态度进行暗示或明示。殊不知，陷入单恋或者爱情错觉的一方因为对另一方的幻想和过分敏感，很容易错误地领会对方发出的信息，甚至觉得对方也和自己有同样的情感，或者至少是有发展感情的可能，进而造成更深的误会与伤害。还有的当事人为了避免对方纠缠，采取"快刀斩乱麻"的方式，以简单、决绝、严厉的言辞拒绝对方。如此明白、坚定的态度固然不容易造成对方的幻想，但是对于心理比较脆弱的人说来，可能会伤及自尊，造成对其心理的伤害，极个别的还可能导致极端行为。

如何拒绝自己并不想要的被爱？恋爱双方在交往中，随着交往频度的增加与交往程度的加强，如果一方发现对方不是自己心中想找的人时，要能够理智地分析恋爱的走向，并提出分手。分手对双方都不是一件非常愉快的事，特别是确立恋人时间较长、具有较为稳定恋爱关系的人。提出分手的一方，要注意以下两点。

首先，要明白坚决、明确的态度最终是对对方的负责，也是对自己的负责。因为优柔寡断而误导对方，伤害会比拒绝更大。值得注意的是，终止恋爱关系不要给对方留有余地，比如"以兄妹相称""再相处一段试试看"等，特别是两性恋爱关系终止后，都需要一段时间认真冷静地面对这段感情。

其次，在拒绝时尽可能维护对方的自尊。至少要表达为对方欣赏自己而感谢，因为珍重每一份真挚的情感就是对他人的尊重，这也是对自己的尊重。同时真诚、坚定、明确地呈现拒绝的理由，这也许依然会伤害到对方，但至少已经为尽力维护对方的心理平衡、减少对方的内心挫折作了努力。

心理科普

一、亲密关系的十个基本要素

（1）渴望促进被爱者的幸福。爱方主动照顾被爱方并努力促进他/她的幸福。一方

▶ 大学生心理健康

面可能以自己的幸福为代价去促进另一方的幸福,但是也期望对方在必要时同样会这样做。

(2) 跟被爱者在一起时感到幸福。爱方喜欢跟自己的情侣在一起。

(3) 当他们在一起做事情时,他们都感到十分愉快,并留下美好记忆,对这些美好时光的记忆能成为艰难时刻的慰藉和力量。共同分享的美好时光会涌流到互爱关系中并使之更加美好。

(4) 尊重对方。情人必须非常看重和尊重对方。尽管情人可能意识到对方的弱点,却不能因此而减少自己对对方的整体尊重。在艰难时刻能够依靠对方。在患难时刻爱方仍感到对方跟自己站在一起。在危急时刻,爱方能够呼唤对方并能指望对方跟自己同舟共济。

(5) 跟被爱方互相理解。情侣应互相理解,他们知道各自的优缺点并对对方的感情和情绪心领神会,懂得以相应的方式做出回应。

(6) 与被爱方分享自我和自己的占有物。爱方应乐意奉献自己、自己的时间以及自己的东西给被爱方。虽然不必所有的东西都成为共有财产,但双方在需要时应分享他们的财务,最重要的是分享他们的自我。

(7) 从被爱方接受感情上的支持。爱方能从被爱方得到鼓舞和支持,感到精神焕发,特别是在身处逆境时尤其这样。当你感到似乎一切都在跟你作对,但你意识到只有一件事不会出问题——你的配偶始终跟你站在一起,这时你就知道你们的关系具有这一因素。

(8) 给被爱方以感情上的支持。在逆境下,爱方应与被爱方在精神上息息相通,并给予感情上的支持。

(9) 跟被爱方亲切沟通。爱方能够跟被爱方进行深层次和坦诚的沟通,分享内心深处的感情。当你为自己所做的某件事感到困窘为难时,你仍能推心置腹地跟被爱方交谈,这时你所经历的就是这种沟通。

(10) 珍重被爱方。爱方要充分感到对方在共同生活中的重要性。当你认识到你的配偶比你所有的物质财富都更为重要时,就知道你对被爱方具有这种珍重和珍爱。

二、性梦与性幻想

性梦指的是随着生殖器官逐渐发育成熟、第二性征的出现,有时候会在睡眠中出现带有性色彩的梦境,在青春期的男女中普遍存在。

"前一段时间上了游泳课,那天晚上做梦,我梦见了班上的××,梦见自己和她拥抱、亲吻……第二天早上醒来,我发现自己梦遗了。我深感羞愧,自己一直以好学生的标准来严格要求自己,怎么可以这样品行不端呢?后来每次上课看到她,我都非常不自在,总觉得她好像知道了我其实是个色狼。因此,我尽量避免跟她接触,每次她找我谈学习上的事,我都不敢抬头看她……"

性梦的出现是无法受意识支配的，它是性欲得不到排解，受到压抑，转入梦境从而得到满足的一种生理活动，对他人无任何伤害，但起到了排解性欲的作用，因此是一种自慰行为。

产生性梦的原因有生理原因和心理原因。弗洛伊德认为，梦是愿望的实现。当人的愿望（或欲望）得不到满足时，就会在梦里有所体现。青春期、排卵期和孕期性激素水平的变化会影响人的性欲，在性欲被压抑的情况下会出现性梦。从心理上看，性梦是在潜意识中被压抑的性欲望冲动的自发暴露，是性心理、性生理发育正常的标志。青少年对性抱有强烈的好奇心，电影、书刊、画片等与性相关的因素都会对他们产生影响，在清醒状态下，自我控制能力会把性冲动压抑在心底。进入睡眠状态后，大脑的控制暂时消失，性冲动和性欲在梦中得到释放。

对青少年而言，性梦是性生理逐渐成熟的反映，是正常现象。适度的性梦有利于缓解性压抑引起的焦虑，从而有利于身体和心理的健康发展。过于频繁的性梦可能会影响睡眠质量，影响第二天的工作学习，长此以往也会影响青少年的身体发育。

性幻想是人在觉醒状态时，通过幻想的方式获得性快感，是一种相当普遍的正常的性心理现象。这种想象可能来源于人自身的冲动与欲望，也可能来源于外界的刺激，例如，与性有关的文学作品、能引起性欲望的物品，或者一个对自己有特定性吸引的他人。目前已有大量研究证明，性幻想的存在非常正常且普遍，有着多种多样的内容。

"我现在被一种心理疾病所困扰，见到异性就紧张脸红，越是害怕，越想掩饰，脸越是像发烧似的。如果谁对我很注意或者我认为他对我很注意，我就会很不自然，而且越是遇到熟悉的异性和我打招呼，我越是面红耳赤。我每天都受着这种精神的折磨，而且头经常疼，身体也一天不如一天。我快痛苦死了，简直生不如死……"这是一个典型的性幻想个案。

在性幻想中，性意念都是按照潜意识所希望的方式展开的，自编带有性色彩的连续故事和含有性内容的幻想，具有自我满足的功能。

对大学生来说，性幻想的内容都与异性交往有关，有情节和人物。或是激情澎湃的"英雄救美"，或是浪漫温馨的"一见钟情"，或是惊心动魄的"倾城之恋"，或是凄婉缠绵的"蓝桥幽会"，形形色色。

性幻想常常会给自己带来很大的烦恼和不安，特别是在传统型家庭中长大的孩子，对自己出现的性幻想往往不知所措，或产生一种厌恶心理。尤其是女孩子，可能会担心自己的思想意识不健康，会责怪自己为什么出现这种幻想，甚至误认为自己是不是真的已经变坏了，并由此背上沉重的精神负担，这些对大学生的成长是极为不利的。而另一种潜在的危险是有些大学生分不清幻想与现实的区别，误以为自己真的爱上了某个异性，并不合时宜地涉足"伊甸园"。

无论性幻想的内容如何，如果能控制和调节性幻想发生的时间，不让性幻想在不合时宜的场合发生，不会因为性幻想影响自己的工作、学习和作息等，不会感觉失去控制，那么就不属于精神障碍的范畴，只是正常的想象力的一部分，可以安心接受它的存在。虽然幻想中出现过一些极端的、甚至非法的内容，但要分清幻想与现实，控制自己不做出幻想中出现的会伤害他人的行为。若意识到性幻想可能会让自己失去理智，做出伤害他人的举动时，应当及时寻求专业人士的帮助，不要放任事态发展。

三、一见钟情的心理机制

一见钟情常常源于美好的第一印象。情爱本身就是以异性之间的互相吸引作为基础的，寻找恋人的审美标准没法把异性之间的生理效应排除在外。

美的感受会给人带来积极的情绪体验。一眼望去，如果对方具有的特征与自己心目中理想异性的形象是如此吻合，好感、爱慕之心自然会热烈地生长起来，甚至在转瞬间达到狂热的地步。其实，各人在自己心目中早已形成独特的异性美模式，这包含外在与内在两方面。要在一见之下而钟情，常常凭借直观的悟性：对方就是自己期待的那个。

当个体凭直觉认为"自己开始喜欢那个人"之后，就会给对方身上的优点寻找种种理由。通过寻找理由，又使自己的直觉"正当化"。这是一个有趣的心理现象。从脑的构造上来说，直觉是由大脑扁桃体掌管的。大脑扁桃体会把以前喜欢或厌恶的情感经验保存下来，并根据这些经验进行瞬间判断，由大脑新皮层理性地思考判断的理由。

有心理学家做过实验，他将两份内容相同的材料用来描述同一个人，区别是一份将此人外向特征的文字描述在前，另一份则将其内向特征的文字先进行呈现。当两组水平相当的学生阅读这两份材料时，形成对此人性格特征截然相反的判断。这都是先入为主的第一印象在起作用。

第一印象是捷足先登的，但又常常会有片面性。因此，一见钟情的爱情仍然需要理智把握。由一见钟情开始，恋爱的双方还需经历爱情发展不同阶段的磨合，方才可能走向成熟、隽永。

心理自助

一、拓展阅读

"爱"与"拥有"

"爱"只给你为某人做一些事的动力，并没有给你控制那个人的权力。你想对某人好，或为某人做一些事，不会使你拥有那个人，因为没有一个人可以"拥有"另一个人。

"因为我爱一个人，所以对方应该爱我。"这句话，是不合逻辑的，因为两者之间并不存在直接的因果关系。试想一下，若有10个人对你这样说，你愿意爱他们吗？而且你做得到吗？

一个人不能控制另一个人，也不能改变另一个人。每个人可以改变的只有自己。在某些情况下，这份改变也许能诱使对方做出改变。当对方与你的看法一致，并做出一些符合你意愿的事情时，你很容易产生对方已受到自己控制的错觉。正如你开车行驶在路上，跟在你后面的车并不是受到你的控制而跟着你，他们不过是碰巧也需要走这条路而已。

因为你爱他，也许你就以为有权利去要求他的思想和行为必须遵从你的意愿。这个态度，便是把爱当作一个控制别人的工具。本来很崇高的一份感情，便沦落成一条绳子——让别人成为受制于你的廉价工具。于是，当初期使人迷乱的激情过后，对方便想逃离这份控制，那并不是不再爱你，对方只不过是不要那种受制的感觉而已。

"爱一个人"并不给你以下权利：
（1）要求他/她也爱你。
（2）控制他/她的思想和行为。
（3）要求他/她照顾你的人生快乐。

九成以上的婚恋问题源于以上3项错误的要求。

当一个人错误地认定对方已经让自己"拥有"了，"他是属于我的""她是我的"，他/她就会很自然地以为自己有权控制对方、可以向对方提出诸多要求。这份压力使对方产生窒息感，对方的内心深处会产生反抗的动力，每当气愤时便有抗拒的语言和态度。

上述3项错误的权利认知会使对方的内心产生一份无力感，这份无力感会使其错误地以为需要增添控制对方的力量，这样发展下去，使得两人的关系越来越紧张。

爱一个人，只给你想为他/她做一些事的权利。而就算这样，也是由他/她决定是否接受，你不能要求更多。

关于单相思

英国心理学家弗曼斯特是研究"单相思"问题的专家。2006年，他在《人格与社会心理》杂志上发表了自己的研究心得。弗曼斯特指出，单相思比恋爱更常见。在英国，每年约有100余万人不幸陷入"单相思"的泥潭，尤以男性居多。

单相思的模式大多是：起初双方仅是精神交流，接着其中一方萌生爱意，并陷入自己编织的情网中难以自拔，不时用隐晦的语言和行动暗示对方。如果对方年龄在25岁以下，通常会直接拒绝单恋者，30岁以上的人则大多"默不作声"，这往往使单恋者产生误解，两人陷入尴尬关系中。

单相思可能发生于任何年龄段，但在14~18岁时更常见，因为少男少女此时正处于爱幻想的青春期，不善于自我控制。而在适婚男女中，60%的人有过"单相思"，20%的"多情种子"还可能每年单恋他人2~3次。另外，60岁以上老人也不时出现单恋。

单恋他人的人显得可怜兮兮，但研究显示，"被恋"的人到最后往往也会忧心忡忡。70%被他人"单恋"的男女在接受调查时说，起初他/她会为自己的魅力洋洋得意，但后来会渐渐因难以开口正面拒绝，不胜其扰而感到烦恼，甚至生自己的气。值得庆幸的是，

"单相思"大多"寿命"不长，平均每次持续时间仅为36天，绝大多数人能很快走出阴影。

二、心理测试

如何确定一个人是否真心喜欢你

真正相爱的人可以听得见彼此心里的回声，但某些戴着玫瑰色眼镜的人有时却会发生爱的错觉。当一个人深深地倾慕某个异性时，会不自觉地把自己的情感投射到对方身上，以为对方也有同样的意思，这时的观察和试探都会带上主观色彩，如别人只是为了一般的礼节才同你交往，你却以为人家喜欢和你在一起；你不小心闯了祸，别人好心帮你解决，却被当成了献殷勤的行为……那么，如何判断一位异性确实喜欢你呢？请你判断以下这些情况是否属实。

1. 他/她经常找借口和你在一起，并且愿意待上很长时间。
2. 他/她对你及你家里的情况很感兴趣，喜欢听你讲自己的喜怒哀乐和经历。
3. 他/她对你细小的变化很敏感，如情绪的变化、发型的改变。
4. 他/她有意向你提一些与爱情有关的问题，并试探你是否喜欢某个人。
5. 他/她把你说的话都郑重地记在心上。
6. 他/她在兴趣方面有同你接近的趋势。
7. 他/她经常向别人打听你的情况。
8. 他/她很乐意将你介绍给他的朋友、家人。
9. 他/她不喜欢你和别的异性在一起。
10. 他/她收到你爱的信息时，给予及时、明确的反馈。

如果你认为这些情况都属实的话，那么基本可以确定对方确实喜欢你。不过，由于实际生活很复杂，你有时还应该考虑一下对方的性格、社会背景等因素，避免产生误会。

如何确定自己真正喜欢某个人

你是否已真实地喜欢上一个人？若想知道，请回答以下问题。

1. 你是否想经常与他/她在一起？
2. 当你们即将见面时，你是否显得特别兴奋？
3. 如果有一段时间没有见面，你是否会若有所失？
4. 你是否特别希望引起对方的注意？
5. 当他/她在说话或做事时，你是否会被深深地吸引过去？有时候甚至会意识不到周围还有其他人的存在？
6. 每次相聚后，你是否会觉得心情格外舒畅，觉得生活比平时更加美好？
7. 你是否特别在意他/她对你的评价？

8. 如果你遇到高兴的事，是否首先想与他/她分享？
9. 当他/她与其他异性谈笑风生时，你是否感到很不舒服？
10. 你是否觉得他/她是你接触过的最完美的异性？
11. 你是否对他/她的一切都很关心，并在有意无意中了解他/她的爱好经历等？
12. 你是否会为他/她制造惊喜？

以上这些问题可作为你分析自己情感的主要参考。如果你对这些问题的答案大多数是肯定的，那就说明你很可能爱上他/她了。

三、心理故事

杯子和水的爱情

杯子总是说："我寂寞，我需要水，给我点水吧。"
主人说："好吧，拥有了想要的水，你就不寂寞了吗？"
杯子说："应该是吧。"
主人把开水倒进了杯子里，水很热，杯子感到自己快被融化了，杯子想，这就是爱情的力量吧。
水变温了，杯子感觉很舒服，杯子想，这就是生活的感觉吧。
水变凉了，杯子害怕了，怕什么自己也不知道。杯子想，这就是担忧的滋味吧。
水凉透了，杯子绝望了，杯子想，这就是缘分的"杰作"吧。
杯子大声喊叫："主人，快把水倒出去，我受不了了。"
主人不在，杯子感觉自己压抑死了，可恶的水，冰冰凉凉的，放在心里感觉好难过。
于是杯子奋力一晃，水终于流出了杯子心里，杯子好开心。
突然晃动的杯子掉在了地上，碎了。
这时杯子顿感心里的每一个地方都有水的痕迹，它才知道，它爱水，其实它是如此爱着水。可是，此刻它再也无法把水完整地放在心里了。
杯子哭了，它的眼泪和水溶在一起，奢望着能用最后的力量再去爱水一次，可仍旧支离破碎。
杯子笑了，爱情到底是什么？难道只有经历了痛苦才知道珍惜吗？难道要到一切都无法挽回才说后悔吗？

苏格拉底与失恋者的对话

苏格拉底（以下简称"苏"）：孩子，你为什么悲伤？
失恋者（以下简称"失"）：我失恋了。
苏：哦，这很正常。如果失恋了没有悲伤，恋爱大概也就没有什么味道。可是，年轻人，我怎么发现你对失恋的投入比对恋爱的投入还要倾心呢？

失：到手的葡萄给丢了，这份遗憾，这份失落，您非当事人，怎知其中的酸楚啊！

苏：丢了就丢了，何不继续向前走，鲜美的葡萄还有很多。

失：我要等到海枯石烂，直到她回心转意、向我走来。

苏：但这一天也许永远不会到来。

失：那我就用自杀来表示我的诚心。

苏：如果这样，你不但失去了你的恋人，同时还失去了你自己，你会蒙受双倍的损失。

失：踩上她一脚如何？我得不到的别人也别想得到。

苏：可这只能使你离她更远，而你本来是想与她更接近的。

失：您说我该怎么办？我可真的很爱她。

苏：真的很爱？那你希望你所爱的人幸福吗？

失：那是自然。

苏：如果她认为离开你是一种幸福呢？

失：不会的！她曾经跟我说，只有跟我在一起的时候她才感到幸福！

苏：那是曾经，是过去，可她现在并不这么认为。

失：这就是说她一直在骗我？

苏：不，她一直对你很忠诚。当她爱你的时候，她和你在一起；现在她不爱你，她就离去了，世界上再也没有比这更大的忠诚。如果她不再爱你，却还装得对你很有情意，甚至和你结婚、生子，那才是真正的欺骗。

失：可我为她所投入的感情不是白白浪费了吗？谁来补偿我？

苏：不，你的感情从来没有浪费。因为在你付出感情的同时，她也对你付出了感情；在你给她快乐的时候，她也给了你快乐。

失：要是她现在不爱我了，我却还苦苦地爱着她，这多不公平啊！

苏：的确不公平，我是说对你所爱的人不公平。本来，爱她是你的权利，但爱不爱你是她的权利，而你却想在自己行使权利的时候剥夺别人行使权利的自由。这是何等的不平！

失：可是您看得明白，现在痛苦的是我而不是她，是我在为她而痛苦！

苏：为她而痛苦？她的日子可能过得很好，不如说你为自己而痛苦吧。明明是为自己，却还打着别人的旗号。

失：依您的说法，这一切倒成了我的错？

苏：是的，从开始你就犯了错。如果你能给她带来幸福，她是不会从你的生活中离开的，要知道，没有人会逃离幸福。

失：可她连机会都不给我，您说可不可恶？

苏：当然可恶。好在你现在已经摆脱了这个可恶的人，你应该感到高兴，孩子。

失：高兴？怎么可能呢？不管怎么说，我是被人抛弃了。

苏：被抛弃的并非就是不好的。

失：此话怎讲？

苏：有一次，我在商店看中一套高贵的西服，爱不释手，营业员问我要不要。你猜我怎么说？我说质地太差，不要！其实，我口袋里没有钱。年轻人，也许你就是这件被遗弃的西服。

失：您真会安慰人，可惜您好像还是不能把我从失恋的痛苦中引出。

苏：时间会抹平你心灵的创伤。

失：但愿我也有这一天，可我的第一步该从哪里做起呢？

苏：去感谢那个抛弃你的人，为她祝福。

失：为什么？

苏：因为她给了你忠诚，给了你新的寻找幸福的机会。

四、心理探索

1. 案例一讨论

小丽，大一女生，聪明善良，进入大学后，初次离家倍感孤独。学院里一男生小亮，是小丽的同乡，经常照顾小丽，两人互相帮助，也经常交流独自在外的思乡之情。两人越走越近，关系越来越亲密，确定了恋爱关系。他们开始每到周日都一起出去玩、看电影、泡网吧。直到有一次学校放假，两人相约出去旅游，有了长时间单独交往的机会。在外住旅店，两人从谈天到亲吻再到搂抱，后来，小亮向小丽提出了性要求。

思考讨论：如果你是小丽，你会怎么做？

小丽没有拒绝。两个月过去了，小丽发现没来月经，到医院检查后确认已经怀孕了。回来后小丽问小亮该怎么办，小亮却说不知道，然后抛下她一个人走了。

思考讨论：事情发展到这里，你觉得小丽应该怎么办？

小丽不知道从哪儿听说，剧烈运动可使孩子流产，于是她就拼命运动，结果就出现了先兆流产（流血了），她以为孩子就这样烂到肚子里。但是四个月后，她却感觉到了胎动，才知道孩子还活着。小丽极度焦虑和恐慌，自杀了。

思考讨论：你怎么看待小丽的行为？由此你明白了什么？

2. 案例二讨论

女孩芳芳"众里寻他千百度"，终于找到了她梦中的白马王子小林。她觉得世界上再没有第二个能像小林一样令她如此动心的男子了。她对这个白马王子言听计从、百依百顺，唯恐失去他。

每次约会她都会提前半小时去等候，而从没有让小林等过半分钟；一同吃饭，从来都是按照小林的口味点菜；出去游玩，从来都选择小林所喜欢的地方；再往后，她包揽了小林生活的方方面面。然而有一天，小林却提出了分手，原因是他要找一个有独立人格的妻子，而不是一个唯唯诺诺的女儿或者絮絮叨叨的母亲。芳芳委屈万分，甚至痛不欲生。认

▶ 大学生心理健康

为男人都是忘恩负义的负心汉。

（1）分析讨论：芳芳真的错了吗？如果是她错了，错在哪里？如果她没有错，那她为什么会被分手？

（2）你认为什么样的男人不能嫁？什么样的女人不能娶？

（3）有人认为，在排除道德品质因素以外，不成熟、没有责任感、自恋型的男人不可嫁；没有安全感的女人不能娶。说说你对这两种观点的看法。

3. 请分析一下《关雎》中古人的择偶观和爱情表达方式

4. 请试着为自己写一则征婚广告

5. 谈谈你对下面这句爱情顺口溜的理解和认识

大一：爱情在哪里呀，爱情在哪里？

大二：就让爱情来得更猛烈些吧！

大三：伤逝我的爱情像小鸟一样不回来！

6. 请分析以下诗句中表现出的恋爱心理特征

（1）情人眼里出西施。

（2）一日不见，如隔三秋。

（3）曾经沧海难为水，除却巫山不是云。

（4）还君明珠双泪垂，恨不相逢未嫁时。

（5）两情若是久长时，又岂在朝朝暮暮。

（6）执子之手，与子偕老。

参 考 文 献

［1］黄希庭. 大学生心理健康与咨询［M］. 北京：高等教育出版社，2007.
［2］冉超凤，黄天贵. 高职大学生心理健康与成长［M］. 北京：科学出版社，2006.
［3］樊富民，费俊峰. 青年心理健康十五讲［M］. 北京：北京大学出版社，2006.
［4］蔡培培，陈桂香. 大学生心理健康教育与能力训练［M］. 北京：高等教育出版社，2018.
［5］黄群瑛. 大学生心理素质训练［M］. 长沙：湖南师范大学出版社，2018.
［6］叶星，毛淑芳. 大学生心理健康指导［M］. 北京：高等教育出版社，2017.
［7］占龙祥，黄凯敏. 大学生心理健康［M］. 上海：同济大学出版社，2018.
［8］肖文学，姜双喜. 大学生心理健康教育［M］. 北京：清华大学出版社，2012.
［9］李斌. 高职大学生心理健康教育［M］. 北京：高等教育出版社，2014.
［10］邓彦. 大学生心理健康教育实用教程［M］. 上海：上海交通大学出版社，2016.
［11］梁利萍，徐颖，刘洪均. 大学生心理健康教育［M］. 北京：清华大学出版社，2017.
［12］沈德立，教育部思想政治工作司. 大学生心理健康［M］. 北京：高等教育出版社，2013.
［13］冯静，张秀春，李晓溪. 大学生心理健康教育［M］. 成都：电子科技大学出版社，2018.
［14］姜国权，魏桂娟. 大学生心理健康教育实用教程［M］. 北京：高等教育出版社，2016.
［15］肖淑梅，彭彤. 高职大学生心理健康［M］. 北京：机械工业出版社，2017.
［16］王润存. 中职素质教育教程［M］. 北京：北京邮电大学出版社，2008.
［17］叶奕乾，何存道，梁宁建. 普通心理学［M］. 上海：华东师范大学出版社，1997.
［18］刘瑜，林琳. 大学生团体辅导［M］. 西安：西安交通大学出版社，2014.
［19］董奇. 心理健康：快乐人生的基石［M］. 北京：北京师范大学出版社，2001.
［20］彭聃龄. 普通心理学［M］. 北京：北京师范大学出版社，2004.
［21］孟娟. 自助与成长：大学生心理健康教育［M］. 北京：国家行政学院出版社，2013.
［22］王博. 疫情下心理疾病的重点人群：风险与应对［J］. 全球医疗动态汇编，2021，（95）：12.